Fernando Pessoa

Poesia Autónima

Fernando Pessoa

Poesia Autónima

VOLUME 1

EDIÇÃO **TERESA RITA LOPES**

global
editora

ITINERÁRIO – ÍNDICE GERAL

Agradecimentos **07**

Símbolos, abreviaturas e outras convenções **09**

Preambulando **11**

Notas finais e índices **515**

JUVENÍLIA
19

CANTARES
33

AURÉOLA
39

GRANDES ARMAZÉNS DA SENSAÇÃO
87

EPISÓDIOS
213

MEU CORAÇÃO FEITO PALHAÇO
271

MEUS DIAS DIA POR DIA
285

AGRADECIMENTOS

A gradeço a todos os editores que antes de mim se consagraram à edição da poesia autónima de Pessoa.

Um agradecimento muito especial para a minha amiga Clara Seabra, sem a ajuda da qual estes livros não teriam nascido.

Agradecimentos particulares a Alexandra Lima, que nos secundou na impressão dos numerosos textos que precederam a versão final deste livro.

SÍMBOLOS, ABREVIATURAS E OUTRAS CONVENÇÕES

□   espaço em branco deixado pelo autor

[ ]   intervenção do editor

[?]   leitura duvidosa

[.]   palavra não lida — um ponto para cada palavra

dact.   dáctilo-escrito

ms.   manuscrito

EBN   Espólio Fernando Pessoa da Biblioteca Nacional.

PPC   *Pessoa por Conhecer* (vol. I e II), Teresa Rita Lopes. Lisboa, Ed. Estampa, 1990.

CA   *Cartas de Amor de Fernando Pessoa*, org., posf., e notas de David Mourão Ferreira, preâmbulo e fixação de texto de Maria da Graça Queirós, Lisboa, Ática, 1983.

FPP   *Fernando Pessoa Poesia* (vol. I, II e III), edição de Manuela Parreira da Silva, Ana Maria Freitas e Madalena Dine. Lisboa, Assírio & Alvim, 2006.

Nas notas finais indico, entre parênteses rectos, as cotas do Espólio 3 da Biblioteca Nacional em que estão depositados os originais, a partir dos quais fixei estes textos; as indicações abreviadas de «recto» (^{r}) e «verso» (^{v}) visam encaminhar o leitor para essa localização na folha original.

A data do poema, explícita ou deduzida, figura no canto inferior direito, uma espécie de notação diarística que permitirá ao leitor acompanhar o desenvolvimento orgânico da obra (entre parênteses rectos, as deduzidas).

Assinalo a atribuição apenas quando a assinatura está aposta ao texto.

Coloco em rodapé as variantes – alternativas que o autor sugere a si próprio, entre parênteses, por cima, por baixo, ao lado da(s) palavra(s) na linha corrida, sem as riscar – e, em itálico, as palavras do texto a que correspondem.

Como nos volumes anteriores desta série pessoana, actualizei a ortografia, mantendo, embora, alguns traços peculiares a Fernando Pessoa que se afastam da regra seguida, quando a rima ou o ritmo o exigem. Respeitei, naturalmente, os seus neologismos.

Os títulos separadores dos conjuntos foram retirados de projectos ou de versos de Pessoa.

Sempre que possível, os fac-símiles surgem ao lado dos textos. Quando não, uma nota de rodapé indica a sua localização. Que seja desculpada a fraca visibilidade de alguns deles, em grande parte, provenientes de manuscritos a lápis.

PREAMBULANDO
POR TERESA RITA LOPES

A poesia a que Pessoa chamou autónima, em seu próprio nome e personalidade, percorreu ínvios caminhos até ele consigo se encontrar – isto é, com os seus diferentes sigos... (Recordo a exclamação, em nome do Campos, «e eu que me aguente comigo e com os comigos de mim!».)

Pessoa tentou sempre medir-se com os autores que admirava – para os ultrapassar, para inovar. Não gostava de admitir influências. Eram apenas desafios a que respondia à sua maneira.

Com Mário de Sá-Carneiro, instalado em Paris de 1912 a 1916, inventou ismos que pensaram exibir em antologias e revistas. E até sonharam com eles fazer escola, uma «Escola de Lisboa», seguramente por oposição à do Norte, dos Renascentes, Pascoais e companhia – que Pessoa começou por reverenciar mas Sá-Carneiro, sempre ultracosmopolita, considerava atrasados provincianos. A designação deve ter sido inspirada pela «Escola de Paris», dos artistas plásticos de então, que fascinava Sá-Carneiro – como tudo o que, na Cidade-Luz, resplandecia modernidade.

A verdade é que apenas quando ficou só, depois do suicídio do amigo, em 1916, a braços consigo próprio, a poesia que disse autónima tentou solitariamente ser ela própria, com grandes hesitações e desistências. Repare-se que Sá-Carneiro se cumpriu, como incomparável poeta que foi, no curto espaço de quatro anos, de 1912 a 16, enquanto que Pessoa, se então tivesse desaparecido, deixando apenas a poesia em seu próprio nome, não ficaria para a posteridade como um grande poeta. (Disse «em seu próprio nome»... Os heterónimos, nascidos em 1914, mostraram logo a sua grandeza.) Por isso excluo deste volume as composições incipientes, lacunares, incompletas, de que o seu autor não aprovaria a publicação, se se pudesse pronunciar – com perfeita consciência da subjectividade da minha opção.

Recuemos até ao início da poesia em português. «Juvenília» é designação de Pessoa para as suas primícias literárias em português.

Todos os títulos que usei para separadores dos poemas – tentando seguir o seu desenvolvimento orgânico, que acompanha a biografia do autor – são do punho de Pessoa. Assim também «Auréola», que se lhe seguirá, até ao encontro com Sá-Carneiro.

Só depois da militância pela República a partir de 1907, a poesia de Pessoa começou a procurar o seu próprio caminho na língua materna, com Garrett, Antero e Camilo Pessanha no horizonte.

A sua ânsia de portugalidade começou a exprimir-se através de três longos poemas dramáticos, «Portugal», «Catástrofe» e «O Encoberto». As quadras populares (já em 1907), reunidas por ele num conjunto que intitulou «Cantares», não tiveram então seguimento mas reapareceram no final da vida. «Comungar a alma do povo» foi expressão sua usada no prefácio a um livro de quadras, *Missal de Trova* (1914), a um livro de António Ferro, e pendor da vida toda.

A sua identificação com o movimento encabeçado por Pascoais, a Renascença, e a sua colaboração na *Águia*, órgão do movimento, terá propiciado poemas de acento místico – que, em 1913, começou a enviar a Sá-Carneiro, nessa troca de cartas decisiva para a poesia de ambos. A parceria que estabeleceram vai temperar, por uns tempos, o pendor acentuadamente místico e nacionalista da poesia de Pessoa.

Nasceu então a ideia de criar a tal «Escola de Lisboa». E os ismos começaram a brotar. Se atentarmos ao que dizem nas cartas (só se conhecem as de Sá-Carneiro, em que, felizmente, cita muitas vezes o que o amigo lhe escreveu), a estética com que se mediam era a de um pós-simbolismo, Decadentismo assim chamado. Perseguiam o culto do vago, do mistério, a tentar «encontrar em tudo um além», segundo o dizer de Pessoa, que definiu «Pauis» e «Hora Absurda» (ambos de 1913) como «tentativas de fixar o vago como vago, representando um esforço puramente musical».[1]

Pessoa escreveu: «A arte moderna é arte do sonho». «E o sonho é da vista». E é assim que inverte o dizer de Amiel: «Toda a paisagem é um estado de alma» para «Todo o estado de alma é uma paisagem». E nasce o poema «Pauis», primeira dimensão do Sensacionismo – o Modernismo por eles praticado e proposto às novas gerações – justamente apelidado de «Paulismo». (Numa nota, Pessoa apelida «Pauis» de «poesia visual».)

Era propósito comum rejeitar toda e qualquer forma de Realismo: na esteira do Simbolismo, buscavam: «Não as coisas mas a nossa sensação das coisas». No primeiro *Livro do Desassossego* (considerei três[2]), o seu autor define a sua prática estilística como um «milemetrismo das sensações».

A originalidade dos dois amigos em relação a autores venerados como Verlaine e Mallarmé reside não apenas na prioridade dada à música – «de la musique avant toute chose», segundo um verso de Verlaine – mas na absorção de todas as artes. E o Interseccionismo nasce do cruzamento não apenas das imagens visuais, sobrepondo-se (como em «Chuva Oblíqua») mas do cruzamento de diferentes sensações, sobretudo visuais e auditivas. Um mestre se impôs desde sempre a Pessoa: Camilo Pessanha. «Violoncelo» em que as impressões visuais, como num sonho, interseccionam as auditivas, afigura-se-me o modelo do Interseccionismo, apesar de Pessoa nunca o ter declarado. Camilo Pessanha, que Pessoa prezava acima de todos os outros poetas, abriu, afinal, caminho ao nosso Modernismo.

Lembro, de passagem, que o predomínio da imagem visual sobre todas as outras estava em sintonia com o de uma nova arte, a do cinema, que Pessoa seguia com interesse. O poema que ilustra o Paulismo, «Pauis» (que Pessoa caracterizou como uma sucessão de imagens) e «Chuva Oblíqua», em que essas imagens se interseccionam, modelo apresentado do Interseccionismo, estão em perfeita sintonia com as práticas da nova arte emergente.

Pessoa escolheu o título «Itinerário – poemas sensacionistas» para poemas deste período. Preferi, contudo, a expressão de um verso, «Os Grandes armazéns

---

1   Cota do Espólio pessoano na Biblioteca Nacional: 48-37.
2   *Livro(s) do Desassossego*, edição de Teresa Rita Lopes, São Paulo, Global Editora, 2015.

da sensação» para título do conjunto de poemas produzidos durante o encontro com Sá-Carneiro.Convém, contudo, não esquecer que durante este período Pessoa se consagrou também a poemas de outra inspiração: mística, como ao longo de toda a vida (nomeadamente os da série «Além-Deus») e ao culto do Novo Paganismo Português (de que são exemplo os dedicados a Juliano de Antioquia, de que disse sentir-se a reencarnação). O conjunto de poemas em verso branco, por alguns erradamente incluídos na obra de Campos, formam uma família à parte, que colocaria na fronteira se não constituíssem, tal como «Chuva Oblíqua», uma experiência nova, de uma nova maneira poética, emancipada da «gaiola» da rima. (Campos exclamou, em prosa: «Como se pode sentir nessas gaiolas!») São poemas descritivos, como «Casa Branca Nau Preta», publicado por Pessoa na revista *Heraldo*, com atribuição a si próprio, que nada têm que ver com o estilo, em dinâmica situação dramática, de Álvaro de Campos.

Convém lembrar que Pessoa iniciou esse período «sensacionista» com o seu drama «O Marinheiro», escrito em 1913, embora nunca ninguém, nem ele próprio, assim o tenha apelidado. Mas é, como as produções desse ano, uma exploração «milimétrica» das sensações mais íntimas e fugidias. É que o Sensacionismo nasceu, afinal, do Simbolismo que os dois amigos cultuavam através de Baudelaire, Verlaine, Mallarmé, tentando ir mais longe. No domínio do teatro, com «O Marinheiro», Pessoa tentou ultrapassar Maeterlinck, que realizou, no teatro, o projecto simbolista.

O objectivo «Sentir tudo de todas as maneiras» é anterior ao parto heteronímico: é um verso de 22-3-1914, do próprio Pessoa, de que Campos se apoderou mais tarde numa das suas odes.

Os primeiros ismos nasceram em estreita consonância com o Simbolismo, com a sua exigência «De la musique avant toute chose!» aliada à tentativa de «fixar o vago», como Pessoa escrevia a Sá-Carneiro. Já referi que Pessoa dá «Pauis» e «Hora Absurda» como «... tentativas de fixar o vago como vago, representando um esforço puramente musical».

Pouco antes do aparecimento de *Orpheu*, Pessoa dirá, numa carta de 19-1-1915 ao amigo Armando Côrtes-Rodrigues, que declara «espírito religioso», como ele, numa crise de misticismo patriótico, que «Pauis» não é «sério», como o não seria o manifesto do Interseccionismo, com que então ele e Sá-Carneiro projectavam provocar os «lepidópteros» lisboetas, como chamavam às criaturas vulgares, incapazes de compreender as suas audácias estéticas... Mas três meses depois aparecia *Orpheu*, recebido à gargalhada pelos jornais e revistas da época, com grande gáudio de Pessoa e Sá-Carneiro, que até coleccionou num caderninho todos esses ecos. E dois meses depois o segundo número continuou a ocupar o palco dos escândalos intelectuais da capital e dos periódicos.

Na referida carta a Côrtes-Rodrigues, Pessoa acrescentava que o drama Caeiro-Campos-Reis, esse, sim, era «sério» porque concorreria para o que verdadeiramente lhe interessava, o progresso da humanidade, de cuja missão se sentia incumbido. E desta convicção não mais arredou passo até ao fim da vida.

Entretanto, o entusiasmo do amigo por tudo o que representasse inovação e escândalo literário impôs-se-lhe até ao seu suicídio, a 26-4-1916. Por isso, a toda a produção autónima desse período de íntima cumplicidade dei o título que consta num texto pessoano: «Grandes armazéns da sensação».

Importa também reparar que será Álvaro de Campos o mais genuíno representante do Sensacionismo, auto-intitulando-se mesmo, numa carta enviada a um jornal, «Engenheiro sensacionista». E, antes de o ser, faz questão de se revelar o «decadente» que o poema «Opiário» revela, composto por Pessoa já depois da «Ode Triunfal», para mostrar como era Campos antes de conhecer Caeiro e se ter tornado quem verdadeiramente era (diz ele, eu diria antes de se começar a medir com o ismo na berra, o Futurismo). Curiosamente, Pessoa escreveu que os três ismos do Sensacionismo eram «jogos permitidos ao tédio da nossa decadência».

É essa atitude de poetas decadentes, de «almas doentes» como se intitulavam, que predomina em *Orpheu*. (O primeiro número apresenta-se como uma ampla enfermaria dessas «almas doentes», como vários poetas a si próprios se apelidam...)

Com a morte do amigo, a poesia autónima deixa de se subordinar a qualquer ismo e torna-se diarística, por vezes meros apontamentos avulsos realizados ao sabor do momento sem outro intuito que o de satisfazer o ímpeto de poetar. Por isso usei o título «Episódios» para estas produções do dia-a-dia, um dos muitos com que Pessoa projectava baptizar o seu livro.

Essa a razão de respeitar neste primeiro volume a ordem cronológica dos poemas, excepto quando se impõe reuni-los, acidentalmente, em torno de um facto de fulcral interesse da vida de Pessoa, ou quando o grupo foi constituído pelo seu autor, mesmo se os poemas se apresentam separadamente.

O primeiro grupo assim constituído inclui poemas desencadeados pelo episódio amoroso com Ofélia, em 1920, intitulado «Meu coração feito palhaço», verso de um dos poemas.

A edição dos cinco números da revista *Athena*, em 1924 e 1925, é marco a assinalar, apesar de não ter merecido qualquer espécie de atenção da crítica, que a ignorou totalmente. Foi, contudo, através dela, que Pessoa apresentou pela primeira vez à sociedade Alberto Caeiro e Ricardo Reis. Convém relembrar que Pessoa a projectara onze anos antes, em 1914, já com esse título, um ano antes de *Orpheu*, quando inventou Caeiro como mestre do Novo Paganismo Português. O título é adequado ao intuito de criar uma revista que fosse o órgão desse movimento, sendo então simultaneamente seu teórico e director da revista António Mora, «personalidade literária» inventada para esse fim.

A tomada do poder por Sidónio Pais entusiasmou Pessoa, que lhe chamou o «Presidente-Rei», ao leme da «República Aristocrática» que defendia. Pessoa foi sempre frontal opositor do partido democrático e de Afonso Costa, seu representante, embora o tenha defendido, mais tarde, quando Salazar o perseguiu (morreu no exílio). O breve «reinado» de Sidónio ficou assinalado em poemas desse tempo, depois do seu desaparecimento. Fez dele um Dom Sebastião, pondo um cego bandarrista a entoar quadras propositadamente de pé quebrado, e a profetizar: «Um dia o Sidónio torna».

O mito sebastianista percorre toda a obra pessoana, desde os primeiros longos poemas dramáticos em vários cantos, «O Encoberto» e «A Catástrofe» (que referi) e é inspiração fulcral na *Mensagem*. O livro foi simbolicamente posto à venda no dia primeiro de Dezembro de 1934. Pessoa desaparecerá do número dos vivos onze meses depois.

Neste primeiro volume incluo apenas poemas datados até 1930. Os que Pessoa escreveu nos cinco anos seguintes irão figurar no segundo. Também aí incluirei os das «personalidades literárias» que não adquiriram independência de heterónimos. Neste volume apenas apresentei três, de passagem, para assinalar o desenvolvimento orgânico da obra e a existência de dois jornaizinhos manuscritos, de 1902, em que treinou a palavra na sua língua materna, durante a permanência de um ano em Portugal.

Teresa Rita Lopes

JUVENÍLIA

1

Mote

Teus olhos, contas escuras,
São duas Avé-Marias
Do rosário de amarguras
Que eu rezo todos os dias.

[Augusto Gil]

Glosa

Quando a dor me amargurar,
Quando sentir penas duras,
Só me podem consolar
Teus olhos, contas escuras.

Deles só brotam amores,
Não há sombra d'ironias,
Esses olhos sedutores
São duas Avé-Marias.

Se acaso a ira os vem turvar,
Fazem-me sofrer torturas
E as contas todas rezar
Do rosário d'amarguras.

Ou se os alaga a aflição,
Peço p'ra ti alegrias
Numa fervente oração
Que eu rezo todos os dias.

Lxª, Março, 1902

2

Mote

Um adeus à despedida

Glosa

Quem nunca se despediu
Pode julgar-se feliz,
A pessoa que assim diz
É porque sempre sorriu.
Mas se outra dor a feriu –
A da morte desvalida

Que deixa maior ferida
De saudade e de amargura,
Maior do que essa tortura –
Um adeus à despedida.

Abril, 1902

3

Mote

Não posso viver assim!

Glosa

Mina-me o peito a saudade.
Haverá maior tormento,
Ou um veneno mais lento
Que turva a felicidade,
Que vence a própria vontade,
Que quasi nos mata enfim?
Este que me fere a mim
Foi causado pela sorte,
Foi cavado pela morte...
Não posso viver assim!

27-4-1902

4

Avé-Maria

À minha mãe

Avé Maria, tão pura,
Virgem nunca maculada
Ouvi a prece tirada
No seu peito da amargura.

Vós que sois *cheia de graça*
Escutai minha oração,
Conduzi-me pela mão
Por esta vida que passa.

O Senhor, que é vosso filho
Que seja sempre connosco,
Assim como é *convosco*
Eternamente o seu brilho.

Bendita sois vós, Maria,
Entre as mulheres da terra
E voss'alma só encerra
Doce imagem d'alegria.

Mais radiante do que a luz
E *bendito*, oh Santa Mãe
É o fruto que provém
Do vosso ventre, Jesus!

Ditosa *Santa Maria*,
Vós que sois a *Mãe de Deus*
E que morais lá nos céus
Orai por nós cada dia.

Rogai por nós, pecadores,
Ao vosso filho, Jesus,
Que por nós morreu na cruz
E que sofreu tantas dores.

Rogai, agora, oh mãe qu'rida
E (quando quiser a sorte)

Na hora da nossa morte
Quando nos fugir a vida.

Avé Maria, tão pura,
Virgem nunca maculada,
Ouvide[1] a prece tirada
No meu peito da amargura.

12 d'Abril de 1902

5

Quando ela passa

Para música
(fragmento)

Quando eu me sento à janela
P'los vidros que a neve embaça
Vejo a doce imagem dela
Quando passa... passa... passa...

Nesta escuridão tristonha
Duma travessa sombria
Quando aparece risonha
Brilha mais qu'a luz do dia.

Quando está noite cerrada
E contemplo imagem sua
Que rompe a treva fechada
Como em reflexo da lua,

Penso ver o seu semblante
Com funda melancolia
Qu'o lábio embriagante
Não conheceu a alegria.

E vejo curvado à dor
Todo o seu primeiro encanto

---

1   Quando, mais tarde, passou a limpo, corrigiu para: «ouvi».

Comunica-mo o palor
As faces, aos olhos pranto.

Todos os dias passava
Por aquela estreita rua
E o palor que m'aterrava
Cada vez mais s'acentua.

Um dia já não passou
O outro também já não
A sua ausência cavou
F'rida no meu coração.

Na manhã do outro dia
Com o olhar amortecido
Fúnebre cortejo via
E o coração dolorido

Lançou-me em pesar profundo
Lançou-me a mágoa seu véu:
Menos um ser neste mundo
E mais um anjo no céu.

Depois o carro funéreo
Esse carro d'amargura
Entrou lá no cemitério
Eis ali a sepultura:

Epitáfio

Cristãos! Aqui jaz no pó da sepultura
Uma jovem filha da melancolia
O seu viver foi repleto d'amargura
Seu rir foi pranto, dor sua alegria.

Quando eu me sento à janela,
P'los vidros que a neve embaça
Julgo ver a imagem dela
Que já não passa... não passa.

Dr. Pancrácio[1]
15-4-1902

---

1   «Personagem literária» apresentado como director do jornal manuscrito *A Palavra*, no seu «suplemento ao n.º 3» (PPC, II, p.132) e, posteriormente, noutro jornaleco, *O Palrador*, de 5-7-1902 (PPC, II, p.142).

6

Os ratos

Viviam sempre contentes,
No seu buraco metidos,
Quatro ratinhos valentes,
Quatro ratos destemidos.

Despertaram certo dia
Com vontade de comer,
E logo à mercearia
Dirigiram-se a correr.

O primeiro, o mais ladino,
A uma salsicha saltou,
E um bocado pequenino
Dessa salsicha papou.

Eu choro do rato a sina
Que a tal salsicha matou,
Por causa da anilina
Com que alguém a colorou.

O segundo, coitadinho,
À farinha se deitou,
E comeu um bocadinho;
Um bocadinho bastou.

Após comer a farinha
Teve ele a mesma sorte,
Pois o alúmen que ela tinha
Conduziu-o assim à morte.

O terceiro, p'ra seu mal,
Gotas de leite sorveu,
Mas o leite tinha cal;
Foi por isto que ele morreu.

O quarto, desconsolado,
A negra sorte buscou,
E julgou tê-la encontrado
Quando veneno encontrou.

E sorvendo sublimado,
Enquanto este gastava,
(Agora invejo-lhe o fado),
O feliz rato engordava.

É só cá neste terreno,
Que caso assim é passado –
Até o próprio veneno
Já fora falsificado.

Pip.[1]
[22-3-1902]

7

Antígona

Como te amo? Não sei de quantos modos vários
Eu te adoro, mulher de olhos azuis e castos;
Amo-te co'o fervor dos meus sentidos gastos;
Amo-te co'o fervor dos meus preitos diários.

É puro o meu amor, como os puros sacrários;
É nobre o meu amor, como os mais nobres fastos;
É grande como os mares altíssonos e vastos;
É suave como o odor de lírios solitários.

Amor que rompe enfim os laços crus do ser;
Um tão singelo amor, que aumenta na ventura;
Um amor tão leal que aumenta no sofrer;

Amor de tal feição que se na vida escura
É tão grande e nas mais vis ânsias do viver,
Muito maior será na paz da sepultura![2]

1902/Junho

---

1   Colaborador de *O Palrador* em 22-3-1902 (PPC, II, pp. 135-136).
2   Num caderno assinado por David Merrick («personalidade literária» de 1903) figura um esboço deste poema com atribuição, depois riscada, a Eduardo Lança.

8

Adeus...

O navio vai partir, sufoco o pranto
Que na alma faz nascer cruel saudade;
Só me punge a lembrança que em breve há-de
Fugir ao meu olhar o teu encanto.

Não mais ao pé de ti, fruindo santo
Amor em sonho azul; nem a amizade
De amigos me dará felicidade
Igual à que gozei contigo tanto.

Dentro do peito frio meu coração
Ardendo está co'a força da paixão,
Qual mártir exilado em gelo russo...

Vai largando o navio p'ra largo giro:
Eu meu adeus lhe envio num suspiro,
Ela um adeus me envia num soluço.

1902/Agosto

9

Enigma

Eu, que ao descanso humano abri luta renhida,
De amantes sei, aos mil, que invejam minha sorte!
Sustento-me de sangue, e vou beber a vida
Nos braços de quem quer por força dar-me a morte![1]

Eduardo Lança
Ilha Terceira
[5-07-1902]

---

1   Publicado em *O Palrador* n.º 7, 5-7-1902 (PPC, II, p.141).

10

Estátuas

O bom Deus – em pequeno ouvi dizer, –
todo arrancado do Ócio pelos vícios
dos homens que formara ao bem propícios,
chamou Loth suas filhas e mulher.

E porque esta, apesar do aviso, quis
lançar uma vez inda o olhar choroso
àquele formosíssimo país,
cheio de leite fresco e sol bondoso.

onde nasceu, viveu, amou, foi mãe
e tinha sepultada a sua gente,
fê-la estátua de sal bem de repente.
O pranto amarga; é como o sal também!

Eis, porque atrás me volto e vejo em pó
as verdes ilusões do meu passado
e, tal qual a mulher do crente Loth,
fico, sempre a chorar, petrificado![1]

(Terceira)
Eduardo Lança
[24-05-1902]

11

«Deus, soberbo, injusto» em grão berreiro
Gritava um, «Mata, Força, Ideia
São distinções do real saber percalço!
Tudo isto é igualmente verdadeiro!»

---

1   Publicado em *O Palrador* n.º 6, 24-5-1902 (PPC, II, p.138)

Sim, porque tudo é igualmente falso.

15-11-1908

12

AGNOSTICISMO SUPERIOR[1]

Foi-se do dogmatismo a dura lei
E o criticismo não foi mais feliz.

«Nada sei» o Agnóstico enfim diz...

Eu menos, pois nem sei se nada sei.

15-11-1908

---

1   Título riscado: «Epigrama Metafísico».

CANTARES

13

Cantares – I

1.
Eu tenho um colar de pérolas
Enfiado para te dar:
As pér'las são os meus beijos,
O fio é o meu penar.

27-8-1907

2.
Se ontem à tua porta
Mais triste o vento passou –
Olha: levava um suspiro...
Bem sabes quem t'o mandou...

20-11-1908

3.
Entreguei-te o coração,
E que tratos tu lhe deste!
É talvez por estar estragado
Que ainda não mo devolveste...

20-11-1908

Cantares – II

1.
A terra é sem vida, e nada
Vive mais que o coração...
E envolve-te a terra fria
E a minha saudade não!

19-11-1908

2.
Deixa que um momento pense
Que ainda vives a meu lado...
Triste de quem por si mesmo
Precisa ser enganado!

19-11-1908

3.
Morto, hei-de estar ao teu lado
Sem o sentir nem saber...
Mesmo assim isso me basta
P'ra ver um bem em morrer.

19-11-1908

4.
Não sei se a alma no Além vive...
Morreste! e eu quero morrer!
Se vive, ver-te-ei; se não,
Só assim te posso esquecer.

20-11-1908

Cantares – III

Ó tempo, tu que nos trazes
Tudo que na vida vem,
Porque não vens a matar
Quem já nem saudades tem?

Cantares – IV

Para rapariga

Ai, quem me dera no tempo
Em que o amar era um bem!
Ai, o amor do meu pai,
Os beijos da minha mãe!

AURÉOLA

14

Abandonada...

Inda fechadas estão
As janelas. Já é dia –
Meio-dia. A escuridão
Tem sombras de claridade
De janela em cada vão.

O passo para ao entrar
Nessa estranha soledade,
Tão perto e longe do dia.
De silêncio, não de frio,
A vaga sala está fria.

Há um vazio no ar
Cuja tristeza apavora;
E sem ver, ouvir, lembrar,
O pronto coração sente
Que no silêncio alguém chora
Lágrimas vãs a rolar
Dormente, caladamente,
Tristemente e devagar.

14-11-1908

15

E além do banal desejo,
A Aspiração, que se esconde
No manto do soluçar,
Pede com os *beiços*[1] um beijo
Da janela do Ideal onde
Nunca podemos chegar.

14-11-1908

---

1   Variante sobreposta: «lábios».

16

Canção

Ide buscá-la, Desejos,
Pela mão a conduzi.
E tu, de amor serena flor,
Traz a alma cheia de beijos
Que eu tenho sede de ti.

Além do sono e do sonho
Nos teus braços quero ir.
(Ah, como é triste tudo o que existe!)
Quero sentir-me risonho
Sem passado nem porvir.

E assim eternamente
No teu seio me ficar,
Dúbios, perdidos, os meus sentidos,
Vago ser que apenas sente
Que está além do chorar.

15-11-1908

17

Abendlied

O orvalho da tarde beija
Vagamente a minha face,
Vagamente e sem tocar;
E em mim sem que eu queira nasce
Uma ânsia que só deseja
O que não pode encontrar.

A lágrimas não me leva,
Mas aspira dubiamente
Ao que nem está no porvir;

E em mim a minha alma sente
Onda que suave se eleva
Para suave cair...

Ah, esta alma, onde não arde
Centelha que nada avive,
Não envolver (esp'rança vã!)
A Transcendência que vive
Desde o orvalho da tarde
Ao orvalho da manhã!

15-11-1908

18

Suspiro

Suspiro, quero ir contigo,
Leve fumo d'um lamento,
Para o céu do sentimento.

Quero ver onde vais ter,
Vão filho das nossas queixas
Depois que leve nos deixas.

Talvez que contigo indo
Conhecerei finalmente
Onde a alegria se sente.

Para quê? Eu regressava.
Conhecendo ficaria
Melhor o que é alegria;

Era a suprema desgraça –
P'ra quem a não pode ter
Quanto é bela conhecer.

15-11-1908

19

A luz que vem das estrelas,
Diz! – pertence-lhes a elas?
O aroma que vem da flor,
É seu? Dize, meu amor.

Problemas vastos, meu bem,
Cada cousa em si contém.
Pensando claro se vê
Que é pouco o que a mente lê
Em cada cousa da vida,
Pois que cada cousa, enfim,
É o ponto de partida
Da estrada que não tem fim.

Perante este sonho eterno
Falar em Deus, céu, inferno...

Ah! dá nojo ver o mundo
Pensar tão pouco profundo.

15-11-1908

20

Dolora

Dantes quão ledo afectava
Uma atroz melancolia!
Poeta triste ser queria
E por não chorar chorava.

Depois, tive que encontrar
A vida rígida e má.
Triste então chorava já
Porque tinha que chorar.

Num desolado alvoroço
Mais que triste não me ignoro.
Hoje em dia apenas choro
Porque já chorar não posso.

19-11-1908

21

Treno

Se morreres, ficará
O sol: nada mudará.
Menos um existirá.
Quem amaste esquecerá.
Quem te odiou não lembrará.
Tua mãe te chorará,
Mas o pranto acabará.
Teu pai te lamentará,
E o lamento parará.
Teu irmão reflectirá
Que como tu morrerá.
Tua irmã suspirará,
E a dor *no*[1] suspiro irá.
Tua viúva casará
Ou amante tomará.
Teu filho soluçará
Até que adormecerá.
Por povo que lidará,
Ruas onde o sol dará,
Teu caixão te levará,
E alguém te enterrará,
Terra em cima deitará.
Teu corpo descansará.
Se em paz ou não ficará
O Mistério to dirá.

19-11-1908

---

1   Variante sobreposta: «c'o».

22

LINDA MARIA

I

Maria, linda Maria,
Contigo me deitarei
Minha eterna moradia
Dos teus braços eu farei.[1]

Canta alto, sino da torre!
Com risos te pagarei.
Os seus lábios me sorriram
Os seus lábios beijarei.

Sua voz é melodia
Com ela me enganarei
Numa noite d'alegria
Seus seios conhecerei.

Canta-me, sino da torre
Cantos que recordarei.
Quando ela for a deitar-se
À sua janela irei.

Dir-lhe-ei: «linda Maria
Nos teus braços passarei
Noite e dia,[2] noite e dia;
Nos teus braços morrerei.»

Sino da torre, o que dizes
De noite lhe contarei
Seu cabelo sobre mim
Ao luar desprenderei.[3]

Quando a vi, ela sorria
Qual dizer não saberei...

---

1   Variante do verso, ao lado: «Do teu coração farei.».
2   Variante sobreposta: «Dia e noite».
3   Variante, ao lado: «Ao luar o seu cabelo / Sobre mim desprenderei.»

E por ela o que faria?...
E por ela o que farei?

Sino da torre não pares
Com ela não bailarei
Sua cintura, escondida,
Ao luar lhe enlaçarei.

«Maria, linda Maria!»
(Assim mesmo lhe direi)
Se de alegria[1] *chorares*
O teu pranto beberei.[2]

Sino da torre, canta alto
Que eu nunca assim te ouvirei
De noite à sua janela
Sua sombra espreitarei.[3]

«A minha mão está fria
Do muito que te amarei,
Maria, linda Maria,
No teu seio a aquecerei.»

Canta alto, sino da torre
Nos seus braços dormirei
E desta noite em diante
Consigo me esquecerei.

[II]

Como és bela morta e fria
Meus olhos te chorarão
Com tristeza[4], noite e dia
Em sangue se tornarão.

Dobra o sino na alta torre
Os seus sons te embalarão
E a tua morte com dobres
□ lamentarão.

---

1   Variante sobreposta da palavra «alegria»: «ternura».
2   Optou-se pelos versos variantes, atendendo ao facto de estarem mais completos do que os da primeira versão: «□ a luz dos teus olhos / De teus olhos viverei.».
3   Variante suposta: «À sua sombra amei», estando a palavra «amei» dubitada.
4   Variante sobreposta: «Noite e dia».

Meus lábios (quem n'o diria?)
Nunca mais te beijarão,
Nem na tarde *lenta*[1] e fria
Teu cabelo afagarão.

Dobra o sino sem piedade –
Seus dobres me gelarão.
Hoje à tarde – e o sol é calmo! –
Na cova te deitarão.

O que esse olhar me dizia
Como é que t'o tirarão?
Esse amor que em ti havia
Onde é que o enterrarão?

E dobra o sino da torre –
Quem ouvir o dó do sino
Seus prantos confrangerão,
E os que o ouvem *não*[2] amarão!

Decomposta[3] dia a dia,
Os vermes te comerão
A boca que me sorria
Os vermes *deformarão*.[4]

Dobra o sino sobre a vila
Os corações se erguerão
Numa ânsia, e os que sabem
Tua infância lembrarão.

Meus ouvidos voz que ouviram
Em sonho[5] te ouvirão
Meus lábios: «linda Maria»
Inda em sonho chamarão.

Dobre do sino d'alta torre
Muitos dos que te ouvirão
Ao *teu*[6] lado hirto e calado
Em breve me levarão.

---

1   Palavra dubitada.
2   Palavra dubitada.
3   Palavra dubitada, com uma variante sobreposta: «Dia a dia,».
4   Palavra dubitada.
5   Variante sobreposta: «Inda a sonhar».
6   Variante sobreposta: «seu».

Funda cova negra e fria
Ai, ali te enterrarão.
Quão brando o sol *alumia*[1]
E a ti te esquecerão.

Dobra sino da alta torre
Contigo me enterrarão
E só então os meus olhos
De chorar-te deixarão.[2]

19-11-1908

23

EM BUSCA DA BELEZA

Resposta à «Epígraphe» de «A Sombra do Quadrante».

I

Soam vãos, dolorido epicurista,
Os versos teus, que a minha dor despreza;
Já tive a alma sem descrença presa
Desse teu sonho que perturba a vista.

Da Perfeição segui em vã conquista,
Mas vi depressa, já sem a alma acesa,
Que a própria ideia em nós dessa Beleza
Um infinito de nós mesmos dista.

Nem à nossa alma definir podemos
A Perfeição em cuja estrada a vida,
Achando-a intérmina, a chorar perdemos.

O mar tem fim, o céu talvez o tenha,
Mas não a ânsia de Cousa indefinida
Que o ser indefinida faz tamanha.

---

1   Palavra dubitada.
2   Variante subposta: «Nunca mais te chorarão.».

II

Nem defini-la, nem achá-la, a ela –
A Beleza. No mundo não existe.
Ai de quem com a alma inda mal triste
Nos seres transitórios quer colhê-la!

Acanhe-se a alma porque não conquiste
Mais que o banal de cada cousa bela,
Ou saiba que ao ardor de qu'rer havê-la –
À Perfeição – só a desgraça assiste.

Só quem da vida bebeu todo o vinho,
Dum trago ou não, mas sendo até ao fundo,
Sabe (mas sem remédio) o bom caminho;

Conhece o tédio extremo da desgraça,
Que olha estupidamente o nauseabundo
Cristal inútil da vazia taça.

III

Só quem puder obter a estupidez
Ou a loucura pode ser feliz.
Buscar, querer, amar... tudo isto diz
Perder, chorar, sofrer, vez após vez.

A Estupidez achou sempre o que quis
No círculo banal da sua avidez;
Nunca aos loucos o engano se desfez
Com quem um falso mundo seu condiz.

Há dois males: verdade e aspiração,
E há uma forma só de os saber males –
É, vivendo-lhe o ser, saber que são

Um o horror real, o outro o vazio –
Horror não menos, dois como que vales
Ao pé dum monte que ninguém subiu.

IV

Leva-me longe, meu suspiro fundo,
Além do que deseja e que começa –
Lá muito longe, onde o viver se esqueça
Das formas metafísicas do mundo.

Aí que o meu sentir vago e profundo
O seu lugar exterior conheça;
Aí durma em fim, aí em fim faleça
O cintilar do espírito fecundo.

Aí... mas de que serve imaginar
Regiões onde o sonho é verdadeiro,
Ou terras para o ser adormentar?

É elevar de mais a aspiração
E, falhado esse sonho derradeiro,
Encontrar mais vazio o coração.

V

Braços cruzados, sem pensar nem crer,
Fiquemos pois sem mágoas nem desejos;
Deixemos beijos, pois o que são beijos?
A vida é só o esperar morrer.

Longe da dor e longe do prazer
Conheçamos no sono os benfazejos
Poderes únicos; sem urzes, brejos,
A sua estrada sabe apetecer.

C'roado de papoulas, e trazendo
Artes porque com sono tira sonhos,
Venha Morfeu, que, as almas envolvendo,

Faça a felicidade ao mundo vir
N'um nada onde sentimo-nos risonhos
Só de sentirmos nada já sentir.

VI

O sono – oh, ilusão! – o sono? Quem
Logrará esse vácuo ao qual aspira
A alma que, de esperar em vão, delira,
E já nem forças para querer tem?

Que sono apetecemos? O de alguém
Adormecido na feliz mentira
De sonolência vaga, que nos tira
Todo o sentir no qual a dor nos vem?

Ilusão tudo! Qu'rer um sono eterno,
Um descanso, uma paz, não é senão
O último anseio desesp'rado e vão.

Perdido, resta o derradeiro inferno
De tédio intérmino, esse de já não
Nem aspirar a ter aspiração.

27-2-1909

24

Noite

Ó Noite maternal e relembrada
Dos princípios obscuros do viver;
Ó Noite fiel à escuridão sagrada
Donde o mundo é o crime de nascer;

Ó Noite suave à alma fatigada
De querer na descrença poder crer;
Cerca-me e envolve-me... Eu não sou nada
Senão alguém que quer a ti volver...

Ó Noite antiga e misericordiosa,
Que seja toda em ti a indefinida
Existência que a alma me não goza!

Sê meu último ser! Dá-me por sorte
Qualquer cousa mais minha do que a vida,
Qualquer cousa mais tua do que a morte!

[27-2-1909]

25

O povo português

Talvez que seu coração
Durma na passividade
De viver só na saudade
Numa saudosa ilusão.

Fevereiro, 1909

26

Poeira em ouro *pairando*[1]
    Sobre a brancura da estrada
    És poeira e mais nada.

Poeira grisalha em rajadas revoando
    Sobre a monótona estrada
    És poeira, e mais nada.

Poeira negra nevoando
    A parda e indefinida estrada
    És poeira, e mais nada.

    Ténue poeira levantada
    Da vida da estrada
Poeira pairando, revoando, nevoando
Sobre a branca, a monótona ou negra estrada
    Poeira de sombras vivendo
    Ai de nós – és poeira e mais nada.

Por mais longe que a poeira
Possa ir
Cai sempre.

A poeira é sempre da estrada.

27-5-1909

---

1   Variante subposta: «brando».

27

Os versos da minha pena
Buscam, como o fogo o céu,
A mais formosa morena
Que meu coração conheceu.

Por te buscar, minha vida
Deixei o meu coração
Por isso ela nem já sente
E ele já não vive, não.

Teu coração pesa muito
Na balança do amor;
Há cousas que muito pesam
E *não têm nenhum*[1] valor.

22-6-1909

28

Ritmo interior[2]

Eu quero sentir-te, Maria, dormir
        Tão perto ao meu lado,
E tanto, tão fundo, tão bem o sentir
        Que possa enganado
Julgar-me vivendo num pálido além
        Contigo somente
E numa só alma que as nossas contêm
        Amando-te insciente,
Sentindo-te como sentindo-me a mim,
        Em mim embebida;
Sem forma ou lugar, com o tempo sem fim
        Medindo essa vida.

22-6-1909

---

1   Variante subposta: «têm bem pouco».
2   Título dubitado.

29

Com o coração estranho
Escutei essa canção.
Esse mundo de onde venho
É este mesmo onde me tenho?
Qual é a ilusão?

Ouvi-te de aqui tão longe.

27-6-1909

30

Antes que o Tempo fosse
      De dentro d'alma reinei
Numa vida antiga e doce.
Antes que o Tempo fosse
      Vivi sem dor e amei.

Não sei a que forma vaga
      Prendi esse meu amor
Sei que *inda me*[1] embriaga
Remota imagem e vaga
      Que vive na minha dor.

Recordo um sonho sonhado?
      É sonho ou recordação?
Não sei; ao meu ser cansado
Que importa o que foi sonhado,
      Se o *próprio real*[2] é ilusão?

Julho de 1909

---

1   Variante sobreposta: «ainda m'».
2   Variante subposta: «real já».

31

Vinte e um anos parca e inutilmente
Vivi na prostração indefinida
De quem inútil e a mais se sente
No *rumoroso marejar*[1] da vida.[2]

4-11-1909

32

Demora o olhar, demora
Mais um momento em mim...
Minh'alma há muito chora
Por que um olhar assim
A fite sem ter fim

Demora o olhar, e esquece
Que demoras o olhar...
Que melhor vida ou prece
Que, mesmo sem constar
Às almas que há amar,
E só que a vida arrefece
Ficam, olhar no olhar...

5-11-1909

---

1   Variante sobreposta: «concorrer anónimo».
2   No final, separada por um traço, uma apreciação em inglês: «good but only in a real description».

33

Nova ilusão

No rarear dos deuses e dos mitos,
Deuses antigos, vós ressuscitais
Sob a forma longínqua de ideais
Aos enganados olhos sempre aflitos.

Do que vós concebeis mais circunscritos
Desdenhais a alma exterior dos ritos
E o sentimento que os gerou guardais.

Só para além dos seres, ao profundo
Meditar, surge, grande e impotente
O sentimento da ilusão do mundo.

Os falsos ideais do Aparente
Não o atingem – único fanal
Neste entenebrecer universal.[1]

6-11-1909

34

Mar. Manhã.

Suavemente grande avança
Cheia de sol a onda do mar;
Pausadamente se balança,
E desce como a descansar.

Tão lenta e longa que parece
Duma criança de Titã
O glauco seio que adormece,
Arfando à brisa da manhã.

Parece ser um ente apenas
Este correr da onda do mar,

---

1   Numa nota final, na margem esquerda, o autor admite tratar-se de uma fala do drama *Fausto* (em curso).

Como uma cobra que em serenas
Dobras se alongue a colear.

Unido e vasto e interminável
No são sossego azul do sol,
Arfa com um mover-se estável
O oceano ébrio de arrebol.

E a minha sensação é nula,
Quer de prazer, quer de pesar...
Ébria de alheia a mim ondula
Na onda lúcida do mar.

16-11-1909

35

Às vezes, em sonho triste,
Aos *meus desejos*[1] existe
Longinquamente um país
Onde ser feliz consiste
Apenas em ser feliz.

Vive-se como se nasce
Sem o querer nem saber
Nessa ilusão de viver
O tempo morre e renasce
Sem que o sintamos correr.

O sentir e o desejar
São banidos dessa terra
O amor não é amor
Nesse país por onde erra
Meu *longínquo*[2] divagar.

Nem se sonha nem se vive
É uma infância sem fim.
Parece que se revive
Tão suave é viver assim
Nesse impossível jardim.[3]

21-11-1909

---

1   Expressão dubitada.
2   Palavra dubitada.
3   Optei pela variante, na margem direita, por estar incompleto o verso: «Naquele □ jardim».

36

Estado de alma

Inutilmente vivida
Acumula-se-me a vida
Em anos, meses e dias;
Inutilmente vivida,
Sem dores nem alegrias,
Mas só em monotonias
De mágoa incompreendida...

Mágoa sem fogo de vida
Que a faça viva e sentida;
Mas a mágoa de mãos frias
E inaptas para arte ou lida,
Nem p'ra gestos de agonias
Ou mostras de alma vencida.

Nada; inerte e dolorida,
A minha dor se extasia
Por não ser, e tem só vida
Para em torno a noite fria
Sentir vaga e indefinida...

18-1-1910

37

Tédio

Não vivo, mal vegeto, duro apenas,
Vazio *dos*[1] sentidos porque existo;
Não tenho infelizmente sequer penas,
E o meu mal é *ter*[2] (alheio Cristo)
Nestas horas doridas e serenas
Completamente *consciência*[3] disto.

— 12-5-1910

---

1   Variante sobreposta: «nos».
2   Variante sobreposta, «ser», para o caso de escolher a variante do último verso, «consciente».
3   Variante sobreposta: «consciente».

38

Sonho

Ó naus felizes que do mar vago
Voltais[1] enfim ao silêncio do porto
Quando é na tarde *a tarde*[2] irreal,
Meu coração é um morto lago
E à margem triste do lago morto
Sonha um castelo medieval.

E nesse onde sonha castelo triste
Nem sabe saber, a de mãos formosas
Sem gesto ou cor, triste castelã
Que um porto além rumoroso existe
De onde as naus negras e silenciosas
Se partem *antes de ser*[3] manhã.

Nem sequer pensa que há o onde sonha
Castelo triste; seu esp'rito monge
Para nada externo é vivo e real;
E enquanto ela *assim*[4] vagueia tristonha
Regressam tristes *do mar*[5] ao longe
As naus ao porto medieval.

10-6-1910

39

Tristeza

Falo-me em versos tristes,
Entrego-me a versos cheios
De névoa e de luar;

---

1   Variante sobreposta: «volveis».
2   Variantes subpostas: «o espaço» e «o tempo».
3   Variante sobreposta: «quando é no mar».
4   Variante subposta: «esquecida».
5   Variante subposta: «na tarde».

E esses meus versos tristes
São ténues, céleres veios
Que esse vago luar
Se deixa pratear.

Sou alma em tristes cantos,
Tão tristes como as águas
Que uma castelã vê
Perderem-se em recantos
Que ela em soslaio, de pé,
No seu castelo de *mágoas*[1]
Perenemente vê...
Assim as minhas mágoas não domo
Cantam-me não sei como
E eu canto-as não sei porquê.

6-7-1910

40

Folha caída

Nasceu uma flor, amor,
        No meu coração.
Murcha já de dor, amor,
        Fria de ilusão.

Busquei inda assim, amor,
        Pela vida real
Flor como a que em mim, amor,
        Me era sem igual.

Não a pude achar, amor,
        — Tanto a procurei! –;
E não posso amar, amor,
        Porque não a achei.

15-7-1910

---

1   Variante ao lado: «prantos».

41

In articulo mortis

Que nos importa que a lua morta tenha ou não tenha traços
      Do antigo mundo que viveu rindo?
Que seja cinza o que era calor ao calor dos nossos abraços?
De nada nos serve... Fechemos os olhos, cruzemos os braços.
      E desesperemos, sorrindo.

A vida é pouco e a dor é muito. Ao luar e à noite esquecemos
      O nosso ser de sob o sol;
E já que a corrente nos leva silente, abandonemos os remos;
E visto o falar a acção nos lembrar, calemo-nos, escutemos:
      Talvez cante o rouxinol.

E daí quem sabe na noite o que cabe? Da solidão infinda
      Talvez raie um sol e um dia,
E à barca que erra... talvez uma terra lhe espere obscura a vinda.
Talvez não seja o rouxinol que cante... Esperemos ainda,
      E talvez seja a cotovia.

23-7-1910

42

Não sei o[1] quê desgosta
A minha alma doente.
Uma dor suposta
Dói-me realmente.

Como um barco absorto
Em se naufragar
À vista *do*[2] porto
E num calmo mar,

Por meu ser me afundo,
P'ra longe da vista.
Durmo o incerto mundo.

26-7-1910

---

1   Artigo opcional.
2   Variante sobreposta: «d'um».

43

Que velho, minha ama,
Que velhinho já...
Faze tu a cama
Que o sono virá...
Faze já a cama.

Que triste, minha ama,
Sempre assim tão triste!
Vê, mesmo na[1] cama
Esta[2] dor persiste...
Não durmo, minha ama.[3]

26-7-1910

44

Na noite

O sossego da noite desce
Sobre os meus olhos cansados,
E como flor que fenece
Dentro em minh'alma me esquece
O cuidado do meu e dos alheios fados.

Cai vago o fresco escuro
Do silêncio sem fim,
E a dúvida do futuro
Como um mendigo obscuro
Inobservada dorme um sono alheio em mim.

De que nos serve a luta –
Pergunto em mim – e a dor?
Ter tantas vezes a alma astuta
Para o que sabe e o que perscruta
E não achar no ser um tempo para amor?

---

1   Variante sobreposta: «Até nesta».
2   Variante sobreposta: «Minha».
3   O ponto final é duvidoso, poderia ser uma vírgula, e o poeta tencionar continuar o poema.

Passe ao meu ser a calma
Da noite sem luar.
Sinta-me eu vendo a alma,
Num barco escuro calma,
Incertamente e para longe deslizar.

Creia-me sem desejo
O momento em que estou;
Perca o saber o que é um beijo,
E o próprio esboço de um desejo,
O que eu nest'hora em mim quero sonhar que sou.

Pareçam-me a arte e a lida
Cousas sem nexo em ser.
Goze eu a indefinida
Alegria de longe da vida
Me sentir apartado e apenas a ver.

Não me lembre o que é pranto...
Lágrimas o que são?
Sinta eu o fresco manto
Deste nocturno encanto
Como um mar vago em torno ao frio coração.

E quando vier a morte,
Não seja senão assim...
Sem saber o que é sorte
Ou o que é ter um norte,
E suave como um sonho a consciência do fim.

8-8-1910

45

O mundo, ó alma *cansada*,[1]
É uma porta aberta, por onde
Se vê, logo defronte,
Uma outra porta, fechada.

21-8-1910

---

1   Palavra dubitada.

46

A uma estátua

Eterno momento, ó gesto imorredouro
Ó da expressão de um desejar vida local;
Tornam-se *terra*[1] o olhar azul e o cabelo louro
      E tu és imortal.

Sempre no *gesto*[2] teu de desejando
Sempre no meio eterno d'um trair
Um sentimento □ no desabrochando
      Para[3] nunca se abrir.

Incontinuada vida manifesta
Esperando o eterno ausente teu amor
Perto do teu momento, mas que *resta*[4]
      Sempre longe, e sem dor.

Terás tu um sentir invital, como alheio
Ao teu lugar de ser no espaço, ali?
Será alguma cousa alma *o teu marmóreo*[5] anseio
      No seu eterno *aqui*?

Tu não tens corpo, não tens vida, não tens alma
Na outra realidade que a de ser;
Mas o que é ser, ó branca imagem calma?
      O que é aparecer?[6]

Será que tens uma alma e que essa alma está longe
Do teu corpo exilado no lugar da ilusão
O que és *tu*,[7] visto que és? Beleza exul e monge
      Na nossa imperfeição.

3-9-1910

---

1   Variante sobreposta: «pó».
2   Palavra dubitada.
3   Variante sobreposta: «Mas p'ra».
4   Palavra dubitada.
5   Variante subposta: «esse teu fixo».
6   Verso dubitado com variante subposta: «Em ser que pode haver?».
7   Palavra opcional.

47

Cinza

No silêncio das cousas tristes
        Ó minha amada,
Só tu para mim existes
        Abandonada
De tudo quanto é corpo e realidade
        Em tua alma; enfim
Sob a forma sentida da verdade
        Dentro em mim.

No sossego das horas mortas
        Ó minha amante
Só tu me apareces e exortas
        E o Instante
Vive do que em ti vale mais, querida,
        Do que o teu ser
O que em ti, cousa íntima e indefinida,
        Não saberá morrer.[1]

25-9-1910

---

1   Os últimos quatro versos estão dubitados.

48

Vela, esverdeada a tez, olhos em apatia,
E *no*[1] escuro cabelo enroscadas serpentes
A deusa tutelar dos deuses decadentes.

22-1-1911

49

Tange o sino, tange
Tange doloroso.
Cai como que um alfange
No meu sonhar de gozo...
E o sino tange, tange
Lento e ao longe amoroso.

E tange e plange ao longe
Aérea melodia...
Cada som é um monge
Na sua alma fria...
Tange o sino de bronze
No escurecer que esfria.

E em mim também é escura
A tarde do meu ser
E plange em mim, na lonjura
Do meu vago esquecer
Um sino ao longe, *a*[2] agrura
De me saber ser.[3]

---

1   Variante sobreposta: «entre o».
2   Variante sobreposta: «oh».
3   Variantes sobrepostas: «De ser este o meu ser!» e «De ser sempre o meu ser!». Toda a estrofe está dubitada.

50

O tédio

Turvo silêncio e oca dor
No meu ser dormem
      mudamente
Como no último estertor
      Eternamente.

Anterior a 7-4-1911

51

Faze[1] o teu verso, professo
Na ordem dos perfeitistas,
Para[2] endoidecer de excesso
Intrusos antologistas.

3-6-1911

---

1   Variante sobreposta: «E que».
2   Variante sobreposta: «Faça».

52

Um dia de inverno no verão[1]

Está um dia incolor...
Cai a chuva serena...
Não sei de que tenho pena –
Da minha própria dor?

A minha dor que importa?
Alma inerte e viúva...
A natureza é morta –
Cinzento nó de chuva...

Sinto-me perecer
No que sou ser e ardor –
Serena chuva a *esquecer*[2]
A natureza incolor...

12-6-1911

---

1   O título encontra-se na margem direita da folha, com uma variante sobreposta a «de inverno»: «invernoso».
2   Variantes: sobreposta, «envolver»; subposta, «esbater».

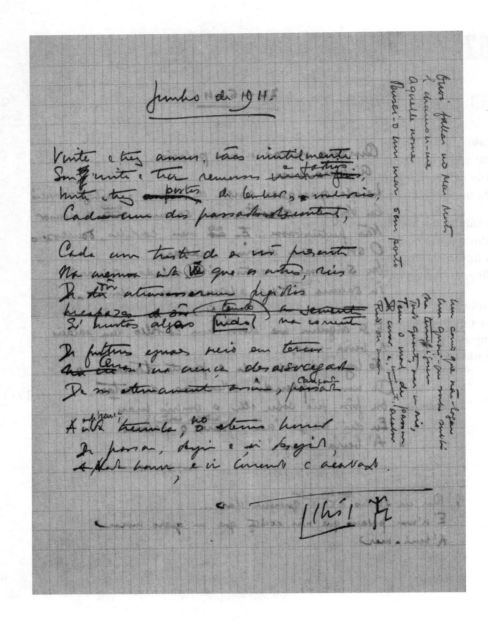

Figura 1. No final do poema, a assinatura de Íbis, acompanhada de um esquemático boneco dançante, personificando a máscara da infância com que se relacionava com os meninos da família e com Ofélia

53

Junho de 1911

Vinte e três anos, vãos inutilmente,
Sim, vinte e três remorsos e fastios,
Vinte e três postes de lembrar, sombrios,
Cada um do passado descontente,

Cada um triste de ser não presente
Na mesma vida *vã*[1] que os outros, rios
De dor atravessaram fugidios
Só mortas algas *indo*[2] na corrente

De futuros iguais meio em terror
Quasi na crença desassossegada
De ser eternamente assim, *passada*[3]

A *vida*[4] trémula, *o*[5] eterno horror
De passar, desejar e ser desejado,
Nada haver, e ir correndo e acabado.

Junho de 1911

---

1   Palavra opcional.
2   Palavra dubitada.
3   Variante sobreposta: «cansada».
4   Variante sobreposta: «esp'rança».
5   Variante sobreposta: «no».

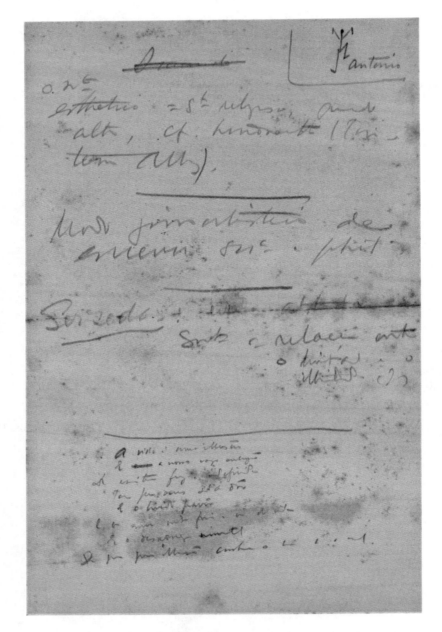

Figura 2. Fac-símile do poema «A vida é uma ilusão». No canto superior direito, um desenho semelhante ao que consta no poema «Junho de 1911», neste caso atribuído a «António», nome do santo do seu dia. Por isso se chamava Fernando António

54

Ouvi falar no Mar Morto
E chamou-me
Aquele nome
Pensei-o um mar sem porto
Um como que não-lugar
Um quasi-que sonho sublime
Na terra, o ignorar
Tudo quanto, mar ou rio,
Tem o mal de passar
De correr e, como momento, acabar
Rio ou mar.

Junho de 1911

55

Quisera morar num palácio
À beira-mar.
Lendo qualquer cousa de calmo e antigo, Horácio
Ou Virgílio... cousa serena que o pensar
Não perturbasse... E no meu castelo, dourasse-o
O sol no seu diurno acabar,
Ou sonhasse-o outro, frio e isolado, o luar,
Eu saberia o meu tédio adormecer e acalmar.

E se alguém me desse um castelo, um palácio
À beira-mar,
No lugar de cabo onde o poente dourasse-o
De um resplendor silencioso de *estar*,[1]
Ou fosse frio sobre ele o sombrio luar –
Eu dir-lhe-ia: «não quero, visto que existe, o palácio[2]
À beira-mar.»

22-6-1911

---

1   Palavra dubitada.
2   Variante no final do texto: «Que eu sonho e que há e que me querem dar... / É num palácio que não existe que eu
       quero morar».

56

A vida é uma ilusão

E o nosso vago embrião
Da existência fugaz e indefinida
Tem por seus só a dor
E o lívido pavor
E a escura noite fria e vã da vida
E o desassossego imortal
De quem por ilusão conhece o bem e o mal.[1]

23-7-1911

57

Sombra...

Veloz a sombra[2]
Vai sobre a água...[3]
Assim meu sonho
Por[4] minha mágoa...

Minha tristeza
Sonha acordada
Canta embalando
Ela é a embalada...[5]

«Dorme, sossega... »
A sombra informe
Passa... E ela canta
E nunca dorme.

29-9-1911

---

1   Ver fac-símile na página 72.
2   Variante, na margem: «Vai leve [a sombra].».
3   Variante, na margem: «Por sobre a água...».
4   Variante sobreposta: «Na».
5   Variante, na margem: «E ela é a embalada...». Este verso e o anterior estão dubitados.

58

O bibliófilo

Ó ambições!... Como eu quisera ser
Um pobre bibliófilo *parado*[1]
Sobre o eterno fólio desdobrado
E sem mais na consciência de viver.

Podia a primavera enverdecer
E eu sempre sobre o livro recurvado[2]
Servia a um arcaico passado
De uma medieval moça e qualquer.

A vida não perdia nem ganhava
Nada por mim, nenhum gesto meu dava
Com gesto mais ao seu Amor profundo.

E eu lia, a testa contra a luz acesa,
Sem nada querer ser como a beleza
E sem nada ter sido como o mundo.

29-12-1911

59

Cansado do universo e seriedade
Da abstracção que não finda e que é o fundo
Do meu fatal pôr-olhos sobre o mundo,
Pobre de amor e rico de ansiedade,
Já nada me seduz nem persuade.

29-12-1911

---

1   Palavra dubitada.
2   Este verso e o anterior estão dubitados.

60

Tão abstracta é a ideia do teu ser
Que me vem de te olhar, que, ao entreter
Os meus olhos nos teus, perco-os de vista,
E nada fica ao meu olhar, e dista
Teu corpo do meu ver tão longemente,
E a ideia do teu ser fica tão rente
Ao meu pensar olhar-te, e ao saber-me
Sabendo que tu és, que, só por ter-me
Consciente de ti, nem a mim sinto.
E assim, neste ignorar-me a ver-te, minto
À ilusão da sensação, e sonho,
Não te vendo, nem vendo, nem sabendo
Que te vejo, ou sequer que sou, risonho
Do interior crepúsculo tristonho
Em que *me*[1] sonho o que me sinto sendo.

Dezembro de 1911

61

Que seja uma Ascensão / Ó almas, toda a queda...
Sempre, de Teixeira de Pascoaes

Um cansaço febril, uma tristeza informe
O meu espírito intranquilamente dorme.
Combati, fui o gládio e o braço e a intenção
E dói-me a alma na alma e no gládio e na mão...
Meu gládio está caído aos meus pés... Um torpor
Impregna de cansaço a minha própria dor...

1912

---

1   Variante subposta: «sinto que».

62

Meia-noite

As louras e pálidas crianças
— *Dlon...*
Desprendem a chorar suas tranças
— *Dlon...*
Quem nos dirá donde é esse pranto
— *Dlon...*
Sabê-lo tirar-lhe-ia o encanto
— *Dlon...*
Que fique sempre como elas vago
— *Dlon...*
Folha *caída*[1] à tona do lago
— *Dlon...*
Que nos inspire e o não percebamos
— *Dlon...*
Que só se sinta em nós que o amamos
— *Dlon...*
Que seja para nós som de fonte
— *Dlon...*
Que seja o mistério do horizonte
— *Dlon...*
Tristeza que dorme *em vale e*[2] monte
— *Dlon...*
Tristeza vaga, dor, vago som
— *Dlon...*[3]

15-2-1912

---

1   Variante sobreposta: «boiando».
2   Variante sobreposta: «do vale ante o».
3   O autor previu replicar, de 1 a 10, sucessivamente, depois de cada verso, o número de dobres do sino.

63

Fonte

Fresca e viva
A água aviva
Só de ouvida,
Minha vida.

Sinto mais
Leves, ais
Minha dor
Quasi amor.

Fonte calma
Dou-te a alma
Dá-me a tua
Fresca e nua

Já que a aurora
A ambos doura,
Minha irmã
Na[1] manhã.

10-4-1912

64

Complexidade

São horas, meu amor, de ter tédio de tudo...
A minha sensação desta Hora é um veludo...
Cortemos[2] dele uma capa para o *nosso*[3] saber
Que não vale a pena viver...
Vai alto, meu amor, o sol de termos tédio

---

1   Variante subposta: «Em».
2   Variante sobreposta: «Faça eu».
3   Variante sobreposta: «meu».

Até ao nojo corporal de o saber tido...
Sei que vivo... Que horror! Tu és um mero remédio
Que tomo para ter vivido...
Que horror seres a mesma sempre, não te esmaga
O *saber-te*[1] A Igual? És como as outras, vaga
D'um mar de vagas sempre iguais é esta hora
De ti, ó parco Outrora...
Separemo-nos, mesmo se um de nós da ideia
Do outro, mero eco fique do outro ou reverbero...
Oh como o meu amar-te, ó meu amor, te odeia!
Com que aversão te quero!

12-5-1912

65

A minha alma ajoelha ante o mistério
Da sua íntima essência e próprio ser,
Faz altar *do sentido*[2] de viver
E cálice e hóstia do seu *grave*[3] e etéreo

Senso de se iludir. Corpo funéreo
Doente da vida. Alma a aborrecer
O que nela é do corpo... Vida a arder
Tédio, *e*[4] as sombras são seu fumo aéreo.

Sombra de sonho... Hálito de mágoa...[5]
Alma corpo de Deus, disperso e frio
Boiando sobre a morte como em água...

Indecisão...[6] Penumbra do pensar...
Fonte oculta tornada *claro*[7] rio...
Rio morrendo-se no imenso mar...

22-6-1912

---

1   Variante subposta: «saberes-te».
2   Variante sobreposta: «da consciência».
3   Palavra dubitada.
4   Conjunção opcional.
5   Verso dubitado.
6   Palavra dubitada.
7   Palavra dubitada.

66

Fim do dia

Amarelecer
Do poente
Morto sol a arder
Rente
À alma do entardecer.

Hora calma,
À tona da mágoa...
Mão de santa, palma
Fonte[1] de água
Caindo-me[2] n'alma.

Hálito de luz
Moribunda...
Tarde, cruz...
Lagoa funda...
Tédio a flux...

Cinzas... desapego...
Boca pálida...
Porto cego...
Alma cálida
Sem sossego...

Rouxinol
Morto, no rio...
Boca em estio
Como sol...[3]
Olhar frio...

Horizonte
Todo cinzento...
Rumor de fonte
Dor insonte
Do momento.

---

1   Variante, ao lado: «Choro»
2   Variante, ao lado: «Sem me cair».
3   Variante, ao lado: «Orvalho de sol».

Vontade morta
Antes de ousar...
Dorme absorta
Em não sonhar...
Nada importa...

22-6-1912

67

Canção da que fica

I[1]

Quantas armadas partiram
Por esses mares além...
Quantas sucumbiram,
Ó minha mãe, minha mãe!

O meu amor é marinheiro...
A minha alma está no mar...
Ah que ele seja gajeiro
Quando a armada voltar!...

25-6-1912

68

Não te esqueças de mim, Mãe Natureza,
Não te esqueças de mim que sou teu filho
E há tanto tempo e tanto em mágoa trilho
Os caminhos humanos da incerteza.

Sob meu corpo febril da mágoa presa
Põe o teu braço – que eu por dor perfilho

---

1   O autor riscou a parte II do texto, constituída por nove versos.

Teu gesto compassivo a que me humilho,
Deita-me, embala, e por minha alma reza.

Mãe da alegria e do fragor da luta
Sê para mim crepúsculo e sossego,
Jorna de paz da alma que labuta...
Ponho a teus pés a vida que renego.

26-6-1912

69

Mors

Com teus lábios irreais de Noite e Calma
Beija o meu ser confuso de amargura,
Com teu óleo de Paz e de Doçura
Unge-me *esta ânsia vã que não se acalma*.[1]

Quantas vezes o Tédio pôs a palma
Sobre a minha cerviz dobrada e obscura;
Quantas vezes *a onda*[2] da loucura
Me roçou as franjas pela alma.[3]

Corpo da parte espiritual de mim,
Do que em mim não é *senso*[4] e mutação
E se concebe como sem ter fim,

Põe carinhosamente a tua mão
Na minha fronte, até que eu seja afim
À[5] *tua inconsciente imensidão*.[6]

27-6-1912

---

1   Expressão dubitada.
2   Variante sobreposta: «as ondas», o que implica o predicado plural das variantes ao verso seguinte.
3   Variante subposta, entre parênteses: «*Roçam* [variante sobreposta: roçaram] suas franjas por minha alma!».
4   Variante subposta, entre parênteses: «sentido».
5   Variante sobreposta: «Da».
6   A estrofe está dubitada, acrescentando-se uma estrofe variante: «Por degraus negros sobe da ilusão / Até tua alta Torre de marfim / *De cuja paz se avista* [variante subposta: De onde o olhar abarca] a imensidão».

70

Ó lábios da Noite calma
Invisíveis e reais
Que na fronte da minha alma
Maternalmente pousais,
Vosso frescor não acalma
Esta dor que não tem ais...

Braços da Calma, que eu sinto
E não vejo, em torno a mim,
E por isso mais me minto
De que sou a vós afim,
Aquém de vós eu pressinto
Que minha dor não tem fim...

Corpo noivo meu da Morte,
Tão perto e tão irreal,
De nada vale ser forte
À minha alma e ao seu mal...
P'ra além de ti, ó Consorte,
Minha dor é sempre igual...

6-11-1912

71

Paraíso

Se houver além da Vida um Paraíso,
Outro modo de ser e de viver,
Onde p'ra ser feliz seja preciso
      Apenas ser;

Onde uma Nova Terra áurea receba
Lágrimas, já diversas, de alegria,
E em Outro Sol nosso olhar outro beba
      Um Novo e Eterno Dia;

Onde o Áspide e o Pomba de nossa alma
Se casem, e com a Alma Exterior
Numa unidade dupla – sua e calma –
    Nossa alma viva, e à flor

De nós nosso íntimo sentir decorra
Em outra Cousa que não Duração,
E nada canse porque viva ou morra –
    Acalmaremos então?

Não: uma outra ânsia, a de infelicidade,
Tocar-nos-á como uma brisa que erra,
E subirá em nós a saudade
    Da imperfeição da Terra.

6-11-1912

72

Fio de água

Horas serenas,
Dias contentes,
Ligeiras penas
Indiferentes
Às almas rentes
De[1] ânsias pequenas...

Porque mais ter[2]
Do que estas mágoas,
Vida viver
Como a das águas
Tocam nas fráguas
Sem as *querer...*[3]

---

1   Variante subposta: «A».
2   Variante sobreposta: «Não mais sofrer».
3   Variante subposta: «mover...».

Alma estagnada,
Ócio risonho
Vida mais grada
Era tristonho...
Se[1] tudo é sonho
E o sonho é nada...

18-12-1912

73

Uma melodia...

Uma melodia
        No meu ser[2] nasceu...
Senti-a, perdi-a;
        Nascendo morreu...

Relâmpago breve,
        Vendo-a[3] não *a*[4] vi;
Mas minha alma a teve,
        Nova, e sua, e em si.

Com que horror de mágoa
        Busco-a, em vão, em vão...
Fugiu-me da mão,[5] água...
        Nem abri a[6] mão!

Que importa, *olhos*[7] meus?
        Passou por meu ser
De Deus para Deus...
        Torná-la-ei a ter.

25-12-1912

---

1   Variante, ao lado: «Pois».
2   Variante sobreposta: «Dentro em mim».
3   Variante sobreposta: «Vendo-o».
4   Variante sobreposta: «o».
5   Variante sobreposta: «Tive-a na mão e».
6   Variante sobreposta: «Fugiu-me da».
7   Palavra dubitada.

GRANDES ARMAZÉNS DA SENSAÇÃO

74

Ascensão

Quanto mais desço em mim mais subo em Deus...[1]
Sentei-me ao lar da vida e achei-o frio,
Mas pus tão alta fé nos sonhos meus
      Que ardente rio
De puro Compreender e alto Amor,
De chama espiritual e *interior*[2]
Deu nova luz ao meu *alheio*[3] olhar
      E às minhas faces cor...
E esta fé, esta lívida alegria
Com que, *alma de joelhos*,[4] creio e adoro,
É a minha própria sombra que me guia
      Para um fim que eu ignoro...
Porque Deus fez de mim o seu altar
Quando Ele me nasceu tal como sou,[5]
Se p'ra minha alma volvo um *quasi-olhar*[6]
      Não me vejo onde estou.
Eu tenho Deus em mim... Em Deus existo.
Quando crê, cega, acha-o minha fé calma...
Maria-Virgem concebeu *um*[7] Cristo
      Dentro em minha alma...
Alma fria de Altura; que os seus céus
Dentro em si própria acha... Para si morta
Em Deus... Mas o que é Deus? E existe Deus?
      Isso que importa?

10-1-1913

---

1   O autor escreveu, ao lado, um possível acrescento para que não encontrou lugar no poema: «□ e o Desejo / São degraus onde a minha fé ajoelha / E que não vejo.».
2   Variante sobreposta: «divino amor».
3   Palavra dubitada.
4   Expressão dubitada.
5   Variante, na margem: «Sou um sonho de Deus e sei que o [sou]».
6   Palavra dubitada.
7   Variante sobreposta: «o».

75

O manibus date lilia plenis

Cheias de lírios
Tuas mãos estende
Para os meus martírios...

Estende e fica assim
Nem sonho de gesto
Há desde mim

Até tuas mãos,
Para receber
Os teus lírios vãos...

Olhando, só olhando
Até a vida ir
Ficarei, amando

Com o mero ver
Só a ideia, só,
Dos[1] lírios receber...

Fica sem mudança
Assim – P'ra que gestos,
Se mesmo olhar *já me*[2] cansa?

Como duas figuras
De um baixo-relevo,
Por só-arte puras,

Assim ficaremos
Porque a nossa vida
Dorme sobre os remos...

Mãos sempre estendidas
Eu sempre só olhando
Duas hirtas vidas[3]

---

1 Variante sobreposta: «E os».
2 Expressão opcional.
3 O autor hesitou em relação à posição desta antepenúltima estrofe, escrevendo ao lado «where?»: aqui ou antes da última.

'Té que nos achemos
Vendo-nos de fora
Mero quadro... Sonhemos...

Sempre à margem de hoje...
Tão inutilmente
A vida nos foge!

10-1-1913

76

Lábios formando
O sonho de um beijo...
Nunca ides além
Do mero desejo...

Tocar outra boca
Na nossa é tristonho
Para quem conhece
O sabor do sonho.

Invisíveis bocas
Que nos vêm beijar
De um céu que só existe
No nosso sonhar...

O que dão só essas
Nunca tirarão...
É que no seu dá-lo
Nunca no-lo dão...

Deixai-me sonhar
Sem eu o saber...
Ou sabendo-o sempre...
Como puder ser.[1]

10-1-1913

---

1   Variante na margem: «Saber é perder...».

77

Dobre

Peguei no meu coração
E pu-lo na minha mão.

Olhei-o como quem olha
Grãos de areia ou uma folha.

Olhei-o pávido e absorto
Como quem sabe estar morto;

Com a alma só comovida
Do sonho e pouco da vida.

20-1-1913

78

Sonhador de sonhos,
      Queres-me vender
Teus dias, risonhos
      De tanto esquecer?...

Minh'alma é só mágoa
      Por saber que vive...
Passo como a água,
      Nunca fui *ou*[1] estive.

5-2-1913

---

1   Variante subposta: «nem».

79

A voz de Deus

«Com dia teço a noite,
Com noite escrevo o dia...
Ó Universo, eu sou-te!»
(Sombra de luz na bruma fria,
Que é este archote?
Que mão o tem e o guia?)

«Não me chamo o meu nome...
Serei de ti, mundo-não,
Ser mente em ti eu sou-me!...»
(De quem esta voz-clarão?
D'O que tem por cognome
O ser da imensidão)

8-2-1913

80

Poente

A hora é de cinza e de fogo,[1]
Eu morro-a dentro de mim.
Deixemos a crença em rogo,
Saibamos sentir-nos Fim.

Não me toques, fales, olhes...
Distrai-te de eu estar aqui
Eu quero que tu[2] desfolhes
A minha ideia de ti...

Quero despir-me de ter-te,
Quero morrer-me de amar-te,[3]

---

1   Variante da vírgula: ponto final.
2   Variante sobreposta: «Quero que antes».
3   Variante da vírgula, no fim do verso: ponto final.

Tua presença converte
Meu esquecer-te em odiar-te.

Quero estar só nesta hora...
Sem Tragédia... Frente a frente
Com a minha alma que chora
Sob o céu indiferente,[1]

Basta estar, sem que haja ao lado
Exterior da minha alma
Meu saber-te ali, iriado
De ti, mancha nesta calma

Ânsia de me não *possuir*,[2]
De me não ter mais que meu,
De me deixar *esvair*[3]
Pela[4] indiferença do céu.

27-2-1913

81

Tédio

Caem-nos tristes e lassos
            Os nossos braços...
Que fazer, ó meu amor
Oh que alegria tão dor!
Que cansaço tão cansaços!

Um dia de cinza. Chama
            Por mim. Que ama,
Quando se conhece e sente?
Sentir-se é estar doente.[5]

27-2-1913

---

1   Verso dubitado.
2   Variante sobreposta: «sentir».
3   Variantes: sobreposta, «possuir»; entre parênteses, «existir».
4   Variantes sobrepostas: «E», «Na» e «Da».
5   Os três últimos versos estão dubitados.

82

Quando o meio-dia brota
Das cousas como uma chama,
As árv'res, que o olhar ama,
São Cousas, nenhuma ignota.

Quando o crepúsculo vem,
(Faz as vidas *mais*[1] vividas)
As Árvores (vede bem!)
Já não são Cousas, mas Vidas.

Mas as Árvores, ateus
Ao[2] sol-a-prumo do dia,
Quando *vem a noite fria*[3]
São inteiramente Deus.

1-3-1913

83

Falou Deus...

Em que barca vou
Pra que rio tão rio?
Falou Deus, e ouvi-o...
Eu sou o que sou.

Em que barca vou
Pra que mar tão mar?....
Ouço Deus falar...
Não sou o que sou.

Em que barca vou
Pra além de que oceano
Deus falou ao Humano...
Sou mesmo o que não sou.

---

1   Variante subposta: «já».
2   Variante sobreposta: «No».
3   Variante sobreposta: «a noite as nega e esfria». Todo o verso está dubitado.

«Porque?» «Como?»... E os céus
São todos dentros e alma...
A voz de Deus é calma...
Porque sou Deus, disse Deus.

1-3-1913

84

Deixa que eu chore...[1]
O sonho não basta...
Quanto eu perca e ignore
Só de mim me afasta...

Mãos de tecedeira
Mãos apenas... fiando
Horrorosamente
Numa sem-canseira
Da noite espreitando
Mãos e pulsos. Doente
De pavor silente
Não posso não as estar fitando...

Tecem num tear
Que apavora dele...
Tecei, mãos sem vida
Mãos feitas de um luar
Que é, é, vossa pele,
Dum tear que é guarida
De quanto convida
A alma e a repele.

Tecei-me com fios
De sonho e mistério
Novos universos
Dentro em mim, vazios,
Muito lírio aéreo,
Murmúrios dispersos

---

1 Existe uma indicação, ao lado da estrofe, dos possíveis títulos «Linho» e «Tear», que só se justificam pelos versos que
se seguem, embora separados com um largo traço, o que fez que a edição precedente (F.P.P., I, p. 161) os considerasse
outro poema.

Secos sons, imersos
Num não-ser sidério.

Gota a gota as horas
Caem-me no peito...
Tecei, mãos alheias
A vós próprias, noras
Da água do imperfeito...
Tecei morte... cheias
De Ontem, mãos sem veias
Nem cor, mãos-defeito...

18-3-1913

85

Hora morta

Lenta e lenta a hora
Por mim dentro soa...
(Alma que se ignora!)
Lenta e lenta e lenta,
Lenta e sonolenta
A hora se escoa...

Tudo tão inútil!
Tão como que doente,[1]
Tão divinamente
Fútil – ah, tão fútil...[2]
Sonho que se sente
De si-próprio ausente...

Naufrágio *no*[3] ocaso...
Hora de piedade...
Tudo é névoa e acaso...
Hora *oca*[4] e perdida,

---

1   Variante da vírgula, no final do verso: ponto de exclamação.
2   Variante das reticências do final do verso: ponto de exclamação, seguido de reticências.
3   Variante sobreposta: «ante o».
4   Palavra dubitada.

Cinza de vivida
(Que *tarde*[1] me invade?)

Porque lento ante ela,
Lenta em seu som,
Que sinto ignorar?
Porque é que me gela
Meu próprio pensar
Em sonhar amar?...

23-3-1913

86

Que morta esta hora!
Que alma minha chora,[2]
Tão perdida e alheia?...
Mar batendo na areia,
Para quê? para quê?
P'ra ser o que se vê
Na alva areia batendo?
Só isso? Não há
Lâmpada de *ter*[3] –
Um sentido ardendo
Dentro da hora – já
Espuma de morrer?...

23-3-1913

---

1   Variantes: subposta, «tarde»; na margem «poente».
2   Vírgula, no final do verso, dubitada.
3   Variante sobreposta: «haver».

87

... E, sem saber porquê, a sereia penteia
Seus cabelos, memórias de algas, com um gesto que ondeia,
Seus cabelos cor do movimento da onda, com que enleia
O deus das praias, eterno e remoto na areia,
Que a não vê, mas só vê que a eterna onda como uma cobra coleia...
(Maré cheia!)

27-3-1913

88

Por que bailes e que *sequência*[1] se enegrece
A hora que sem mãos no tear antigo tece
O sonho que arrefece?
Porquê, se o sudário, estala a angústia que temos,
Fica com os olhos na sombra dos remos...
E a sombra dos remos, tornada Cousa, fenece,
Para além de ser a aresta negra da sombra dos remos
Na água que *anoitece*...[2]
Quem, Alma, me *envolvesse*![3]

[27-3-1913]

---

1 Variante subposta: «ritos fidalgos».
2 Variante subposta: «[anoitece], que arrefece, e que se esquece».
3 Variantes: sobreposta, «compreendesse»; subposta, «pertencesse».

89

Três ciprestes, e a lua por detrás do do meio...
Invisível o halo em torno a ele
E os outros dois batidos de lado p'lo luar...
Branco o seu lado e mais negro que negros do outro...
Uma brisa através da folhagem... Veio aquele
Luar tornar-se mais cousa nua...
Mas o vulto-sensação dos três ciprestes fica *neutro*[1]
Imóvel, três, aquém do luar...
E ouvia-se a hora toda chegar e *estacar*...[2]

[27-3-1913]

90

Pauis

Pauis de roçarem ânsias pela minh'alma em ouro...
Dobre longínquo de Outros Sinos... Empalidece o louro
Trigo na cinza do poente... Corre um frio carnal por minh'alma...
Tão sempre a mesma, a Hora!... Baloiçar de cimos de palma...
Silêncio que as folhas fitam em nós... Outono delgado
Dum canto de vaga ave... Azul esquecido em estagnado...
Oh que mudo grito de ânsia põe garras na Hora!
Que pasmo de mim anseia por outra cousa que o que chora!
Estendo as mãos para além, mas ao estendê-las já vejo
Que não é aquilo que quero aquilo que desejo...
Címbalos de Imperfeição... Ó tão antiguidade
A Hora expulsa de si-Tempo!... Onda de recuo que invade
O meu abandonar-me a mim próprio até desfalecer,
E recordar tanto o Eu presente que me sinto esquecer!...
Fluido de auréola, transparente de Foi, oco de ter-se...
O Mistério sabe-me a eu ser outro... Luar sobre o não conter-se...
A sentinela é hirta - a lança que finca no chão
É mais alta do que ela... Pra que é tudo isto?... Dia chão...

---

1   Palavra dubitada.
2   Variante subposta: «parar».

Trepadeiras de despropósito lambendo de Hora os Aléns...
Horizontes fechando os olhos ao espaço em que são elos de erro...
Fanfarras de ópios de silêncios futuros... Longes trens...
Portões vistos longe... através das árvores... tão de ferro!...

29-3-1913
Revista *Renascença*, número único, Fevereiro de 1914

91

Missa negra

O rasto do sol perdido morreu
No céu sacro como uma capa...
Minh'alma é um cardeal ateu
Que em breve vai ser feito Papa...

Como um crente estranho na alma luz – mas só isto,
(E com fogo de horror a alma lhe esfria)
Cuspir na face de Cristo
E violar a Virgem Maria...

E apraz-lhe e apavora o crente ateu
Isto com um fogo e horror carnal –
Fazê-lo, e depois *ser real Deus e*[1] o céu
E haver um inferno verdadeiro e real![2]

30-4-1913

---

1   Variante sobreposta: «ver que é real».
2   Variante subposta: «[E] que o inferno é [verdadeiro e real!]».

92

Eis-me em mim absorto
Sem o conhecer...
Boio no mar morto
Do meu próprio ser.

Sinto-me pesar
No meu sentir-me água...
Eis-me a balancear
Minha vida-mágoa...

Barco sem ter velas...
De quilha virada...
O céu com Estrelas
É frio como espada.[1]

E eu sou vento e céu...
Sou o barco e o mar...
Sei que não sou eu...
Quero-o[2] ignorar...

12-5-1913

---

1   Variante, ao lado: «Frio o céu d'estrelas / Como nua espada.».
2   Variantes: «Só o quero»; «E quero-o».

93

Morde-me com o *querer-me*[1] que tens nos olhos
Despe-te em sonho ante o sonhares-me vendo-te,
Dá-te vária, dá sonhos de ti-própria aos molhos
Ao teu pensar-me querendo-te...

Desfolha sonhos teus de dando-te variamente,
Ó perversa, sobre o êxtase da atenção
Que tu em sonhos dás-me... E o teu sonho de mim é quente
No teu olhar absorto ou em abstracção...
Possui-me-te, seja eu em ti meu espasmo e um rocio

De voluptuosos eus na tua coroa de rainha...
Meu amor será o sair de mim do teu ócio
E eu nunca serei teu, ó apenas-minha?[2]

22-5-1913

94

Às vezes sou o *deus*[3] que trago em mim
E então eu sou o deus, e o crente e a prece
        E a imagem de marfim
        Em que esse deus se esquece.[4]

Às vezes não sou mais do que um ateu
Desse deus meu que eu sou quando me *exalto*.[5]
        Olho em mim todo um céu
        E é um mero oco céu alto.[6]

3-6-1913

---

1   Variante subposta: «quereres-me».
2   Variantes subpostas: «Aonde me esperas, sem me querer, ó Minha?!»; «Porque é que me sonhas, e não me queres, [ó Minha?]» «[Porque é que] sonhas querer-me, [ó Minha?]».
3   Variante sobreposta: «Deus».
4   Os dois últimos versos estão dubitados.
5   Optei pela variante subposta a «encontro», atendendo à rima.
6   Mantive o poema, apesar de incompleto. De facto, omiti: «E outras vezes, quando entro na vida / Sou apenas alguém □».

95

Água fresca por um púcaro que chia,
Sombra simples de uma árvore qualquer,
Noras, trigais, o nome de Maria
Voz rude e rústica de uma mulher.

Estradas usuais, Sol normal. Dia
Banalissimamente a entardecer;
Há horas em que a alma se extasia
Em viver isto só, nem sol mais quer.

Porque para que serve mais querer
Todos modos da vida são viver
Vida, apenas viver, são encher

De dias a consciência oca de tê-los
E de ocas cousas mil de os ter
A ideia de que é inútil o *havê-los*.[1]

22-6-1913

---

1   Palavra dubitada.

96

Hora absurda

O teu silêncio é uma nau com todas as velas pandas...
Brandas, as brisas brincam nas flâmulas, teu sorriso...
E o teu sorriso no teu silêncio é as escadas e as andas
Com que me finjo mais alto e ao pé de qualquer paraíso...

Meu coração é uma ânfora que cai e que se parte...
O teu silêncio recolhe-o e guarda-o, partido, a um canto...
Minha ideia de ti é um cadáver que o mar traz à praia..., e entanto
Tu és a tela irreal em que erro em cor a minha arte...

Abre todas as portas e que o vento varra a ideia
Que temos de que um fumo perfuma de ócio os salões...
Minha alma é uma caverna enchida p'la maré cheia,
E a minha ideia de te sonhar uma caravana de histriões...

Chove ouro baço, mas não no lá-fora... É em mim... Sou a Hora,
E a Hora é de assombros e toda ela escombros dela...
Na minha atenção há uma viúva pobre que nunca chora...
No meu céu interior nunca houve uma única estrela...

Hoje o céu é pesado como a ideia de nunca chegar a um porto...
A chuva miúda é vazia... A Hora sabe a ter sido...
Não haver qualquer cousa como leitos para as naus!... Absorto
Em se alhear de si, teu olhar é uma praga sem sentido...

Todas as minhas horas são feitas de jaspe negro,
Minhas ânsias todas talhadas num mármore que não há,
Não é alegria nem dor esta dor com que me alegro,
E a minha bondade inversa não é boa nem má...

Os feixes dos lictores abriram-se à beira dos caminhos...
Os pendões das vitórias medievais nem chegaram às cruzadas...
Puseram infólios úteis entre as pedras das barricadas...
E a erva cresceu nas vias-férreas com viços daninhos...

Ah, como esta hora é velha!... E todas as naus partiram!...
Na praia só um cabo morto e uns restos de vela falam
Do Longe, das horas do Sul, de onde os nossos sonhos tiram
Aquela angústia de sonhar mais que até para si calam...

O palácio está em ruínas... Dói ver no parque o abandono
Da fonte sem repuxo... Ninguém ergue o olhar da estrada
E sente saudades de si ante aquele lugar-outono...
Esta paisagem é um manuscrito com a frase mais bela cortada...

A doida partiu todos os candelabros glabros,
Sujou de humano o lago com cartas rasgadas, muitas...
E a minha alma é aquela luz que não mais haverá nos candelabros...
E que querem ao lado aziago minhas ânsias, brisas fortuitas?...

Porque me aflijo e me enfermo?... Deitam-se nuas ao luar
Todas as ninfas... Veio o sol e já tinham partido...
O teu silêncio que me embala é a ideia de naufragar,
E a ideia de a tua voz soar a lira dum Apolo fingido...

Já não há caudas de pavões todas olhos nos jardins de outrora...
As próprias sombras estão mais tristes... Ainda
Há rastos de vestes de aias (parece) no chão, e ainda chora
Um como que eco de passos pela alameda que eis finda...

Todos os ocasos fundiram-se na minha alma...
As relvas de todos os prados foram frescas sob meus pés frios...
Secou em teu olhar a ideia de te julgares calma,
E eu ver isso em ti é um porto sem navios...

Ergueram-se a um tempo todos os remos... Pelo ouro das searas
Passou uma saudade de não serem o mar... Em frente
Ao meu trono de alheamento há gestos com pedras raras...
Minha alma é uma lâmpada que se apagou e ainda está quente...

Ah, e o teu silêncio é um perfil de píncaro ao sol!
Todas as princesas sentiram o seio oprimido...
Da última janela do castelo só um girassol
Se vê, e o sonhar que há outros põe brumas no nosso sentido...

Sermos, e não sermos mais!... Ó leões nascidos na jaula!...
Repique de sinos para além, no Outro Vale... Perto?...
Arde o colégio e uma criança ficou fechada na aula...
Porque não há-de ser o Norte o Sul?... O que está descoberto?...

E eu deliro... De repente pauso no que penso... Fito-te
E o teu silêncio é uma cegueira minha... Fito-te e sonho...
Há coisas rubras e cobras no modo como medito-te,
E a tua ideia sabe à lembrança de um sabor medonho...

Para que não ter por ti desprezo? Por que não perdê-lo?...
Ah, deixa que eu te ignore... O teu silêncio é um leque –
Um leque fechado, um leque que aberto seria tão belo, tão belo,
Mas mais belo é não o abrir, para que a Hora não peque...

Gelaram todas as mãos cruzadas sobre todos os peitos...
Murcharam mais flores do que as que havia no jardim...
O meu amar-te é uma catedral de silêncios eleitos,
E os meus sonhos uma escada sem princípio mas com fim...

Alguém vai entrar pela porta... Sente-se o ar sorrir...
Tecedeiras viúvas gozam as mortalhas de virgens que tecem...
Ah, o teu tédio é uma estátua de uma mulher que há-de vir,
O perfume que os crisântemos teriam, se o tivessem...

É preciso destruir o propósito de todas as pontes,
Vestir de alheamento as paisagens de todas as terras,
Endireitar à força a curva dos horizontes,
E gemer por ter de viver, como um ruído brusco de serras...

Há tão pouca gente que ame as paisagens que não existem!...
Saber que continuará a haver o mesmo mundo amanhã – como nos desalegra!...
Que o meu ouvir o teu silêncio não seja nuvens que atristem
O teu sorriso, anjo exilado, e o teu tédio, auréola negra...

Suave, como ter mãe e irmãs, a tarde rica desce...
Não chove já, e o vasto céu é um grande sorriso imperfeito...
A minha consciência de ter consciência de ti é uma prece,
E o meu saber-te a sorrir é uma flor murcha a meu peito...

Ah, se fôssemos duas figuras num longínquo vitral!...
Ah, se fôssemos as duas cores de uma bandeira de glória!...
Estátua acéfala posta a um canto, poeirenta pia baptismal,
Pendão de vencidos tendo escrito ao centro este lema – *Vitória*!

O que é que me tortura?... Se até a tua face calma
Só me enche de tédios e de ópios de ócios medonhos!...
Não sei... Eu sou um doido que estranha a sua própria alma...
Eu fui amado em efígie num país para além dos sonhos...

4-7-1913
Revista *Exílio*, Abril de 1916

Figura 3. Envelope (a que arrancou o selo) de carta enviada de Durban pela mãe

97

Ó praia de pescadores,
Neste pleno dia mole...
Acalmam todas as dores
Quando se estendem ao sol...

Procuro sereno o jeito
De receber toda a luz
E esta praia onde me deito
É quente e macia cruz.

Como uma vela ou uma[1] rede
Ou numa vela *deitado*[2]
E acalma em mim toda a sede
De me querer sossegado...

E ali p'ra além de meus pés
Ruge o mar próximo e eterno...
Tenho toda a alma resvés
De um vago sorriso terno

Que envolve em oca bondade
O céu vazio que fito
Se relembro, é sem saudade...
E adormeço se medito...

Até que sob mim a areia
É mar e eu sinto embalar-me
O som bom da maré cheia
A trazer-me e a levar-me.

E barco de nulo sorvo[3]
Com todo o corpo o saber
Que o sentir-me não é estorvo
A sentir-me nada ser.[4]

E de tanto olhar o céu
Sinto-me ele – o sol me doura.
Tiro o ser eu como a um véu
E estou por fora da Hora...

20-7-1913

---

1 Variante sobreposta: «Eis-me aqui numa».
2 Variante sobreposta: «espalhado».
3 Para rimar, optei por variante do verso «E, não sendo ninguém, bebo».
4 Os dois últimos versos são variantes, acrescentadas à margem esquerda, de dois versos não fixados por serem de difícil leitura.

98

Sou o fantasma de um rei
Que sem cessar percorre
As salas de um palácio abandonado...
Minha história não sei...
Longe em mim, fumo de eu pensá-la, morre
A ideia de que tive algum passado...

Eu não sei o que sou.
Não sei se sou o sonho
Que alguém do outro mundo esteja tendo...
Creio talvez que estou
Sendo um perfil casual de rei tristonho[1]
Duma[2] história que um deus está relendo...

19-10-1913

99

Meus gestos não sou eu,
Como o céu não é nada.
O que em mim não é meu[3]
Não passa pela estrada.

O som do vento dorme
No dia sem razão.
O meu tédio é enorme
Todo eu sou vácuo e vão.

Se ao menos uma vaga
Lembrança me viesse
De melhor céu ou plaga
Que esta vida! Mas esse

Pensamento pensado
Como fim de pensar
Dorme no meu agrado
Como uma alga no mar.

---

1   Optei, excepcionalmente, por esta variante sobreposta a «Sou talvez um parágrafo risonho».
2   Variante sobreposta: «Numa».
3   Verso dubitado.

E só no dia estranho
Ao que *tenho*[1] e que sou,
Passa quanto eu não tenho,
Está tudo onde eu não estou.

Não sou eu, não conheço,
Não possuo nem passo.
Minha vida adormeço,
Não sei em que regaço.[2]

24-10-1913

100

Envoi

Princesa que morreste
No meu castelo antigo,
Tuas mãos – nunca as deste
Ao meu afago amigo...
A orla da tua veste –
Que teve ela comigo?

Expiraste e já eras
Morta e não sei onde...
(Perfume das primaveras
O que o teu seio esconde)
Debruço-me sobre as eras
E chamo... Ninguém me responde.

Haverá[3] algum dia
E alguma hora real
Em que a minha mão fria
Encontra a tua afinal
E a minha dor seja alegria
E meu bem o meu mal.[4]

---

1   Variante sobreposta: «sinto».
2   É admissível que esta estrofe substitua a anterior, com sinal de dubitação, que rejeitei: «Não sou eu nem por fora / Nem por dentro, nem nada. / Quem me saibo não mora / Nem passa pela estrada.».
3   Variante sobreposta. «Chegará».
4   Variante, na margem: «E seja a minha alegria [artigo opcional] / O que *foi* [variante subposta: "é hoje"] o meu mal?».

Não sei... E não sabê-lo
Cansa-me de te amar.
A cor do teu cabelo?
Não a posso sonhar.
O teu olhar? É belo...
Mas tu não tens olhar...

Talvez me esperes? Quem sabe.
Tudo morreu em mim...
Na tua ida cabe
O nunca teres fim...
O mundo que desabe
E eu ter-te-ei enfim.

6-11-1913

101

Canção com eco

Ah, se eu pudesse dizer
Tudo quanto nunca disse
Nem soube em mim conhecer
Qual se com olhar o visse!...

    «As bandeiras desfraldadas
    Dos regimentos do rei
    Espelhantes as espadas
    Esmolantes pela grei.»

Quanto mais eu abro as asas
Mais sei que não sei voar...
Ver só fachadas *das*[1] casas!
Ver do céu a terra e o mar![2]

    «Ah as bandeiras rasgadas
    Das hostes do rei deposto!
    E quebradas as espadas...
    (Ninguém morreu no seu posto!)»

---

1   Variante sobreposta: «de».
2   Variante subposta: «Voar por cima do mar!».

Se eu tivesse tudo aquilo
Que às vezes julgo que *quis*,[1]
Eu não seria tranquilo...
Mas podia ser feliz.[2]

«Nunca chegaram ao mar
As insígnias da vitória
Rolaram pelos degraus...
O reino não tem história.»

20-11-1913

102

Janela sobre o cais

O cais, navios, o azul dos céus –
Que será tudo isto como o vê Deus?

Que forma real tem isto tudo
Do lado de onde não é absurdo?

Olho e de tudo me perco e o estranho.
É como se tudo fosse castanho –

O cais – que irreal de pesado e quedo
Os mastros dos barcos estagnam medo.

O céu azul é sem razão céu...
Mostrou-se tudo seu próprio véu.

E agora erguendo-se na hora incerta
O mundo fica uma porta aberta

Por onde se vê, simples e mais nada,
Uma outra porta sempre fechada.

Entre a vida e o sonho, entre o sol e Deus
Há enormes abismos pálidos e ateus...

26-11-1913

---

1   Variante sobreposta: «quero».
2   Variantes: subposta aos dois versos: «Talvez eu fosse tranquilo / *Mas nunca era* [feliz]; variante do segundo verso da variante, "Mas não seria sincero"».

103

Olho a calma alegria
Que do mar ao céu lê
A alma corredia...
E a beleza do dia
Dói-me não sei porquê...

Que perdi eu que a Hora
Lembre sem eu saber?
Dentro de mim que chora
Só porque rememora
O que não pude ter?...

Inquieto e disperso
Pelo mar e na luz
Sinto todo o universo
Magoar-me de imerso
Em calmo horror a flux...

Tão falso e inquieto tudo
Tão sereno por fora!
E por dentro da Hora
O Enigma sempre mudo
Com que a alma descora!

30-11-1913

104

Romper todos os laços,
Galgar todos os muros,
Fazer todas as estátuas *brancas*[1] em pedaços
E deixá-las sobre os monturos.

Todo o universo em mim, todo o Universo
Dentro de mim disperso –
Estrelas, terras, expansões de céus
Tudo submerso
Em confusões e Deus.

[Novembro de 1913]

105

Amei-te e por te amar
Só a ti eu não via...
Eras o céu e o mar,
Eras a noite e o dia...
Só quando te perdi
É que eu te conheci...

Quando te tinha diante
Do meu olhar submerso
Não eras minha amante...
Eras o Universo...
Agora que te não tenho,
És só do teu tamanho.

Estavas-me *longe na*[2] alma,
Por isso eu não te via...
Presença em mim tão calma,
Que eu a não sentia.
Só quando meu ser te perdeu
Vi que não eras eu.[3]

---

1   Palavra opcional.
2   Variante sobreposta: «em toda a».
3   No final da página onde se inicia o poema [57-50aʳ] há um verso isolado sem aparente ligação com o resto: «Oh, os muros do recinto!...».

POESIA AUTÓNIMA   **GRANDES ARMAZÉNS DA SENSAÇÃO**

Não sei o que eras. Creio
Que o meu modo de olhar,
Meu sentir meu anseio
Meu jeito de pensar...
Eras minha alma, fora
Do Lugar e da Hora...

Hoje eu busco-te e choro
Por te poder achar
Nem sequer te memoro
Como te tive a amar...
Nem foste um sonho meu...
Porque te choro eu?

Não sei... Perdi-te, e és hoje
Real no mundo real...
Como a hora que foge,
Foges e tudo é igual
A si próprio e é tão triste
O que vejo que existe.

Em que espaço fictício,
Em que tempo parado
Foste o □ cilício
Que quando em fé fechado
Não sentia e hoje sinto
Que acordo e não me minto...

E tuas mãos, contudo,
Sinto nas minhas mãos,
Nosso olhar fixo e mudo
Quantos momentos vãos
P'ra além de nós viveu
Nem nosso, teu ou meu...

Quantas vezes sentimos
Alma nosso contacto
Quantas vezes seguimos
Pelo caminho abstracto
Que vai entre alma e alma...
Horas de inquieta calma!

E hoje pergunto em mim
Quem foi que amei, beijei

Com quem perdi o fim
Aos sonhos que sonhei...
Procuro-te e nem vejo
O meu próprio desejo...

Que foi real em nós?
Que houve em nós de sonho?
De que Nós fomos de que voz
O duplo eco risonho
Que unidade tivemos?
O que foi que perdemos?

Nós não sonhamos. Eras
Real e eu era real.
Tuas mãos – tão sinceras...
Meu gesto – tão leal...
Tu e eu lado a lado...
Isto... e isto acabado...

Como houve em nós amor
E deixou de o haver?
Sei que hoje é vaga dor
O que era então prazer...
Mas não sei que passou
Por nós e nos acordou...

Amamo-nos deveras?
Amamo-nos ainda?
Se penso vejo que eras
A mesma que és... E finda
Tudo o que foi o amor;
Assim quase sem dor.

Sem dor... Um pasmo vago
De ter havido amar...
Quase que me embriago
De mal poder pensar...
O que mudou e onde?
O que é que em nós se esconde?

Talvez sintas como eu
E não saibas senti-lo...
Ser é ser nosso véu
Amar é encobri-lo,

Hoje que te deixei
É que sei que te amei...

Somos a nossa bruma...
É para dentro que vemos...
Caem-nos uma a uma
As compreensões que temos
E ficamos no frio
Do Universo vazio...

Que importa? Se o que foi
Entre nós foi amor,
Se por te amar me dói
Já não te amar, e a dor
Tem um íntimo sentido,
Nada será perdido...

E além de nós, no Agora
Que não nos tem por véus
Viveremos a Hora
Virados para Deus
E no êxtase que somos
Saberemos quem fomos.[1]

2-12-1913

106

Partem as naus para o Sul,
Para o Sul – muito longe –
Importa pouco onde vão...
Leva-as o vento e o azul
Do céu cobre-as de pendão...

Partem as naus... Que doença
Tomou do poente os olhares
Dos que fitam sua ida?...
Triste de quem sonha e pensa...
O ocaso doura a partida...

---

1   Optei pela variante, dois versos à margem, substituindo os que estavam na linha corrida, por haver uma lacuna no
    primeiro: «E num □ mudo / Compreenderemos tudo.».

Em outras terras, talvez,
Gozarei ser quem não fui...
Com o sol se vão as naus...
Nos olhos há a viuvez
D'um sonho que se dilui
Em degraus e sem degraus...

Não penses... A noite é branca
No horizonte interrogado...
Flutuam restos das horas...
Quem me dera ser o agrado
Com que sentes o que choras...

Fica no ouvido da vista
Os vultos indo das naus...
Partiriam à conquista?...
Descem, arrastando sedas,
Rainhas pelos degraus...

Não sei bem se penso ou sinto
Se ouço ou esqueço... Meu alguém
Coroou-me... Deusa órfã
Sentada em tombado plinto
E esperando quem não vem...

Résteas de horizonte boiam
À tona de quem não sou...
Nunca voltaram as naus...
Qualquer cousa em mim errou...
Ninguém ocupa os degraus...[1]

Antes de eu viver a Terra,
Outra seria a tristeza...
– As naus voltarão um dia? –
Quanto sonho por mim erra
E nunca chega à alegria!...

Quando vier a manhã
Só nos restará a esp'rança
Que um dia voltem as naus...
Uma pela de criança
Rola[2] lenta p'los degraus...

16-12-1913

---

1   Verso dubitado.
2   Variante sobreposta: «Desce».

107

Sou uma voz sonâmbula
Tacteando nas trevas
A sombra do meu eco
É mais real do que eu...
Sou o resto de todos os cansaços
A dor de todas as angústias
Fez de mim sua visita.
Perfumo de silêncio
Todos que para mim
Estendem a chorar
O gesto de me querer...
Passo como um farrapo de nevoeiro
Entre as árvores frias
Da floresta que dorme...
Ando à tona das ondas
Ao pé das praias desertas
E escuto o canto meu
Como se fosse d'outro...
Às vezes tenho saudades
De outras mágoas que tive
Quando era uma outra cousa
E do alto de uma torre
Mais velha do que Deus
Eu via um outro luar
Cantar-me outras tristezas...
Agora erro sonâmbulo e despido
Entre *o sonho e a vida*...[1]

21-12-1913

---

1   Variante subposta: «a vida e o *destino* [variante, "existir"]».

108

CHUVA OBLÍQUA[1]

I

Atravessa esta paisagem o meu sonho dum porto infinito
E a cor das flores é transparente de as velas de grandes navios
Que largam do cais arrastando nas águas por sombra
Os vultos ao sol daquelas árvores antigas...

O porto que sonho é sombrio e pálido
E esta paisagem é cheia de sol d'este lado...
Mas no meu espírito o sol d'este dia é porto sombrio
E os navios que saem do porto são estas árvores ao sol...

Liberto em duplo, abandonei-me da paisagem abaixo...
O vulto do cais é a estrada nítida e calma
Que se levanta e se ergue como um muro,
E os navios passam por dentro dos troncos das árvores
Com uma horizontalidade vertical,
E deixam cair amarras na água pelas folhas uma a uma dentro...

Não sei quem me sonho...
Súbito toda a água do mar do porto é transparente
E vejo no fundo, como uma estampa enorme que lá estivesse desdobrada,
Esta paisagem toda, renque de árvores, estrada a arder em aquele porto,
E a sombra d'uma nau mais antiga que o porto que passa
Entre o meu sonho do porto e o meu ver esta paisagem
E chega ao pé de mim, e entra por mim dentro,
E passa para o outro lado da minha alma...

---

1   Em *Orpheu 2*, o título é seguido por «Poemas interseccionistas de Fernando Pessoa».

II

Ilumina-se a igreja por dentro da chuva deste dia,
E cada vela que se acende é mais chuva a bater na vidraça...

Alegra-me ouvir a chuva porque ela é o templo estar aceso,
E as vidraças da igreja vistas de fora são o som da chuva ouvido por dentro...

O esplendor do altar-mor é o eu não poder quasi ver os montes
Através da chuva que é ouro tão solene na toalha do altar...
Soa o canto do coro, latino e vento[1] a sacudir-me a vidraça
E sente-se chiar a água no facto de haver coro...

A missa é um automóvel que passa
Através dos fiéis que se ajoelham em hoje ser um dia triste...
Súbito vento sacode em esplendor maior
A festa da catedral e o ruído da chuva absorve tudo
Até só se ouvir a voz do padre água perder-se ao longe
Com o som de rodas de automóvel...

E apagam-se as luzes da igreja
Na chuva que cessa...

III

A Grande Esfinge do Egipto sonha por este papel dentro...
Escrevo – e ela aparece-me através da minha mão transparente
E ao canto do papel erguem-se as pirâmides...

Escrevo – perturbo-me de ver o bico da minha pena
Ser o perfil do rei Quéops...
De repente paro...
Escureceu tudo... Caio por um abismo feito de tempo...
Estou soterrado sob as pirâmides a escrever versos à luz clara d'este candeeiro
E todo o Egipto me esmaga de alto através dos traços que faço com a pena...

Ouço a Esfinge rir por dentro
O som da minha pena a correr no papel...
Atravessa o eu não poder vê-la uma mão enorme,

---
1 *Sic*. Será uma gralha, mantida pelas edições deste poema, inclusive a fac-similada? Seria «latindo o vento»? ou «latino» refere-se ao canto do coro, em latim?

Varre tudo para o canto do tecto que fica por detrás de mim,
E sobre o papel onde escrevo, entre ele e a pena que escreve
Jaz o cadáver do rei Quéops, olhando-me com olhos muito abertos,
E entre os nossos olhares que se cruzam corre o Nilo
E uma alegria de barcos embandeirados erra
Numa diagonal difusa
Entre mim e o que eu penso...

Funerais do rei Quéops em ouro velho e Mim!...

IV

Que pandeiretas o silêncio deste quarto!...
As paredes estão na Andaluzia...
Há danças sensuais no brilho fixo da luz...

De repente todo o espaço pára...,
Pára, escorrega, desembrulha-se...,
E num canto do tecto, muito mais longe do que ele está,
Abrem mãos brancas janelas secretas
E há ramos de violetas caindo
De haver uma noite de primavera lá fora
Sobre o eu estar de olhos fechados...

V

Lá fora vai um redemoinho de sol os cavalos do *carroussel*...
Árvores, pedras, montes, bailam parados dentro de mim...
Noite absoluta na feira iluminada, luar no dia de sol lá fora,
E as luzes todas da feira fazem ruído dos muros do quintal...
Ranchos de raparigas de bilha à cabeça
Que passam lá fora, cheias de estar sob o sol,
Cruzam-se com grandes grupos peganhentos de gente que anda na feira,
Gente toda misturada com as luzes das barracas, com a noite e com o luar,
E os dois grupos encontram-se e penetram-se
Até formarem só um que é os dois...
A feira e as luzes da feira e a gente que anda na feira,
E a noite que pega na feira e a levanta no ar,
Andam por cima das copas das árvores cheias de sol,
Andam visivelmente por baixo dos penedos que luzem ao sol,

Aparecem do outro lado das bilhas que as raparigas levam à cabeça,
E toda esta paisagem de primavera é a lua sobre a feira,
E toda a feira com ruídos e luzes é o chão deste dia de sol...

De repente alguém sacode esta hora dupla como numa peneira
E, misturado, o pó das duas realidades cai
Sobre as minhas mãos cheias de desenhos de portos
Com grandes naus que se vão e não pensam em voltar...
Pó de ouro branco e negro sobre os meus dedos...
As minhas mãos são os passos daquela rapariga que abandona a feira,
Sozinha e contente como o dia de hoje...

VI

O maestro sacode a batuta,
E lânguida e triste a música rompe...
Lembra-me a minha infância, aquele dia
Em que eu brincava ao pé d'um muro de quintal
Atirando-lhe com uma bola que tinha d'um lado
O deslizar d'um cão verde, e do outro lado
Um cavalo azul a correr com um jockey amarelo...

Prossegue a música, e eis na minha infância
De repente entre mim e o maestro, muro branco,
Vai e vem a bola, ora um cão verde,
Ora um cavalo azul com um jockey amarelo...

Todo o teatro é o meu quintal, a minha infância
Está em todos os lugares, e a bola vem a tocar música
Uma música triste e vaga que passeia no meu quintal
Vestida de cão verde tornando-se jockey amarelo...
(Tão rápida gira a bola entre mim e os músicos...)

Atiro-a de encontro à minha infância e ela
Atravessa o teatro todo que está aos meus pés
A brincar com um jockey amarelo e um cão verde
E um cavalo azul que aparece por cima do muro
Do meu quintal... E a música atira com bolas
À minha infância... E o muro do quintal é feito de gestos
De batuta e rotações confusas de cães verdes
E cavalos azuis e jockeys amarelos...

Todo o teatro é um muro branco de música
Por onde um cão verde corre atrás da minha saudade
Da minha infância, cavalo azul com um jockey amarelo...

E dum lado para o outro, da direita para a esquerda,
Donde há árvores e entre os ramos ao pé da copa
Com orquestras a tocar música,
Para onde há filas de bolas na loja onde a comprei
E o homem da loja sorri entre as memórias da minha infância...

E a música cessa como um muro que desaba,
A bola rola pelo despenhadeiro dos meus sonhos interrompidos,
E do alto dum cavalo azul, o maestro, jockey amarelo tornando-se preto,
Agradece, pousando a batuta em cima da fuga d'um muro,
E curva-se, sorrindo, com uma bola branca em cima da cabeça,
Bola branca que lhe desaparece pelas costas abaixo...

8 de Março de 1914
Orpheu 2, Lisboa, Junho 1915

109

Aurora sobre o mar desconhecido

Mãos brancas (meras mãos sem corpo e sem braços)
Acariciando um negro veludo...
Os olhos do guerreiro vistos por cima do escudo
(Cartas de luto sobre regaços)
E nunca desfraldado o estandarte
De modo a ver-se que cores e imagens tem...
Mãos sem lágrimas, mãos que nunca seriam de mãe...

Ah, não ser eu toda a gente e toda a parte![1]

Dói púrpuras o silêncio, e que lírios a hora!
E nos tabernáculos das ocasiões um rito de timbres colora
Os vitrais das passadas desilusões...

---

1   Variante subposta: «Para que rei se aparelha o navio que □ parte».

Cessou no Oposto o ruído de vagas batalhas
Ficou todo o espaço sendo, com túmulos *brancos*[1] a Hora,
Um suspirar de guizos, com fímbrias de falhas...

Abrem-se de par em par impossíveis portões
E desabrocha a ira nos olhos de Artur
Dos vultos, na sombra, de leões...

Mas os dias acontecem oráculos neutros
E não há rituais, Princesa, senão de imperfeições...

22-3-1914

110

Passa um vulto entre as árvores...
Segue-o a sombra do vulto entre as árvores...
E o vulto é a *Floresta-Todo*[2] que passa entre as árvores...
(Fogos-fátuos *sobre*[3] a sombra entre as árvores)
Mas não há árvores: há só entre-as-árvores.

[22-3-1914]

111

Ritos que as Horas Calmas
            Ao entardecer
Fazem com as almas
            Sem se conhecer...
E que em voos de ânsias
Põem espirituais distâncias
            Entre olhar e ver.

Turíbulos que a Tarde
            Oscila no ar
D'onde a *névoa*[4] arde

---

1   Palavra opcional.
2   Variante sobreposta: «Floresta-em-Si».
3   Variante sobreposta: «por sobre».
4   Variante sobreposta: «o poente».

Cor d'esde cansar...
Arco dos balanceados
Turíbulos os raios do sol fechados
Na tristeza do ar.

Fim de missas no Poente
Bênçãos ainda são
Luz branca e cinzas entre
Terra e coração
Saem os fiéis p'la aberta
Porta da paisagem que se deserta...
... Sinos sem perdão...[1]

27-3-1914

112

Vivo entre cães... Lambo-me às vezes,
Valha-nos isto...
E daí... crês?... Talvez às vezes,
E eu como existo
Entre eles, e contente às vezes!
Como... e ante Cristo?...

16-4-1914

---

1   Variantes ao lado: «Por vaga paisagem até já deserta / Da própria imperfeição»; «Da paisagem nula, de ardor deserta / Ante a *imperfeição* [variante subposta: "indecisão"]».

113

Do meu velho solar
Abriram-se as portas
De par em par...

Que razão havia
Para que se abrissem?
Nada lá existia...

Não havia nada...
Não havia mesmo
A memória errada

D'uns antepassados...
Pobre solar velho...
E a Vida?... Aos bocados...

16-4-1914

114

Oca de conter-me
Como a hora dói!
Pérfida de ter-me
Como me destrói
O meu ser inerme!

Ó meu ser sombrio!
Ó minha alma tal
Como se p'lo rio
Do meu ser igual
Sempre a mim, e frio

De nocturno e meu,
Passasse, cantando,
Uma louca, olhando
Dum barco p'ró brando
Silêncio do céu.

4-5-1914

115

Brisa[1]

Que rios perdidos
Em outros países
Reflectem a sombra
De casas felizes

A cuja janela
Assoma a ondear
O som [de] uma voz
Alegre[2] a cantar...

Não é aqui perto:
É longe *d'aqui...*[3]
Não há p'ra lá barcos
E a vida é assim.[4]

16-5-1914

116

Cegaram os meus olhos para eterno
O olhar... E pelas urzes e giestas
Roçam a sua franja o haver festas
Longínquas. E o céu vago é triste e terno...

Quantos de nós não fazem céu e inferno
Dos ócios dóceis da sua vida arestas...
E as clarabóias luzem *porque há*[5] festas
(*Pálido*[6] o aspecto do teu rosto terno...)

Se pela escadaria em pedra o louco
Não houvesse outras paisagens que a Hora
Visível, pobre do que sente pouco...

---

1   Sobre o título há um traço oblíquo. Riscado?
2   Variante subposta: «contente».
3   Variante sobreposta: «de mim».
4   Os dois últimos versos estão dubitados.
5   Variante sobreposta: «o haver».
6   Variante subposta: «Que vago».

(E verdadeiramente um ócio oco
Dorme como um triste que nunca chora
De encontro ao trono casual do Agora...)

3-6-1914

117

Muito pouco[1]

À beira de que mar
Nos encontrámos já?
Corrias a apanhar
Conchas à beira-mar.

Eu vi-te e não te amei,
Não me amaste, também...
Então porque é que eu sei
Que à beira-mar te amei?

Dá-me as mãos. Sei bem
Que já te tive as mãos
Nas minhas. Houve alguém
Connosco então? E quem?

Pudera! O coração
Conhece mais que nós
Quando virá o perdão
Ao[2] nosso amor de então?

4-6-1914

---

1   Título dubitado, com variante na margem: «O PRÍNCIPE EXILADO».
2   Variante subposta: «P'ra o».

118

As tuas mãos terminam em segredo.
Os teus olhos são negros e macios
Cristo na cruz os teus ócios esguios
E o teu perfil princesas no degredo...

Entre buxos e ao pé de bancos frios
Nas entrevistas alamedas, quedo
O vento põe seu arrastado medo
Saudoso a longes velas de navios.[1]

Mas quando o mar subir na praia e for
Arrasar os castelos que na areia
As crianças deixaram, meu amor,

Será o haver naus n'um mar distante...
Pobre do rei pai das princesas feias!
No seu castelo à rosa do Levante!

[24-6-1914]

119

O teu olhar naufraga no horizonte
Plácida dama de eu não te encontrar...
Entre os rochedos que há à beira-mar
Que o teu intermitente vulto aponte

E eu não mais amarei o mar e o monte
Senão através da hora de te achar...
Criança que ao mistério do luar
Enrosca as tranças no seu dedo insonte...

Não tenhas o propósito de ter
Maneiras de viver... Deixa-te deter
Pela passagem casual das horas,

Deixa que elas te esculpam o perfil
Em saudades de um ser teu que antechoras
E não tiveste... *Ah*,[2] o luar de abril!

24-6-1914

---

1   Verso dubitado.
2   Variante subposta: «Tu e».

120

1.

Tu és o outono da paisagem-eu
E que névoas em mim o teu perfil!
E^1 o teu voo ao passar por meu anil
É o ritmo de um quedo ser que se perdeu...

Adejo cego o êxtase teu subtil
Com o incorpóreo rosto[2] de ser teu.
Condessa outrora, quem? Tardes de céu
Sobre Versailles... *Abbé, y-a-t-il*

Plus d'autrefois que d'ombre en ton silence?
(Se tudo isto não for verdadeiro?)
La Pompadour e o seu criado, France.

Escureceu teu corpo meu em mim
E que Versailles realmente o cheiro
Das rosas que não há no teu jardim!

2.

Contemporâneo de um amigo amante
De Bacon, mas contemporâneo apenas
D'esse, seriam suaves minhas penas
E o meu tédio mais pérfido e galante...

Porque sem dúvida que o-Santo Infante...
(Os teus cabelos Celimene, avenas
De qualquer Eva frente às noites plenas
De verão...). Mas houve realmente Dante?

Ceptro de rei achado no Deserto...
Veio água das pálpebras que baixei
Sobre não sei que sonhos muito perto

---

1 Opcional.
2 Palavra dubitada.

Do teu olhar... Orvalho sobre o verde
Da relva que sem qu'rer estranho achei
Ao nosso sentimento que se perde.

3.

Pode ser que em castelos encantados
Em outros horizontes que *sou*[1] eu,
Teu gesto esqueça os olhos de Morfeu
E não tenhas mais alma do que pecados...

Pode ser, mas momentos enganados
Há-os em toda a gama de outro Alceu,
E só por noites de fogueira, o céu
Encontra estrelas nos teus olhos dados.

Parece que na Grécia antigamente
Havia um culto suave da beleza
E inda hoje o Pártenon, subitamente

Morto... Mas quem nos disse que Platão
Existiu realmente e de alma acesa?
Ora... O teu leque é belo em tua mão.

4.

Por que atalhos, Princesa, nos perdemos...
E vou escrever-lhe o Envoi deste rondel
Quando? Não sei bem, mas sou fiel
Aos iguais pensamentos que não temos...

Sem dúvida se lembram de que há mel
Só em redor de Hymeto? Quem? Os remos
Do barco? Nunca, ó emproada, os queremos
Que a vida como na morte é cruz e fel...

Basta-nos hoje e o acaso das ideias
Fala por acaso? Não... Tens as mãos cheias
Das flores que nos deu... (Lembro-me?) quem?

6-7-1914

---

1   Variante sobreposta: «ser».

121

Não sei porquê, de repente
     Esfriou-me o coração...
Vaga sensação doente,
Remota sensação
     Deu-me no coração...

Não é tédio, nem tristeza
     Nem uma dor qualquer...
Mas com que subtileza
Me fez a alma doer
     E o corpo estremecer!

Que terei eu perdido
     Numa vida de além –
Um amor, um sentido,
Um irmão, uma mãe?...
     Que cousa que era um bem?[1]

Qualquer cousa lembrada
     Por qualquer cousa em mim...
Ah, como a vida é errada,
E o mistério sem fim
     Que na minha alma é p'ra mim!...

19-7-1914

---

1   Variante subposta: «Um não sei quê de [bem?]».

122

Dentro em meu coração faz dor.
Não sei donde essa dor me vem.
Auréola de ópio de torpor
Em torno ao meu falso desdém,
E laivos híbridos de horror
Como estrelas que o céu não tem.

Dentro em mim cai silêncio em flocos.
Parou o cavaleiro à porta...
E o frio, e o gelo em brancos blocos
Mancha de hirto a noite morta...
Meus tédios desiguais, sufoco-os
A minha alma jaz ela e absorta

Dentro em meu pensamento é mágoa...
Corre por mim um arrepio
Que é como o afluxo à tona de água
De se saber que há sob o rio
O que... Brilha na noite a frágua
Onde o tédio bate o ócio a frio.

7-8-1914

123

Cortejo de irrealidades. Último tinir de guizos
Nos confins do horizonte, imprecisos.

Colombina e Harlequim no silêncio idos
Último tinir de guizos depois o silêncio. Gemidos

Sem dúvida. Tristes hipóteses sobre o que fica.
Harlequim e Colombina lá longe onde a noite é rica.

[17-8-1914]

124

Têm sono em mim...
Não sou eu, e existo...
Sempre que me atristo
É sem causa ou fim.

Levam o guerreiro
Morto entre alas de aço...
Fumo pelo espaço,
Se de mim me abeiro...

As portas abertas
Não esperam ninguém...

17-9-1914

125

Sem para onde brilhem nem quando
As estrelas vão pondo agoras
No sem-tempo do espaço a outro...
Tudo isto em mim eu vejo... Os céus
São este voo de haver cousas em si. Buscando

E tudo em mim é um sonhar neutro
De mim, do universo e de Deus.

[18-9-1914]

126

Às vezes nas praias atiro
Pedras ao mar
E do meu gesto vão retiro
Um gosto a errar,
Um sabor a Império deixado
Por quem podia

Centrar o seu reinado
Mas deixou tudo só p'ra ter o agrado
De ver através de si o céu e o dia.

[18-9-1914]

127

Canção

Silfos ou gnomos tocam?...
Roçam nos pinheirais
Sombras e bafos leves
De ritmos musicais.

Ondulam como em voltas
De estradas não sei onde,
Ou como alguém que entre árvores
Ora se mostra ou esconde.

Forma longínqua e incerta
Do que eu nunca terei...
Mal oiço, e quasi choro,
Porque choro não sei.

Tão ténue melodia
Que mal sei se ela existe
Ou se é só o crepúsculo,
Os pinhais e eu estar triste.

Mas cessa, como uma brisa
Esquece a forma aos seus ais;
E agora não há mais música
Do que a dos pinheirais.

25-9-1914
Folhas de Arte, nº1, 1924

128

A MÚMIA

IV

Único sob as luzes
E Pã entre sombras de árvores
Toca que flauta? Nenhuma
São o que eu sonho as avenas
E flores grandes monótonas
Boiando *em mortos*[1] tanques
As grades iguais que contornam
A entrada para o palácio...

Portões para cidades desertas
As Horas colares de pedras falsas
E tudo numa só cavalgada para o excesso de mim
Entre altos ramos.

V

Toda orquídea a minha consciência de mim
E entre espezinhamentos de púrpuras
Os séquitos abandonaram os *Reis*[2]
Porque, escorrendo-me entre sonhos de parapeito
Sobre ermas planícies de arvoredos e rios
As mãos cruzadas sobre o peito
E o gesto parado de não querer nada
Salvo (um relógio distante dando horas)
A sorte morta a cores de vitrais esquecidos.

26-9-1914

---

1   Variante sobreposta: «nos olhos dos».
2   Variante sobreposta: «ocasos...».

129

Serena voz imperfeita, eleita
Para falar aos deuses mortos –
A janela que falta ao teu palácio deita
Para o Porto todos os portos.

Faísca da ideia de uma voz soando
Lírios nas mãos das princesas sonhadas,
Eu sou a maré de pensar-te, orlando
A Enseada todas as enseadas.

Brumas marinhas esquinas de sonho...
Janelas dando para Tédio os charcos...
E eu *vejo*[1] o meu Fim que me olha, tristonho,
Do convés do Barco todos os barcos...

6-10-1914

130

Uns versos quaisquer

Vive o momento com saudade dele
  Já ao vivê-lo...
Barcas vazias, sempre nos impele
  Como a um solto cabelo
Um vento para longe, e não sabemos,
Ao viver, que sentimos ou queremos...

Demo-nos pois a consciência disto
  Como de um lago
Posto em paisagens de torpor mortiço
  Sob um céu ermo e vago,
E que a nossa consciência de nós seja
Uma cousa que nada já deseja...

---

1 Variante sobreposta: «fito».

Assim idênticos à hora toda
     Em seu pleno sabor,
Nossa vida será nossa ante-boda:
     Não nós, mas uma cor,
Um perfume, um meneio de arvoredo,
E a morte não virá nem tarde ou cedo...

Porque o que importa é que já nada importe...
     Nada nos vale
Que se debruce sobre nós a Sorte,
     Ou, ténue e longe, cale
Seus gestos... Tudo é o mesmo... Eis o momento...
Sejamo-lo... Pra quê o pensamento?...

Alhandra, 11-10-1914

131

Não sei o que é que me falta
Que não vivo como quero...
Sempre qualquer coisa espero
E isso só me sobressalta...[1]

O quê? Saber que não tenho
Essa coisa, ou que ela venha?
Não sei...

20-10-1914

---

1   A estrofe está enquadrada por linhas, o que poderia significar que o autor pretendia eliminar o resto.

132

Como a noite é longa!
Toda a noite é assim...
Senta-te, ama, perto
Do leito onde esperto.
Vem pr'ao pé de mim...

Amei tanta cousa...
Hoje nada existe.
Aqui ao pé da cama
Canta-me, minha ama,
Uma canção triste.

Era uma princesa
Que amou... Já não sei...
Como estou esquecido!
Canta-me ao ouvido
E adormecerei ...

Que é feito de tudo?
Que fiz eu de mim?
Deixa-me dormir,
Dormir a sorrir
E seja isto o fim.

4-11-1914

133

Bate a luz no cimo
Da montanha, vê...
Sem querer, eu cismo
Mas não sei em quê...

Não sei que perdi
Ou que não achei...
Vida que vivi,
Que mal eu a amei!...

Hoje quero tanto
Que o não posso ter.
De manhã há o pranto
E ao anoitecer.

Tomara eu ter jeito
Para ser feliz...
Como o mundo é estreito,
E o pouco que eu quis!

Vai morrendo a luz
No alto da montanha...
Como um rio a flux
A minha alma banha,

Mas não me acarinha,
Não me acalma nada...
Pobre criancinha
Perdida na estrada!...

[4-11-1914]

134

Saber? Que sei eu?
Pensar é descrer.
– Leve e azul é o céu –
Tudo é tão difícil
De compreender!...

A ciência, uma fada
Num conto de louco...
– A luz é lavada –
Como o que nós vemos
É nítido e pouco!

Que sei eu que abrande
Meu anseio fundo?
– Oh céu real e grande! –
Ah,[1] saber o modo
De pensar o mundo!

[4-11-1914]

135

Vai redonda e alta
A lua. Que dor
É em mim um *amor*?...[2]
Não sei que me falta...

Não sei o que quero,
Nem posso sonhá-lo...
Como o luar é ralo
No chão vago e austero!...

Ponho-me a sorrir
P'ra a ideia de mim...
E tão triste, assim
Como quem está a ouvir

---

1   Variante sobreposta: «Não».
2   Variante, a seguir, entre parênteses: «rumor?...».

Uma voz que o chama
Mas não sabe donde
(Voz que em si se esconde)
E só a ela ama...

E tudo isto é o luar
E a minha dor
Tornado exterior
Ao meu meditar...

Que desassossego!
Que inquieta ilusão!
E esta sensação
Oca, de ser cego

No meu pensamento,
Na minha vontade...
Ah, a suavidade
Do luar sem tormento

Batendo na alma
De quem só sentisse
O luar, e existisse
Só p'ra a sua calma.

[4-11-1914]

136

Sopra de mais o vento
Para eu poder descansar...
Há no meu pensamento
Qualquer coisa que vai parar...

Talvez esta cousa da alma
Que acha real a vida...
Talvez esta coisa calma
Que me faz a alma vivida...

Sopra um vento excessivo...
Tenho medo de pensar...
O meu mistério eu avivo
Se me perco a meditar.

Vento que passa e esquece,
Poeira que se ergue e cai...
Que Deus eu[1] se pudesse
Saber o que em mim vai!

5-11-1914

137

Meu pensamento é um rio subterrâneo.
Para que terras vai e donde vem?
Não sei... na noite em que o meu ser o tem
Emerge dele um ruído subitâneo

De origens no Mistério extraviadas
De eu compreendê-las... , misteriosas fontes
Habitando a distância de ermos montes
Onde os momentos são a Deus chegados...

De vez em quando *luze em*[2] minha mágoa,
Como um farol num mar desconhecido,
Um movimento de correr, perdido
Em mim, um pálido soluço de água...

E eu relembro de tempos mais antigos
Que a minha consciência da ilusão
Águas divinas percorrendo o chão
De verdores uníssonos e amigos,

E a ideia de uma Pátria anterior
À forma consciente do meu ser
Dói-me no *meu*[3] desejo, e vem bater
Como uma onda de encontro à minha dor.

Escuto-o... Ao longe, no meu vago tacto
Da minha alma, perdido som incerto,
Como um eterno rio indescoberto,
Mais que a ideia de (um) rio certo e abstracto...

---

1   Variante sobreposta: «Ai de mim».
2   Variante sobreposta: «luz na».
3   Variante, a seguir, entre parênteses: «que».

E p'ra onde é que ele vai, que se extravia
Do meu ouvi-lo? A que caverna(s) desce?
Em que frios de Assombro é que arrefece?
De que névoas soturnas se anuvia?

Não sei... Eu perco-o... E outra vez regressa
A luz e a cor do mundo claro e actual,
E na interior distância do meu Real
Como se a alma acabasse, o rio cessa...

5-11-1914

138

Ameaçou chuva. E a negra
Nuvem passou sem mais...
Todo o meu ser se alegra
Em alegrias iguais.

Nuvem que passa... Céu
Que fica e nada diz...
Vazio azul sem véu
Sobre a terra feliz.

E a terra é verde, verde...
Porque então minha vista
Por meus sonhos se perde?
De que é que a minha alma dista?

11-11-1914

139

Sobre as landes (Quais landes,
As que eu sonho talvez)
O vento põe fúrias grandes
Na sua rapidez...

E uma tristeza desce
Sobre mim como se eu
Ante essa lande estivesse
E não fosse um sonho meu.[1]

11-11-1914

140

A Egas Moniz

Ainda há do teu sangue em minhas veias
E que pouco eu sou teu, longínquo avô!
Da tua alma leal que longe estou
E da inércia e da dúvida em que teias!

Tu tinhas, *suponho*[2] eu, poucas ideias
Mas seu *fim*[3] natural tua alma achou,
E eu, que me sondo, nunca sei quem sou
E *tenho*[4] as horas de incerteza cheias.

Qual mais nos vale – a inconsciência forte
Ou esta débil consciência fria
Que *nos*[5] perguntou qual o nosso norte –

Penélope interior que *às vistas*[6] fia
O aparente *lençol*[7] da sua sorte
E à noite anula o que fiou de dia.

13-11-1914

---

1   Ambas as estrofes estão dubitadas.
2   Variantes sobrepostas: «julgo» e «creio».
3   Variante sobreposta: «ser».
4   Variantes: sobreposta, «arrasto»; subpostas, «trago» e «vivo».
5   Variante sobreposta: «em nós».
6   Variante subposta: «álacre».
7   Variante sobreposta: «linho».

141

Raio de sol

Ando à busca de outro
　　　　Que consiga o ser
Tão variado e neutro
　　　　Que sinto ao viver...

A hora nos embala?
　　　　Mas viver é só isso...
E tudo se cala
　　　　Como por feitiço

E mais inconsciente
　　　　Do mistério que arde
No poente cinzento
　　　　Com restos de alarde...

Nós não somos nada
　　　　Minha dolorida
A alma é uma estrada...
　　　　E onde é o fim da vida?

Castelos de areia...
　　　　Não chega lá o mar
Mas a alma está cheia
　　　　De não *descansar*.[1]

Que nas tuas preces
　　　　Eu seja lembrado,
Cismo... Estremeces...
　　　　Sim. Tudo é sonhado...

17-11-1914

1　Variante subposta: «repousar».

142

Como que dum sobrescrito que rasgo e abro
    Tiro uma carta
Da minha sensação monótona desta tarde
    Tiro a alma farta.

E eu que nunca vi antes uma carta longa, e canso
    De pensar em lê-la...
Ponho-me a esquecer-me do que sinto... e pergunto
    A tudo se [.]

E tudo é apenas uma sensação qualquer, suponho
    Que doentia...
Uma mistura confusa de atenção e sonho
    Sem alegria.

E olho nas mãos como uma carta qualquer
    Que cansará ler
Minhas sensações... E odeio a vida
    Mesmo sem descrer.[1]

17-11-1914

143

Chove?... Nenhuma chuva cai...
Então onde é que eu sinto um dia
Em que o ruído da chuva atrai
A minha inútil agonia?

Onde é que chove, que eu o ouço?
Onde é que é triste, ó claro céu?
Eu quero sorrir-te, e *não*[2] posso,
Ó céu azul, chamar-te meu...[3]

---

1   Verso dubitado.
2   Optei pela variante sobreposta a «nada», por ter sido a escolhida na carta a Armando Côrtes-Rodrigues, de 19 de Ja-
    neiro de 1915.
3   Optei pela variante subposta a «Repatriar minha alma exul...», por ter sido a escolhida na carta a Armando Côrtes-
    -Rodrigues, de 19 de Janeiro de 1915.

E o escuro ruído da chuva
É constante em meu pensamento.
Meu ser é a invisível curva
Traçada pelo som do vento...

E eis que ante o sol e o azul do dia,
Como se a hora me estorvasse,
Eu sofro... E a luz e sua alegria
Cai aos meus pés como um disfarce...

Ah, na minha alma sempre chove...
Há sempre escuro dentro em mim.
Se escuto, alguém dentro em mim ouve
A chuva, como a voz de um fim...

Quando é que eu serei da tua cor,
Do teu plácido e azul[1] encanto
Ó claro dia exterior?
Ó céu mais útil que o meu pranto?[2]

1-12-1914

144

Não sei se é tédio apenas, *se*[3] é[4] saudade
Esta[5] sombra de mágoa que me invade
Quando a tarde é tão bela que parece
Que tem uma alma, e essa alma transparece
No corpo cor e fluidez da Hora...
Não sei o que é, mas dentro em mim Eu chora...
Oh pórticos abertos sobre mares,
Azul, sonho, janelas para luares
De terras onde a Hora é imaginada...
Há tanto tempo e em vão eu busco a estrada
Que vai de não vos ter para vos ter
Ainda que ela passe por morrer
E os sonhos todos do Horror passado

---

1   Palavra ausente no testemunho, acrescentada na carta a Armando Côrtes-Rodrigues, de 19 de Janeiro de 1915.
2   Optei pela variante subposta a «Pobre alma que se sente tanto!», por ter sido a escolhida na referida carta. No testemunho original, quer o verso quer a sua variante estão dubitados.
3   Variante sobreposta: «ou».
4   Verbo opcional.
5   Variante sobreposta: «Essa».

Que eu fui antes de ter avistado
Este aspecto exterior do mundo-vida,
Ainda que por eu descida
Por precipícios ela passe, eu quero
Ir para onde acharei o que não espero,
E o que não espero excede o imaginado
Por quanto o Belo, em si excede o Belo ideado...
Ó pórticos vários de conter-me
Ainda, ó remos que nenhuma mão
Ergue e que sois do barco que há ter-me
Quando acabar a Vida e a Ilusão,
Ó outras-margens esperando a vinda
Da minha vida, ó cais aonde finda
Minha viagem por terra de além-mundo
E começa a do mar mais que profundo
Que leva a vida da Alma para Deus...
Ó tarde que não cabes nestes céus,
A quem pertences? quem te pôs o nome
Interior que te faz dar a fome
De saudades novas, e de amores
Mais da espécie da alma e dos sabores
A etéreo que a alma espera e a alma quer
Aos espíritos a quem a vida fere;
Ó tarde tão perfeita que me dói
Ver-te, que esperarei de ti. Destrói
□

8-12-1914

145

Vai leve a sombra

Torna-se leve
Na minha dor.
A hora é breve
E eu sem amor.

[9-12-1914]

146

Se a guitarra dá seu jeito
Ao que nós vamos dizer,
A gente no corpo todo
Sente a alma a^1 estremecer.

Triste como uma planície
Na hora em que cessa o sol.
Não sinto nada. O que disse
Vai de mim. Sou triste e mole.[2]

9-12-1914

147

Ermo sob o ermo céu
Esse mesmo ermo céu
Fita-o deste ermo lago...
Há árvores à roda...
Há um inquieto e vago
Desassossego em toda
A paisagem à roda...

Eu não sei porque existo...
Vou à beira do lago
E fito o meu rosto vago
Na água onde *o olhar atristo...*[3]
Tudo isto é o céu e o lago
Mas eles não são isto.[4]
Não sei quem é que existo...
Sorrio, um triste e vago
Sorrir só para o lago...

Pesa-me a alma que visto...[5]

17-12-1914

---

1   Palavra opcional.
2   É admissível que as duas quadras tenham existência separada.
3   Variante sobreposta: «mal o avisto».
4   Estes dois versos estão escritos à margem, dubitados com uma interrogação.
5   Variantes: subpostas «a alma», «o corpo» e «a hora»;Variante na margem, entre parênteses, para todo o verso: «Dói--me [a alma] que trago».

148

O meu modo de ser consciente
É um potentado do Oriente...
Seus trajes são de sedas caras.
No seu turbante há pedras raras.

À sua janela encostado
Ele vê o sol encarnado
Sobre montanhas de bordado
E aspira, cheio de ermo mal,
A um domínio ocidental.

[18-12-1914]

149

No caminho de mim p'ra mim
Fica à direita – sempre à direita –
Um templo todo de marfim.

Das suas janelas, uma deita
Para uma paisagem afim
A não ver quê, nem se é assim...[1]

Por essa janela alguém espreita
E[2] esse alguém nunca sou eu.
Então porque é tudo isto meu?

[18-12-1914]

---

1   Verso dubitado.
2   Variante sobreposta: «Mas».

150

Civilizámo-nos... A hora
É ouro secando ao sol...
Um disparate? E não é mole
Tudo quanto em nós ignora?

Por isso pegando nos remos
E pondo os pés sobre o arrebol
Prenunciadamente[1] viemos
Pelo meu caminho de sol.

18-12-1914

151

Quem sou és tu
Ideia que de mim faço...
Estendo um braço
E o braço é nu
Mesmo de espaço...

Sai desde Deus
Até ser meu...
Em torno há os céus...
E além do céu
Ainda estou eu...

Na noite estendo
Meu braço, parte
Do que vou sendo...[2]
Ei-lo, o estandarte
De Deus...

31-12-1914

---

1   Variante sobreposta: «Dos mais».
2   Verso dubitado.

152

Flor

Como pedra que se afunda
     No mar
A superfície torna-se unidade e funda.
A pedra continua a perdurar.

Tudo é ilusão. Creio em mais que uma vida.
     Minha visão, não tu, é o momento.
É mais real o belo na guarida
Que te[1] dá, pensando-te, o meu pensamento.

[31-12-1914]

153

AS SETE SALAS DO PALÁCIO ABANDONADO

[I] A sala das piscinas silenciosas

«Fui outrora, a janelas para longe,
A princesa sonhada dos poetas...
Desenhou-me em recato um triste monge
Num livro bege de grandes letras pretas...

Desenhou-me profana e *medieval*[2]
E depois, vendo quem me desenhara,
Alterou minha forma *marginal*[3]
Para uma santa *que só a Deus amara.*[4]

---

1   Sinal de opcional.
2   Variante sobreposta: «irreal».
3   Variante sobreposta: «original».
4   Variante sobreposta: «anónima e preclara».

E eu hoje num missal sou meu disfarce...
Rezam meus olhos, *e eu não rezo*[1] ali...
Ninguém suspeita *sob a minha*[2] face
A princesa de outrora que sorri...

Assim ao lado de orações latinas,
Falsa passo a *irreal*[3] vida *tristonha*[4]
E espero a hora em que Deus leia as sinas
E eu volte a ser a Princesa que sonha... »[5]

17-1-1915

II [A sala dos reposteiros negros][6]

Não sei onde, encontrei por um caminho,
Numa floresta longe do passado
Cavaleiros errantes dum condado
A não sei que reinado meu vizinho...[7]

Vi-os passar, e havia nos seus gestos
(Caminhavam *longínqua*[8] e tristemente)
O fim da minha vida lenta e doente
E a minha sorte *finda*[9] entre doestos...

Passaram, e eu fiquei pelo invisível
Caminho atrás de árvores e ruídos,
Como um ser consciente e sem sentidos...
Uma alma que sente e é insensível.

Fiquei... e ao longe as vozes continuaram
Contando vaga história comezinha
Que, p'lo som das vozes, era a minha...
Quem sou eu? Eles sabem – e pararam.

[1915]

---

1   Variante subposta: «sem que eu reze».
2   Variante sobreposta: «em minha triste».
3   Variante sobreposta: «mansa».
4   Variante ao lado: «em que não estou».
5   Variante ao lado: «E torne a mim a princesa que sou».
6   No testemunho original há a indicação: «2.ª sala (reposteiros negros)».
7   Variante subposta: «Que de país nenhum era [vizinho]».
8   Palavra dubitada.
9   Variante subposta: «morta».

III A sala do trono carcomido

Lembro-me, mas não *parece*[1] vê-lo,
O castelo que havia ao pé da praia...
Eu descia do alto do castelo
E vinha ver o mar chegar-me à saia...

As garras rápidas da espuma, os gestos
Que me agarravam, musicais e chiando,
Davam-me pensamentos desonestos
De ir para longe e de *sofrer*[2] *amando*...[3]

E nunca foi mais dias minha vida...
Nunca me aconteceu mais do que o mar...
Agora choro a solidão perdida
E tenho pena de quem tem de amar.[4]

Agora sou aquela que é esquecida
E todos querem, mas em vão, lembrar...

[1915]

IV [A sala] dos leões de bronze

Todos os dias *lhe*[5] passava à porta
Silencioso, o vulto do mendigo...
E isto era à hora anoitecida e morta
Em que arrefece o ondular do trigo...

Depois à[6] porta o eterno caminhante
Parecendo outro mas com mesma forma
Passava sempre... E esse era o inquieto instante
Em que a face das cousas se transforma...

E ele[7] nunca ao mendigo perguntava
Nem perguntava a nada, a sós consigo,
O anónimo segredo que passava
Na veste e na passagem do mendigo.

---

1   Palavra dubitada, com a variante sobreposta «me [parece]».
2   Variante sobreposta: «morrer».
3   Variante subposta a «sofrer amando»: «morrer cantando».
4   Estrofe dubitada.
5   Variante sobreposta: «me».
6   Variante sobreposta: «E pela».
7   Variante sobreposta: «Mas eu».

O segredo fica para o segredo,
A porta sempre aberta, e livre a estrada...
Voltaram passos... A hora era de medo.[1]

[1915]

[V] A SALA SEMPRE FECHADA

Escuto vozes na noite, desfeitas...
São vagabundos nas encruzilhadas...
Caíram cousas... Frases imperfeitas
Boiam na hora cheia de fachadas...

Depois um riso vem na noite... assoma
Ao meu ouvido como a uma janela...
E eu tremo e choro porque □
□[2]

[1915]

VI

Entre ciprestes, sob um luar sem luz,
Por uma estrada *que p'ra lá*[3] conduz
O frio som dos próprios passos, tendo
O som de alheios passos mais contendo
Do que passos e outro alguém a tê-los,
E entre cruzes e lajes e nos gelos
Dos pólos da *concisa*[4] sensação...
E não tiveram dela compaixão...
E ela morreu entre o choro das aias
E tendo semelhanças com as praias
Nas ondas do seu vago olhar de verde...
Silêncio... A vida é *um rosto*[5] *que se perde...*[6]

[1915]

---

1   Este terceto parece continuar o poema mas encontra-se escrito a lápis duas folhas antes [144C-15ᵛ].
2   Mantive o poema, apesar de imcompleto, por fazer parte de um conjunto.
3   Expressão dubitada.
4   Palavra dubitada.
5   Expressão dubitada, com variante sobreposta «a vista».
6   Variante sobreposta: «é um sentido que se perde.»

VII

Sob pálios de solenes procissões
Há muito tempo, há mais tempo que tudo,
Num desfile, de hierárquicas visões
Passava[1] Aquele cujo nome é mudo...

Sob cada pálio Ele... Repetida
Presença que era muitos e só um...
E isto passava-se não numa vida
E o horror disto era um horror nenhum...

Deus tinha medo dele... Só sei isto...
Todos os deuses ele[2] destronou...
Foi quem fez matar Deus em Jesus-Cristo...
Mas o que é ele ao mundo?... E eu *que*[3] lhe sou?

[1915]

Fim

Sala após salas, todas as salas percorro,
      A gritar de horror
E atrás de um espectro que não vejo ou sinto corro
      E no meu terror

No centro mesmo do *terror meu*[4]
      Há uma essa armada
E que cadáver? A terra e o céu[5]
      No seu olhar nada...

E a cena toda! O poder velado!
      A hóstia no chão
O altar pirâmide agora e ao lado
      □

[1915]

---

1   Variante sobreposta: «Passou».
2   Variante sobreposta: «Fé após fé, os deuses».
3   Variante sobreposta: «quem».
4   Optei excepcionalmente pela variante sobreposta a «quanto eu temo», para manter a rima.
5   Optei pela variante a «E o meu cadáver lá dentro», pela mesma razão.

154

Deus sabe melhor do que eu
     Quem eu sou
Por isso a sorte que me deu
É aquela em que melhor estou.

Deus sabe quem eu sou e alinha
     Minhas acções
D'uma forma que não é a minha
Mas *ele tem suas*[1] razões.

4-2-1915

155

Eu só tenho o que não quero
E a vida é pouco p'ra mim...
Não sei por que cousa espero
Nem se a quererei *enfim...*[2]

Conto as horas como moedas
Que nunca penso em gastar...
E como quem rasga sedas
Não uso[3] o que quero usar.[4]

Quem me dera poder ter
Alguma cousa na vida
Que chorar ou que querer...
Ó pobre à porta da ermida...

7-2-1915

---

1   Variante subposta: «que tem íntimas».
2   Variantes: sobreposta, «no fim»; subposta, «ao fim».
3   Variantes: sobreposta, «Estrago»; subposta, «Desfaço».
4   Estrofe dubitada.

156

Aglaia

Cascatas para casas, menos frias
Que cascatas caindo, escadarias
De vagos cisnes, mágoas em passadas
Ao meu silêncio, que as escuta dadas...
E neste sonho, pórtico secreto,
Cofre velho com seda mal-coberto,
Sinto em mim, em Luar, Cipreste e Frio,
Passares – e esse é o vulto do navio.[1]

15-2-1915

157

Não *foram*[2] as horas que nós perdemos,
Nem o comboio que não chegou.
Foi só o barco e o gesto dos remos
E a triste vida que já passou.

Tudo nos dava a impressão de havermos
Entre travessas errado a Rua,
E não acharmos o amor, nem termos
Para a tristeza senão a Lua...

Tudo isso foi como se não fosse...
Antes tivesse durado menos...
Enfim, que importa? Não há a posse...
E os céus eternos só são serenos...

21-2-1915

---

1   Variantes para «e esse é o vulto [do navio]»: sobreposta, «e essa é a proa [do navio]...»; subposta, «claros mastros [do navio]» e «que é os [mastros do] Navio...». Antes do início do poema, dois versos variantes para os dois últimos: «E eu sinto em mim, em Luar e Cipreste e frio, / Passares, mastros de infiel navio.».

2   Variante, a seguir, entre parênteses: «eram».

158

A ilha deserta

Minha janela deita para a Névoa
E a névoa é tudo, e o Universo ao meio. –
Se me procuro, nos meus olhos leio
A hora virtual e em mim elevo-a.
      Minha tristeza, devo-a
Ao ritmo essencial do meu enleio.

Que sentido têm frases, se o poente
Há mesmo nas palavras como um lago.
Ao colo do meu *espaço*[1] interior trago
Um sonho eterno adiado para doente.
      A hora passa rente
Ao meu íntimo dia sempre aziago.[2]

Ah, a ilha deserta, em mar, ao fundo
      Da minha consciência!
E entre nós dois a imprecisão do mundo.

6-3-1915

159

Todos nós temos uma ponte que passar...
Reparamos às vezes que já a passamos.
Aparta com as mãos levemente os ramos
E sorri para mim, com o ver-me no olhar...

Se nós nos inquietássemos muito, estaria
Sempre a meio da ponte a pobre vida que temos...
Do barco amarrado ao cais levaram os remos
Senão a nossa dupla inconfidência embarcaria...

---

1   Variante sobreposta: «tempo».
2   Verso dubitado.

Mas não vale a pena, nem merece elogio, o tédio...
Embalamo-nos um ao outro, como se valesse...

E a vida vive-se como que ter que tomar um remédio.

14-3-1915

160

Não me perguntes por que estou triste...
Fico mais triste por não poder
Dizer-te porque esta dor existe.
E nunca cessa de me vencer.

Ah, ausente lugar da minha mágoa,
Numa ilha cheia de sol e flores
Deve haver ritmos de brisas e água
Bastando às almas por paz e amores.

Deve haver dias ali felizes,
Horas que passam sem se falar...
Ó Morte dize-me em que países
Guardas a vida de além do Mar?...

Dize baixinho, ao meu ouvido,
A que distância deste meu ser
Puseste aquilo que eu hei perdido
Antes de a vida me conhecer...

E depois leva-me até essa ilha,
Leva-me longe, perdido em ir...
Ah, o rasto da água que ao luar brilha!
Ah, a viagem para Existir...!

12-4-1915

161

Estou triste e não sei
O que me desola...
Ler... perder-me... Achar
Dentro em mim
Só a ciência consola.

[12-4-1915]

162

Do alto da cidade
Olho e em baixo, profusa,
A multiplicidade
Tão nítida e confusa
Das casas da cidade...

O céu é todo azul
E a cidade é vazia
Há um calor que me esfria
No seu gesto de sul
Sob o céu todo azul...

Sim, dessa mole mista
De casas, tectos, espaços,
Sai um hálito a cansaços
Que sem qu'rer me contrista
Numa oca angústia mista...

Porque é que me entristece
Ver ao sol a cidade
Que parece se invade
Da vida e ao sol se aquece
Até que se entristece?

Nunca sei porque sinto...
Mas uma angústia enorme
Rompe em mim um recinto...
Acorda o que em mim dorme
E é a dor que sempre sinto...

A mágoa inconsolada
De não ter não sei quê...
O que é que a cidade é
Que sem ser p'ra mim nada
Faz-me a alma inconsolada?

O que há neste alvo vulto
Que me lembra a tristeza?
É uma vaga beleza
Que busca em mim um culto
Para a alma do seu vulto?

Não sei... Ah, triste, triste...
Tão triste ao vê-la assim
Alegre... Ruas, jardim...
As casas... Isto existe...
Com que angústia estou triste!

8-5-1915

163

Meu coração é uma ânfora cheia
        Ao pé d'uma fonte a esperar
        Sei que ninguém a virá buscar...
(Anel de noivado caído no chão entre a areia)...

Minha tristeza é uma âncora deixada...
        O navio deixou-a na areia...
        O que há em mim que dói e anseia?
(Outra aliança de noivos na areia, enterrada)...

8-5-1915

164

Queria andar toda a vida
Balouçando num balouço...
Seria menos comprida
A vida que sinto e que ouço...

Bate-me o coração...
Se eu fosse pelo ar, pelo ar
No fim de balouçar...
Seria mais belo e mais são...

Up! o balouço vai alto
Eia! lá desce já – é fugir...
Escrevo estes versos a rir...
A rir... p'ra não chorar alto...

8-5-1915

165

Nuvem na eurritmia
Das fantasias flavas,
Tu, triste e inséria, lavas
De igual a luz do Dia
E a tua Nostalgia...

Leva, amor, as aljavas
À ingrata que dizia
Que me amava... e tu estavas
Serenamente fria
Entre o esfriar das lavas...

Partem em romaria...
Descem da escadaria...

... Só o choro das escravas...

24-5-1915

166

Anda com a minha alma ao colo,
Como se fosse uma criança,
Uma tristeza, um desconsolo,
Um amor ao que não se alcança...

Em que longínqua ilha deserta
Poderei ser o rei que fui?
Ao pé de que rio que flui
Ao pé d'uma janela aberta?

Essas horas ao pé da água
Seriam tão consoladoras
Das tristes, lentas, tardas horas
Que florescem na minha mágoa...

Vozes de crianças nos parques...
Arcos velozes nos jardins...
Não quero, ó alma, que tu arques
Com a dor nítida dos Fins...

Quero antes que, pendente d'uma
Janela ao pé do rio lento,
Deixes cair teu pensamento
No rio lento sem espuma...

E assim o percas, assim vá
Por esse rio, além da vista,
À deslizada e alvar conquista
Das margens que *aqui não há*.[1]

Teus brincos velhos, tua avó
Usava-os e era tão feliz...
Como o meu coração está só...
Não o acompanha o que tua voz diz.

Meus olhos vão na água vista
Sob essa janela sonhada...
Meus olhos, esse ver que dista
De mim como eu daquela estrada

---

1   Variante subposta: «nem ali há».

Perdida que podia, ó alma,
Conduzir-me ao teu gesto lento,
E casar-me em teu pensamento
Com a longínqua e última calma.

Mares distantes, ilhas pondo
Flores e florestas no mar...
Ó grande solidão lunar
Entre as cousas que vou supondo!...

Maturadas as confidências
Que fiz um dia ao teu requinte,
Guardo minha alma por acinte
E a espada sangra entre as consciências...

26-5-1915

167

Tine fina ainda
A campainha f'rida
De que se inclina a linda
Lida de livre e ardida,

Porque vibrada, e a ida
De ela pra ali e a vinda
Do seu oscilar finda
No tremular perdida.

Simultânea ferida
Da hora prolixa e infinda
Sob pálpebra descida
O olhar que a sombra alinda

E o estio em frio finda.

Quem fica a rir da advinda
Prece que dói, convida
E divide porque inda
Sobra do frio a vida?

Cicio frio... e linda
Nossa alma a hora lida...

26-5-1915

168

Meu coração é uma princesa morta.
Quem a deixou?
Quem deixou entreaberta aquela porta
Onde passou?

Meu coração jaz sobre o régio leito
Sereno enfim...
Entrou a paz longínqua do Eleito
Dentro de mim...

A leve quasi falsa c'roa doura
O vulto morto...
Ó Morte, as cousas de quem és senhora
São um cais sobre um porto...

Quero ir de mim, meu morto coração
E pertencer
A mim, à minha dor e à solidão
De nada ser...

11-6-1915

169

NYRIA

I

Meus olhos foram dar às alcovas dos rios.
Teu sorriso confiado aos sorrisos mais frios
Dirá da tua dor e do seu nexo morto...
Nada há a esperar da nau que deixa o porto
E cujo rasto fica entre água vagamente
Comovida o ondular enrolado e alvo entre
Cisnes de imaginar que a água a ondear acentua
Na alma que em só ver banha-se toda nua...

Mas os cisnes, os leões e todos quantos foram
Encontrar nos *corcéis*[1] os ímpetos que moram
Entre arvoredos sacudidos e espreitados
Foram reis no passado entre jaspe e pecados...

Nyria, teu nome estranho, e teu sorriso Esfinge
No Egipto, teu poder como um sangue que tinge
O branco essencial das clâmides entregues,
As asas de sair da hora, antes que chegues,
Os barcos a atardar a sua vinda, vendo
Que chegar é partir de não chegar, vivendo
Só na sombra da água em reflexos tigrados
Pela ansiedade fluida onde estão os sagrados...

A flauta que comove as paisagens supostas
A esta hora irrealiza as *notas*[2] postas
Sobre as mesas do sonho em topázios de anéis...
O deus irreal que *castigou*[3] os seus fiéis
Anuiu azular de novos céus sem fim
O mundo exterior virado para mim,
E conceder ao acaso alado dos violinos
O único prazer depois da dor dos sinos...

15-6-1915

Carícia vinda da Distância...
Fervor acontecido a medo...
Ópio de Cinzas e Segredo...
Pálio de sombras e fragrância...

Teu nome mora *numa piscina*[4]
Entre os pátios do meu desejo.
Nenhuma hora tem ensejo
De me amar-te, frágil e fina...

Candelabro apagado a véus
De tule e púrpura em teu dia...

---
1   Palavra dubitada.
2   Palavra dubitada.
3   Palavra dubitada.
4   Na linha corrida: «como num lago». Optei pela variante sobreposta para manter a rima.

Saque das cidades... Fazia
Frio à sombra irreal de Deus...

Lírio-hálito... Salmo perdido
Entre o perfume dos arvoredos...
Rócio encontrado entre os segredos
Do rio do meu *atraso ido*...[1]

Nexo ora das certezas findas...
Sacrário adverso às confissões...
Teus lábios cheios de perdões
São relvas em meu sonho ainda.

Nunca me deixes, ó interrupta
Em teu escarpado desaire
De dar a cor do teu donaire
À vida e à sua □ abrupta.

Nunca escarneças lampadários
Nos meus sítios, nem gozes dar-me
Mais □ que o alado carme
Que encrepe o ouro dos sacrários...

Relíquia exposta... Verso feito
Para o auge das litanias...
Repara minhas mãos são frias
E o meu coração imperfeito...[2]

Não sei que caminho levaste
Desde quando sonhei achar-te
E houve outonos na minha arte
Estrelas no chão onde passaste...

O abismo anda comigo e cerca
Sempre os meus passos isolados...
Ah estende-me os teus braços dados
E que eu me encontre e que me perca.

Cessaram os pavões ao longe
Seus gritos foram-se entre palmas...
Teu perfil acontece às almas
E o melhor amor é de monge...

---

1   Expressão dubitada.
2   Verso dubitado.

Meu coração escuta-me. Oro
E abro portas para descrer...
Ah, vem, e a noite irá descer
Sobre mim como a dor que adoro...

Abro a janela aonde eu te vejo...
Acendo a luz *em que*[1] te cismo.
Cerca-me sempre o grande abismo...
Todo eu sou um perdido ensejo...

Florirão amanhã as rosas...
As rosas chamarão por mim...
A tarde nunca terá fim
Salvo palavras cariciosas...

Essas tu m'as dirás, do poente.
Onde sempre te vejo a alma...
Cairá sobre mim a calma...
E a dor dormirá como um doente...

Por isso tece-me esplanadas
Que eu sonhe, com teus gestos brandos...
Andorinhas passam em bandos...
Todas as árias são cansadas...

Há século dezoito morto
No nosso feitio de sentir...
Deixa a tua janela abrir
Ao vago vento à tarde absorto...

De longe eu cismarei teu vulto
Quando a janela se entreabrir
Em tua casa, e o céu sorrir
O seu longínquo e alado indulto...

Não estarás aonde eu te vejo...
Não estarás em parte alguma...
Mas tocar-te-ei como uma espuma
Na praia em mim do teu desejo...

Acendo as estrelas. Desço
De um sonho sem □ alarde...
A minha alma esvai-se na tarde...
Sou aquele de que me esqueço...

---

1   Variante sobreposta: «aonde».

E alada nota, num vago
Dobre às carícias começadas...
Teu nome será as espadas
Luzindo com beijo pressago...

Depois haverá as conquistas,
A guerra, os guerreiros e as lanças...
E afinal só as tuas tranças
No infinito que de mim distas.

Séquito abandonado... Tanque
Seco... Hora vazia... Em mim
Mande que a mágoa tenha fim
E a ferida da vida estanque.

11-7-1915

170

Fluxo e refluxo eterno...
Ondulação confusa
Ao sabor d'um interno
Vício de força intrusa
No giro que há nos seres.
A noite cai do espaço,
Lírios que tu colheres
Fanar-te-ão sobre o braço.[1]

19-6-1915

---

1   Os últimos cinco versos estão dubitados.

171

O meu tédio não dorme,
Cansado existe em mim
Como uma dor informe
Que não tem causa ou fim...[1]

19-6-1915

172

Corpo que tens divinas procedências
Nos teus olhos tão frios, tuas mãos
Têm súbitas, vãs condescendências
Com os *tédios*[2] teus nítidos irmãos.[3]

19-6-1915

173

Ah quem me dera a calma
De alguém me compreender e ser comigo!
Meu mais *próximo*[4] amigo
Dista de mim o infinito de *uma alma*.[5]

Não tenho confidente
Salvo Deus, porque ele é meu ser por dentro,
Dobro-me para o centro
Do meu ser, Deus, que me *continua*,[6] ausente.

24-7-1915

---

1   Poema dubitado.
2   Variante subposta: «vícios».
3   Poema dubitado.
4   Variante sobreposta: «íntimo».
5   Expressão dubitada, com variante subposta, entre parênteses: «duas almas».
6   Palavra dubitada, com variante sobreposta: «consiste».

174

No halo que há em torno à hora,
Halo cálido agora
Que o verão pesa e estua,
Uma sombra se insinua.

Sombrio halo ligado
À sensação do passado,
Pálido halo afinal,
Névoa de vida real.

Adoeço de vida,
O halo é um elo é perdida
Parte de mim que me dói
Porque não é e já foi.

31-7-1915

175

Que vinda sombra
Meu coração
Resfria e ensombra?

Que vago mal
Torna minha alma
À sombra igual?

Não sei. Que há entre
Mim e a tristeza?
Não sei, mas sempre

Meu pensamento
Adoece, sempre
Só a mim atento.

Ó brisa vaga,
Passa por mim,
Vem e embriaga

De esp'rança ao menos
Meus doloridos
Dias serenos.

31-7-1915

176

Saque da cidade...
E as estrelas frias
Estão na imensidade
Sem consciência alguma
Da guerra, e a espuma
Borda de alegrias
O branquear da praia...
Tudo nos ignora,
Tudo nos transcende.
A nossa alma chora,
Com lutas e anseios
Com guerras se prende,
E ah! a paz do enleio
Consigo das trevas
Onde ó lua, nevas!

Em tempo de guerra
23-9-1915

177

A arca de Noé da minha Imperfeição
Acordou o Dilúvio em memórias febris
Sobre a constância em ilusão
Dos meus amparos já senis.
Flores, flores-de-lis
Na minha dispersão.

Senescem plúmbeos aguaceiros
Nas reincidências.
Tuas memórias são moleiros

Moendo o trigo das Ciências
Cavadas em rios outeiros
Meus vagos amores primeiros...

Secas as horas,
Todas vorazes...
Tu, noite, choras
E iníqua trazes
Tuas demoras...

2-10-1915

178

Cada cousa é uma morte vivendo,
Deus sabe como, Deus sabe quem...
Remota vida presente em Sendo,
Cada cousa é o que não contém...

Tudo é absurdo, Deus não é feito
Da vã matéria do pensamento,
Todo o Seu Ser é
Pensá-lo é negá-lo.

2-10-1915 (night late)

179

Quem és tu, planta?
Teu vulto espanta
Meu olhar quedo
Que te olha em medo...

Quanto mais ponho
Em ti o olhar
E decomponho
Ver-te em pensar,

Mais me parece
Que o vulto teu

É um rosto
□

Tudo tem rosto
Tem tudo olhar...
Névoa-antegosto
Do decifrar!

Sobe em meu ser
Um medo a Deus...
Quero não ver
Os mudos céus...

Porque o seu claro
Azul sem fim
Com um olhar sem olhos[1]
Olha para mim...[2]

Paro em meu frio
Limiar da alma...
Como o arrepio
Que cerca a calma

Em que me cerco
De Deus e Eu
E em mim me perco
Por todo o céu.

2-10-1915

---

1   Variante sobreposta: «Sem ter olhos olha».
2   Variante sobreposta: «Com olhos p'ra mim».

180

Com tuas mãos piedosas
Faz gestos a sonhar,
Como quem *colhe*[1] rosas
E acha divino olhar,
Com tuas mãos piedosas
Faze-me repousar...

Sim, os teus gestos lentos,
Teus gestos suaves são
Guias que os pensamentos
Me guiam p'ra a ilusão
Sim, os teus gestos lentos,
Acabando[2] em perdão...

Com tão Madona arte
De existires no gesto
Juntas ao meu ser parte
Do que perde, que imerso
No teu gesto e em arte
Me desencontro e cesso.

[2-10-1915]

---

1   Variante sobreposta: «olha».
2   Variante sobreposta: «Afuselando-se».

181

Escuta-me piedosamente.
Não vale a pena amar-me, não,
Mas o que o meu coração sente –
Ah, quero que te passe rente
À ideia do teu coração...

Quero que julgues que podias,
Se quisesses, amar-me. Só
Saber isso consolaria
Minha alma erma de alegria...
Ter a certeza do teu dó!...

Teu dó, o teu quasi carinho...
Qualquer sentimento por mim...
Que não me deixasse sozinho...
Eu posso construir um ninho,
Com o pouco que me vem de ti...

Eu tenho de mim tanta pena
Qu'ria ao menos que tu também
Viesses ter pena serena
Não de mim ou da minha pena,
Essa pena que ninguém tem.

[2-10-1915]

182

Habito a sombra, e o sol morreu comigo...

[2-10-1915]

183

Acorda. Vem
Até ao mar.
As ondas têm
Um vago amar.

Há um calmo fim
Ao pensamento
No mar, assim
Cessado o[1] vento.

A hora salga
De calma a dor...
Uma e outra alga
Doem-lhe à flor...

Vem tão comigo
Por tal caminho
Que eu contigo
Me creia sozinho...

Tanto pertenças
Ao meu pensar
Que as duas presenças –
Tua e do mar –

Não sejam mais
Que a calma triste
Sem nexo ou ais
Que em mim existe...

Ah, desejar!
Amar, sofrer!
Eu, tu e o mar...
Como dói ser!

Vem ajudar
Meu pensamento
A dispersar
P'lo mar sem vento.

[2-10-1915]

---

1   Variante sobreposta: «Vácuo *de* [Variante: "do"]».

POESIA AUTÓNIMA   **GRANDES ARMAZÉNS DA SENSAÇÃO**

184

É interior à minha mágoa
A alegria do dia claro...
Oh nudez trémula da água...

Porque me sinto eu desolado
De haver tanta calma e alegria
E nenhuma em meu ser cansado...

Acaso não me bastaria
Olhar a alegria da terra
E ser alegre como o dia?

Ah, ensina-me, ó Natureza,
A dar minha alma inteiramente
À calma da tua beleza,

A não ter alma salvo a hora
A pertencer-te, ampla alma rente
À tua alma *geradora*[1]

Qualquer cousa que não seja esta
Agonia do pensamento
Que é o que do meu ser me resta...

Sopra, sopra, sopra, vento...
Grande invisível alma em festa...
Que há entre mim e o momento?

3-10-1915

---

1   Palavra dubitada.

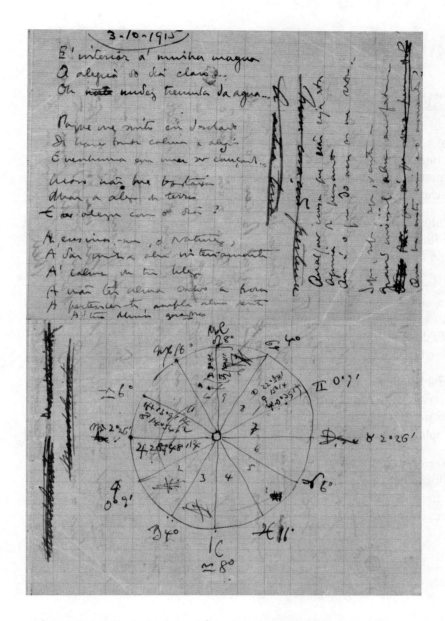

Figura 4. Fac-símile do poema «É interior à minha mágoa» e horóscopo

185

A revolução

Ruge a alegria da revolta
Nas nossas ruas concorridas...
De quando em quando o canhão solta
As ocas vozes desmedidas.

O crebro e acre estralejar
Da nítida fuzilaria
Ocupa as curvas do ar
Com a sua certeza fria...

Cai a noite, mas continua
Na incerta inclinação da hora
A voz dos tiros, cousa nua
No ouvido que conhece e ignora.

Uma febre ligeira toma
Os nervos deslocadamente...
Cada minuto ao longe assoma
Em solidão à alma ausente...

Que querem todos? Nada... Um palmo
De ilusão mais sobre nuvens belas...
E cobre tudo, alheio e calmo
O céu, tão plácido de estrelas.

4-10-1915

186

Asas

Ave, teu voo leve
Antes de aqui esteve
Com o melhor de mim.
Numa vida sem fim
Passou diante do meu
Sossego sob o céu
O teu voo anterior
À vida e ao gozo e à dor.
O teu voo de agora,
Dentro do espaço e da hora,
É a cópia imperfeita
Daquela forma eleita
De *ir*[1] que em ti havia
Quando nada existia.
Ensina-me o sentido
Da vida, como o olvido
Das cousas que há na terra
Se perde no ar, e a guerra
De pensar com querer
Cessa sem se saber.
Ensina-me por dentro
Como alar-me do centro
Da matéria incompleta,
Como uma asa ou uma seta
Para os longes do ser
Onde não há viver
Salvo uma indefinida
Asa por sobre a vida.

31-10-1915

---

1   Variante, na mesma linha: «ires».

187

Escrevo, e sei que a minha obra é má.
Não farei aquilo que hoje quero.
Se penso nisto, desespero
E não sei para onde vá
O tédio que comigo está.
        Ave, passa, passa...
        Tudo me ultrapassa...

[31-10-1915]

188

*Ao visionar as ideias finais
da minha filosofia*

Senhor, meu passo está no Limiar
        Da Tua Porta.
Faze-me humilde ante o que vou *legar*...[1]
        Meu mero ser que importa?

Sombra de Ti aos meus pés tens, desenho
        De Ti em mim,
Faze que eu seja o claro e humilde engenho
        Que revela o teu Fim.

Depois, ou morte ou sombra o que aconteça
        Que fique, aqui,
Esta obra que é tua e em mim começa
        E acaba em Ti.[2]

Sinto que leva ao mar Teu Rio fundo
        – Verdade e Lei –
O resto sou só eu e o ermo mundo...
        E o que revelarei.

A névoa sobe do alto da montanha

---

1   Palavra dubitada.
2   Verso dubitado.

E ergue-se à luz.
O claro cimo que a Tua luz banha
Sereno e *claro*[1] e a flux

Eu quero ser a névoa que se ergue
Para Te ver
A humanidade sofredora é cega –
O resto é apenas ser...

15/16-11-1915

189

O barco abandonado

O esforço é doloroso...
Deixemo-nos ir
Pelo mundo ocioso
Como que a sorrir...

Numa incerta mágoa,
Num sem querer mudo,
Sejamos como a água
Que reflecte tudo...

De que serve a vida?
Para quê a dor?
O bom sol convida
A um feliz torpor...

Vamos indo, indo,
Sem se definir
Ao nosso □ infindo
P'ra onde queremos ir...

Lá iremos ter...
Lá – parte nenhuma –
Vida que viver...
Sussurro de espuma...

Mágoa incerta e vasta,
Céu azul e claro...

---

1   Palavra dubitada.

Como a dor contrasta
Com o ócio em que paro...

Que quero eu dizer
Com a minha vida?
Saiba eu não o saber...
Leve a alma dormita.

Estrela em sossego,
Feneça no afago
Duma brisa ao cego
Silêncio dum lago.

P'ra além do momento
Há todo o céu fundo,
E o movimento
Do abstracto mundo.

Que importa? Nas águas
Quando se reflecte
O negror das fráguas
Nada se promete...

Tudo é como é
Sem que seja nada...
Quem me dera a fé
E o sol sobre a estrada!

O rio não tem ponte.
A alma não tem cor...
O sol, que desponte
Mas nunca o amor...

Grácil, fugidia
Demora da vida
Na tristeza fria
Que a faz comovida...

O sonho em botão,
A dor em acerto
Com a conclusão
Do mistério incerto.

Palavras perdidas...
A casa da alma
Quem me dera a calma
E as horas idas!

12-12-1915

190

Brise marine

Eu quero, ó Vida, que tu acabes[1]
    Sem eu acabar...
Há uma ilha verde, meu amor, sabes,
    Lá ao fim do mar...

De ali nos[2] vemos *passar*[3] as velas
    Como esquecendo
E as mãos não sabem já das capelas
    Que estão tecendo...

Ali as sombras onde ardem sós
    Dourados pomos,
E a voz do mar sempre chora em nós
    O que nós não fomos.

Aquilo que era os gnomos e as fadas
    Já em nós não há...
Todas as princesas de todas as baladas
    Morreram já...

Cruza os teus braços sobre o teu seio,
    Esquece-me e vê
Só a ilha *verde sorrindo ao*[4] meio
    Desse mar, que é

Todos os sonhos e todas as mágoas
    Sem que haja a vida...
Ah! a ilha verde sorrindo às águas...
    E o sonho e a ida...

21-12-1915

---

1   Ao lado do primeiro verso, a nota «[Cancioneiro]».
2   No original, por aparente lapso, «nos».
3   Variante sobreposta: «ao longe».
4   Variante sobreposta: «de verdes encostas no».

191

ALÉM-DEUS

I Abismo

Olho o Tejo, e de tal arte
Que me esquece olhar olhando,
E súbito isto me bate
De encontro ao devaneando –
O que é ser-rio, e correr?
O que é está-lo eu a ver?

Sinto de repente pouco,
Vácuo, o momento, o lugar.
Tudo de repente é oco □
Mesmo o meu estar a pensar.
Tudo – eu e o mundo em redor –
Fica mais que exterior.

Perde tudo o ser, ficar,
E do pensar se me some.
Fico sem poder ligar
Ser, ideia, alma de nome
A mim, à terra e aos céus...

E súbito encontro Deus.

II Passou

Passou, fora de Quando,
De Porquê, e de Passando...,

Turbilhão de Ignorado,
Sem ter turbilhonado...,

Vasto por fora do Vasto
Sem ser, que a si se assombra...

O universo é o seu rasto...
Deus é a sua sombra...

III A voz de Deus

Brilha uma voz na noite...
De dentro de Fora ouvi-a...
Ó Universo, eu sou-te...
Oh, o horror da alegria
Deste pavor, do archote
Se apagar, que me guia!

Cinzas de ideia e de nome
Em mim, e a voz: *Ó mundo,*
Sermente em ti eu sou-me...
Mero eco de mim, me inundo
De ondas de negro lume
Em que p'ra Deus me afundo.

IV A queda

Da minha ideia do mundo
            Caí...
Vácuo além de profundo,
Sem ter Eu nem Ali...

Vácuo sem si-próprio, caos
De ser pensado como ser...
Escada absoluta sem degraus...
Visão que se não pode ver...

Além-Deus! Além-Deus! Negra calma...
Clarão de Desconhecido...
Tudo tem outro sentido, ó alma,
Mesmo o ter-um-sentido...

V Braço sem corpo
brandindo um gládio

Entre a árvore e o vê-la
Onde está o sonho?
Que arco da ponte mais vela
Deus?... E eu fico tristonho
Por não saber se a curva da ponte
É a curva do horizonte...

Entre o que vive e a vida
P'ra que lado corre o rio?
Árvore de folhas vestida –
Entre isso e Árvore há fio?
Pombas voando – o pombal
Está-lhes sempre à direita, ou é real?

Deus é um grande Intervalo,
Mas entre quê e quê?...
Entre o que digo e o que calo
Existo? Quem é que me vê?
Erro-me... E o pombal elevado
Está em torno da pomba, ou de lado?

[1913-1915][1]

---

1 Outubro de 1917 era a data prevista para o nº 3 de *Orpheu*, que não chegou a vir a público. Pode ver-se a versão fac-similada das provas tipográficas nas Edições A Bela e o Monstro, de 2015

192

Hoje estou triste como alguém que quer chorar
      E já não sabe na alma
      Como é que *nos*[1] olhos se chora...
Entre mim e o sol plácido da calma
      Nuvens sinto passar
Rápidos tédios sobre o chão da Hora...

Não sei quem sou perdidamente
      Há alamedas de jardins vetustos
Naquela angústia com que quero o ausente
Ser, tempo, cor das cousas, que me arranque
Desta monotonia com arbustos
Na vida, com buxo calmo, com som de tanque...

O século dezoito que havia em mim,
      Pelo menos em lágrimas, passou
      Com um ruído de cetim...
No ar de Pompadour já triste
Do teu imaginado vulto errou
Do meu presente o mal que em mim existe...

Meu corpo pesa no meu pensamento
De nunca deslocar-me até à alma
      E ter sempre o momento
      Aqui, eterno enquanto dura...
Não haver vila de romana calma
Por estradas atingidas de amargura...

O sol hoje acordou-me num disfarce
Da natureza do meu triste amor
      Por tudo quanto passou
      E eu vejo como se nunca passasse
Mas ele passa e tem no gesto a cor
Das cousas vistas na alma irreal que sou.

Não deixes, minha sombra amarelada
      De branco, bruxuleante
Na hera do teu jardim, de esta ciciada

---

1   Variante sobreposta: «com».

Dança erma e *galante*[1]
Das palavras trocadas em disfarce
D'um pensamento vago que atravessa
As salas que estão diante...
Deixa que a brisa como um cisne passe
No lago da visão que cessa.

[1913-1915] 1

---

1   Variante na margem: «elegante».

193

Movem nossos braços outros braços que os nossos,
Falam na nossa boca lábios que não nos pertencem.
Não somos agentes; nós somos acções – os destroços
De gestos apenas metade neste mundo em que a vida
Passa como um cortejo em que os olhos de Deus pensam
E entre ele e o cortejo pensado há quem age esta lida.

Somos cartas mandadas de espírito para espírito na treva.
Quebrada a ponte, nós somos a ponte, e isso é falso...
Farrapos das intenções dos anjos que a treva leva
E ao alto de cada alma nossa ergue-se um cadafalso...

Tudo isso se passa entre Deus e o ser que não temos
E no intervalo chora o som da ida nos remos.

27-4-1916

194

Aguarela do bem-estar

Tudo era campo, menos a minha alma...
Passam balouços no meu olhar...
Crianças (branco) a balouçar
Em curvas aquém da tarde calma...

Sacodem-se os guizos... E é campo ainda
Salvo onde há vidas ou mar (azul).
Um riso paira de calma a sul[1]
Teu gesto aquela que te sonho alinda...

Aves (incerto)... Flores por vir...
Bancos sob árvores ao longe outrora...
Não passa nada salvo ouro na hora...
Fecho os meus olhos e há em mim sorrir...

Lápis-lazúli do teu encanto...
Janela aberta (cortina ao vento)
Para o ar livre vem meu pensamento.
E eu dei às cousas meu régio manto...[2]

10-5-1916

---

1   Verso dubitado com variante sobreposta: «Mas não é aqui... é mais ao [sul]».
2   Verso dubitado.

195

Insaciedade infantil e dos homens.
(O teu rosto entre reposteiros
Espreitando para o quarto)

Árvores lá fora
Excessivamente árvores lá fora
E verde, verde, verde, a angústia por haver...

Longas, as horas
Remotamente...
Ninguém as sente
(Tu choras?)

[11-6-1916]

196

Num país sem nome
Vive quem me espera.
Sabe a primavera
Na dor que me *tome*.[1]

Num país sem sítio
Salvo eu querê-lo ter
Vive quem me quer.
Meu tédio permite-o.

Num país sem meio
De a gente lá ir...
Ó noite a florir,[2]
Toma-me ao teu seio!

14-6-1916

---

1   Variante na margem, entre parênteses: «come».
2   Este verso e o anterior, escritos à margem, substituem o início do terceiro na linha corrida, incompleto: «Vive... O ▢».

197

A noite vai alta.
O céu é azul.
Quem me falta?

Ó vento do sul
Inunda de calma
Meu corpo até à alma.[1]

Espera-me alguém,
Ó vento furtivo?
Não sei. Vulto esquivo,
Fecho os olhos. Vem!

14-6-1916

198

Tange a tua flauta, pastor. Esta tarde
Pertence à dor, à tua dor que em mim arde.

Tange por isso pastor, a tua flauta a tremer.
Tange, tange, para que eu me não sinta sofrer.

Leve, um vento antigo passa entre ti e mim.
Leve, o vento regressa, e a música está no fim.

Mas nunca haverá fim ou música em meu tormento.
Tange outra vez a flauta, pastor. Deixa o vento

Estar entre ti e mim outra vez, como a sombra triste
Que está na tua alma, e na minha alma, e não existe.

[14-6-1916]

---

1   Os dois últimos versos da estrofe estão dubitados.

199

O mar.
O céu.
Chorar
E eu.

O céu.
O mar.
Quem me deu
Chorar?

Tudo passa.
Cansa.

[14-6-1916]

200

Nada nos faça dor,
Nada nos canse o olhar,
Vivemos no torpor
De observar e ignorar.

Com o vago pensamento
De ir indo na corrente
Vivemos o momento
Irresponsavelmente.

27-6-1916

201

Alga

Passa[1] na noite calma
O silêncio da brisa...
Acontece-me à alma
Qualquer cousa imprecisa...

Uma porta entreaberta...
Um sorriso em descrença...
A[2] ânsia que não acerta
Com aquilo em que pensa.

Sombra, dúvida, elevo-a
Até quem me suponho,
E a sua voz de névoa
Roça pelo meu sonho...

24-7-1916

202

Análogo

Junta as mãos e reza...
Há no ar tu[3] rezares...
Sinto a alma presa
Do que tu pensares...

Não há a capela
Mas há a paz de crer-te
Só, rezando nela,
E eu sonhar-te é ver-te...

Nada disto é certo...

---

1   Variante sobreposta: «Paira».
2   Variante sobreposta: «Uma», entre parênteses, sinal de palavra opcional.
3   palavra opcional, neste e no quarto verso.

Sorris
E pairam perto
Nuvens de perfis...

Todos desconheço
A[1] todos amo...
Na bruma me esqueço
E por mim chamo...

Mas cessou o canto
Que me fez sonhar
Este encanto...
Deixa-me não te achar...

24-7-1916

203

Há uma vaga mágoa
No meu coração...
Como que um som de água
Suma solidão...
Um som ténue de água...

Memoro o que, morto,
Ainda vive em mim...
Memoro-o, absorto
Num sonho sem fim,
Estéril e absorto.

Será que me basta
Esta vida em vão?
Que nada se afasta
Da sua solidão...
Nem de mim me afasta?

Não sei. Sofro o acaso
Da mágoa em meu ser...
Cismo, e há em mim o ocaso
Do que quis viver –
Sempre só o ocaso.

25-7-1916

---

1   Opcional.

204

Ó mera brancura
Do luar que se esfolha,
Ó rio da alvura
Do luar que te molha...

Montanhas que ao longe
Não têm um grito,
Todas um só monge
No claustro infinito...

Murmúrio das águas
Que ao luar que as não vê
É sombra, sem mágoas,
Macieza que é

A alma da noite,
A sombra do luar...
Oh, nunca eu me afoite
Até não sonhar!...

25-7-1916

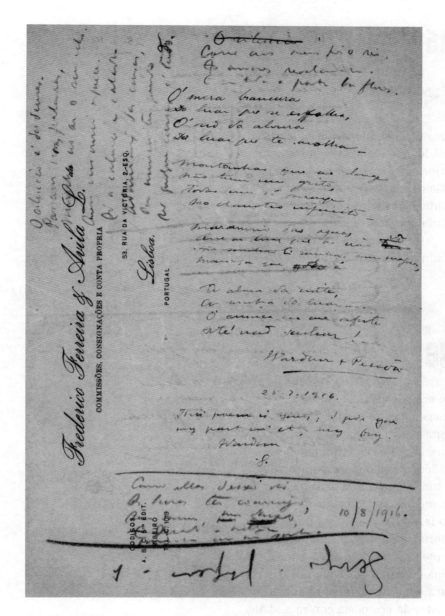

Figura 5. Com uma caligrafia diferente da de Pessoa, este poema é assinado por «Wardour+Pessôa». Depois da data, a mensagem «This poem is yours; I give you my part in it, my boy.» [Este poema é teu; dou-te a minha parte nele, meu rapaz] e o símbolo do «espírito»

205

Scheherazad

O que eu penso não sei, e é alegria
Pensá-lo, nada sou, salvo a harmonia
Interior entre existir e ouvir
A música cantar-te e dissuadir
Da vida, e desta inútil atenção
Ao útil dada, morta sensação
        Real, passada,
E à minha mente inutilmente dada.

26-11-1916

206

O rio era por cidades mortas...
Às suas negras e esquecidas portas
A noite estava contra as sentinelas...
De luz, sobre o rio, eram janelas
E o silêncio era o resto. Nunca ouvi
Voz suave e doce que não soasse a ti
Nem menos me trouxesse do que és.
O rio ia, e eu tinha sob os pés
Imaterial, a paisagem sem forma
Em que esta melodia te transforma...
Pompa de pompas, divino posto
Contra lembrar-te, fúnebre antegosto
Em salas da eça posta contra a idade
Em que eu te tinha. Pálida, a cidade
Ao luar, na sombra nítida acentua
Seu caminho subtil
Onde às piscinas do jardim dado a abril
Desce a sombra da ninfa e ali flutua.

26-11-1916

207

PASSOS DA CRUZ

I Abismo

Esqueço-me das horas transviadas...
O outono mora mágoas nos outeiros
E põe um roxo vago nos ribeiros...
Hóstia de assombro a alma, e toda estradas...

Aconteceu-me esta paisagem, fadas
De sepulcros a orgíaco... Trigueiros
Os céus da tua face, e os derradeiros
Tons do poente segredam nas arcadas...

No claustro sequestrando a lucidez
Um espasmo apagado em ódio à ânsia
Põe dias de ilhas vistas do convés

No meu cansaço perdido entre os gelos,
E a cor do outono é um funeral de apelos
Pela estrada da minha dissonância...

II

Há um poeta em mim que Deus me disse...
A primavera esquece nos barrancos
As grinaldas que trouxe dos arrancos
Da sua efémera e espectral ledice...

Pelo prado orvalhado a meninice
Faz soar a alegria os seus tamancos...
Pobre de anseios teu ficar nos bancos
Olhando a hora como quem sorrisse...

Florir do dia a capitéis de Luz...
Violinos do silêncio enternecidos...
Tédio onde o só ter tédio nos seduz...

Minha alma beija o quadro que pintou...
Sento-me ao pé dos séculos perdidos
E cismo o seu perfil de inércia e voo...

III

Adagas cujas jóias velhas galas...
Opalesci amar-me entre mãos raras,
E, fluido a febres entre um lembrar de aras,
O convés sem ninguém cheio de malas...

O íntimo silêncio das opalas
Conduz orientes até jóias caras,
E o meu anseio vai nas rotas claras
De um grande sonho cheio de ócio e salas...

Passa o cortejo imperial, e ao longe
O povo só pelo cessar das lanças
Sabe que passa o seu tirano, e estruge

Sua ovação, e erguem as crianças...
Mas no teclado as tuas mãos pararam
E indefinidamente repousaram...

IV

Ó tocadora de harpa, se eu beijasse
Teu gesto, sem beijar as tuas mãos!,
E, beijando-o, descesse plos desvãos
Do sonho, até que enfim eu o encontrasse

Tornado Puro Gesto, gesto-face
Da medalha sinistra – reis cristãos
Ajoelhando inimigos e irmãos
Quando processional o andor passasse!...

Teu gesto que arrepanha e se extasia...
O teu gesto completo, lua fria
Subindo, e em baixo, negros, os juncais...

Caverna em estalactites o teu gesto...
Não poder eu prendê-lo, fazer mais
Que vê-lo e que perdê-lo!... E o sonho é o resto...

V

Ténue, roçando sedas pelas horas,
Teu vulto ciciante passa e esquece,
E dia a dia adias para prece
O rito cujo ritmo só decoras...

Um mar longínquo e próximo humedece
Teus lábios onde, mais que em ti, descoras...
E, alada, leve, sobre a dor que choras,
Sem qu'rer saber de ti a tarde desce...

Erra no ante-luar a voz dos tanques...
Na quinta imensa gorgolejam águas,
Na treva vaga ao meu ter dor estanques...

Meu império é das horas desiguais,
E dei meu gesto lasso às algas mágoas
Que há para além de sermos outonais...

VI

Venho de longe e trago no perfil,
Em forma nevoenta e afastada,
O perfil de outro ser que desagrada
Ao meu actual recorte humano e vil.

Outrora fui talvez, não Boabdil,
Mas o seu mero último olhar, da estrada
Dado ao deixado vulto de Granada,
Recorte frio sob o unido anil...

Hoje sou a saudade imperial
Do que já na distância de mim vi...
Eu próprio sou aquilo que perdi...

E nesta estrada para Desigual
Florem em esguia glória marginal
Os girassóis do império que morri...

VII

Fosse eu apenas, não sei onde ou como,
Uma cousa existente sem viver,
Noite de Vida sem amanhecer
Entre as sirtes do meu dourado assomo...

Fada maliciosa ou incerto gnomo
Fadado houvesse de não pertencer
Meu intuito goríola com ter
A árvore do meu uso o único pomo...

Fosse eu uma metáfora somente
Escrita nalgum livro insubsistente
Dum poeta antigo, de alma em outras gamas,

Mas doente, e, num crepúsculo de espadas,
Morrendo entre bandeiras desfraldadas
Na última tarde de um império em chamas...

VIII

Ignorado ficasse o meu destino
Entre pálios (e a ponte sempre à vista),
E anel concluso a chispas de ametista
A frase falha do meu póstumo hino...

Florescesse em meu glabro desatino
O himeneu das escadas da conquista
Cuja preguiça, arrecadada, dista
Almas do meu impulso cristalino...

Meus ócios ricos assim fossem, vilas
Pelo campo romano, e a toga traça
No meu soslaio anónimas (desgraça

A vida) curvas sob mãos intranquilas...
E tudo sem Cleópatra teria
Findado perto de onde raia o dia...

IX

Meu coração é um pórtico partido
Dando excessivamente sobre o mar.
Vejo em minha alma as velas vãs passar
E cada vela passa num sentido.

Um soslaio de sombras e ruído
Na transparente solidão do ar
Evoca estrelas sobre a noite estar
Em afastados céus o pórtico ido...

E em palmares de Antilhas entrevistas
Através de, com mãos eis apartados
Os sonhos, cortinados de ametistas,

Imperfeito o sabor de compensando
O grande espaço entre os troféus alçados
Ao centro do triunfo em ruído e bando...

X

Aconteceu-me do alto do infinito
Esta vida. Através de nevoeiros,
Do meu próprio ermo ser fumos primeiros,
Vim ganhando, e através estranhos ritos

De sombra e luz ocasional, e gritos
Vagos ao longe, e assomos passageiros
De saudade incógnita, luzeiros
De divino, este ser fosco e proscrito...

Caiu chuva em passados que fui eu.
Houve planícies de céu baixo e neve
Nalguma cousa de alma do que é meu.

Narrei-me à sombra e não me achei sentido.
Hoje sei-me o deserto onde Deus teve
Outrora a sua capital de olvido...

XI

Não sou eu quem descrevo. Eu sou a tela
E oculta mão colora alguém em mim.
Pus a alma no nexo de perdê-la
E o meu princípio floresceu em Fim.

Que importa o tédio que dentro em mim gela,
E o leve outono, e as galas, e o marfim,
E a congruência da alma que se vela
Com os sonhados pálios de cetim?

Disperso... E a hora como um leque fecha-se...
Minha alma é um arco tendo ao fundo o mar...
O tédio? A mágoa? A vida? O sonho? Deixa-se...

E, abrindo as asas sobre Renovar,
A erma sombra do voo começado
Pestaneja no campo abandonado...

XII

Ela ia, tranquila pastorinha,
Pela estrada da minha imperfeição.
Seguia-a, como um gesto de perdão,
O seu rebanho, a saudade minha...

«Em longes terras hás-de ser rainha»
Um dia lhe disseram, mas em vão...
Seu vulto perde-se na escuridão...
Só sua sombra ante meus pés caminha...

Deus te dê lírios em vez desta hora,
E em terras longe do que eu hoje sinto
Serás, rainha não, mas só pastora –

Só sempre a mesma pastorinha a ir,
E eu serei teu regresso, esse indistinto
Abismo entre o meu sonho e o meu porvir...

XIII

Emissário de um rei desconhecido,
Eu cumpro informes instruções de além,
E as bruscas frases que aos meus lábios vêm
Soam-me a um outro e anómalo sentido...

Inconscientemente me divido
Entre mim e a missão que o meu ser tem,
E a glória do meu Rei dá-me o desdém
Por este humano povo entre quem lido...

Não sei se existe o Rei que me mandou.
Minha missão será eu a esquecer,
Meu orgulho o deserto em que em mim estou...

Mas ah! eu sinto-me altas tradições
De antes de tempo e espaço e vida e ser...
Já viram Deus as minhas sensações...

XIV

Como uma voz de fonte que cessasse
(E uns para os outros nossos vãos olhares
Se admiraram), pra além dos meus palmares
De sonho, a voz que do meu tédio nasce

Parou... Apareceu já sem disfarce
De música longínqua, asas nos ares,
O mistério silente como os mares,
Quando morreu o vento e a calma pasce...

A paisagem longínqua só existe
Para haver nela um silêncio em descida
Pra o mistério, silêncio a que a hora assiste...

E, perto ou longe, grande lago mudo,
O mundo, o informe mundo onde há a vida...
E Deus, a Grande Ogiva ao fim de tudo...

[1913-1916]
Centauro, Lisboa, Nov.-Dez. de 1916

EPISÓDIOS

208

Impossível visão
Cujo rastro estremece
Dentro em meu coração,
Vens como a sombra desce
E todo o esforço é vão...[1]

Apenas te pressinto;
Nunca te pensei ver;
Mas o halo do que sinto
É feito do teu ser.
Vens como[2] o amanhecer.

Nada te espera em mim.
Passas, e eu sou distante
As mágoas sentem fim,
A ambição vigilante
Dorme no teu jardim.[3]

Não te busco sentido.
Não mo busco também.
Hálito, alor, gemido,
Vã sombra dum vão bem,
Hora que ninguém tem,

Aparência que adoro
Por só essa te julgar,
Faze com que o que eu choro
Não me faça chorar
Mas apenas sonhar...

Ténue sopro, palor
Da sombra perfumada...
Eu te amo e sem torpor
De ter amor a ti, que é nada,
Seja o meu amor.

---

1   Variante sobreposta a «esforço»: «mundo»; Variante, ao lado, para todo o verso: «Vejo-te, e o mundo [é vão...]».
2   Variante sobreposta: «Vires é».
3   Estrofe dubitada.

Cria em mim não obter-te
Sem angústias nem ais...
Basta a ilusão de ver-te,
Baste não seres mais,
Do que a mágoa com que vais.[1]

14-1-1917

209

Eu irei contigo, na hora batel de flores,
Pelo rio improfícuo de nos sentirmos viver,
Sem remos nem alarde ao acaso das cores
Que o poente pinta no incerto rio, perder

O sentimento preciso da contingência das cousas,
A líquida confusão de viver com sentir,
E tudo isso será uma ilha cheia de rosas
A meio do rio, ensombrando o barco passando rente, a delir

A sua forma na água e na tarde. Iremos
Para a dissimulação magoada onde o rio alarga
E cansa vagamente não termos vela nem remos,
Nem um destino pensado para alívio da hora amarga.

Tudo isto se terá passado quando chegarmos, no escuro,
À vida, onde outra cousa que nós nos acontece,
Nas áleas de labirinto por onde à terra desce
O guarda do Vale das Névoas e da Porta no Muro.[2]

10-2-1917

---

1   O 2º e o 5º versos estão dubitados.
2   Rejeitei dois versos, escritos separadamente depois da data, aparente fim ou início de uma estrofe de um poema
     abandonado: «Quando o Cavalo Negro relincha no escuro / E a terra sofre de ouvir o segredo dos mortos.».

210

Na sombra e no frio da noite os meus sonhos jazem.
Um frio maior cresce do abismo, e decresce.
Toca-me o coração de dentro a Mão que conhece.
As estrelas sobem. Por cima de mim se desfazem.
Ah de que serve o sonho? O que acontece
Não é o que nós queremos, mas o que os Deuses fazem.

O silêncio oscila. Na inércia da hora paira
Um murmúrio ansioso da sombra.

A minha vontade é um acto alheio, um gesto visível
A olhos para quem o mundo visível é o que nós não vemos.

De que braço é todo o meu ser um só gesto abstracto?
Que movimentos no ar são as minhas acções queridas?
Falta ao meu senso de mim um ajuste e um tacto.

Jaz no chão com meus sonhos a cinza de todas as vidas.

10-2-1917

211

O mundo rui a meu redor, escombro a escombro.
Os meus sentidos oscilam, bandeira rota ao vento.
Que sombra de que o sol enche de frio e de assombro
A estrada vazia do conseguimento?

Busca um porto longe uma nau desconhecida
E esse é todo o sentido da minha vida.

Por um mar azul nocturno, estrelado no fundo
Segue a sua rota a nau exterior ao mundo.

Mas o sentido de tudo está fechado no pasmo
Que exala a chama negra que acende em meu entusiasmo

Súbitas confissões de outro que eu fui outrora
Antes da Vida, e viu Deus, e eu não o sou agora.

10-2-1917

212

Eram três filhas de rei.
A hora é de prata.
No palácio no Norte
Tinham a mesma sorte.

Uma era loura e leve.
Outra era loura e alta.
Outra era como um rio
Que corre ao longe macio.

Eram três filhas de rei.
Nenhum príncipe veio.
Eram três velhas perdidas
A sonhar as suas vidas.

Deus as guarde na morte.
Eram três filhas de rei.
Deus as guarde na morte
No palácio no Norte.

Eram três filhas de rei.
Quem elas eram não sei.

12-2-1917

213

Um piano na minha rua...
        Crianças a brincar...
O sol de domingo e a sua
        Alegria a doirar...

A mágoa que me convida
        A amar todo o indefinido...
Eu tive pouco na vida
        Mas dói-me tê-lo perdido.

25-2-1917

214

Vai alta no[1] céu a *lua*[2] da primavera.
Não sei que mal tenho ou que bem me espera.
Quero buscar o que não sei o que é, ou deixar
Que me leve uma vida que sei que me há-de amargar?

25-2-1917

215

Lábios que pousam e que entreabertos
Escutam palavras do coração...
Assim dentro dos olhos, mão
Consciente sobre o sofá, madeixa caída
Ligeiramente

P'ra quê, se o sonho é melhor que a vida?

26-2-1917

216

Não é para nós, os fracos, para quem a vida é tudo
E o que há além da vida ainda é a vida além,
Nem o cálix, nem a □, nem sequer o escudo,
Nem a esperança maior que, quando a dor *sobe*,[3] vem.

Não é para nós, para quem pensar é mais que saber,
Para quem a alma sentir é a alegria e a vida,
Nem o pálio, nem a veste, nem a solidão sem ver
Que é a Última Porta, e a Visão sem fim, e o final da subida.

---

1   Variante sobreposta: «Paira do alto».
2   Variante sobreposta: «luz».
3   Palavra dubitada.

Não para nós, não para nós, que queremos e obtemos
E afinal somos o fumo e a sombra d'um querer maior
Que somos o mero acto de outro que nunca vemos...
Nega o mundo e confia em Budha, Nosso Senhor.[1]

26-2-1917

217

No lugar dos palácios desertos e em ruínas
    À beira do mar,
Leiamos, sorrindo, os segredos das sinas
    De quem sabe amar.

Qualquer que ele seja, o destino daqueles
    Que o amor levou
Para a sombra, ou na luz se fez a sombra deles,
    Qualquer fosse o voo

□[2]

Por certo eles foram mais reais e felizes

1-3-1917

---

1   No cimo da folha, há dois versos: o primeiro, «Nasce morto tudo que nasce». O segundo repete o último verso do poema, indicando duas variantes para «o mundo»: sobreposta, «a luz»; subposta, «a vida».

2   Este poema, que as diferentes edições têm considerado completo, não o está, de facto: ficou por dizer o essencial, que o poeta completaria provavelmente com outra estrofe, prevista pelo espaço interestrófico antes do último verso. Aliás, o verso «Qualquer fosse o voo» não tem, como o seu correspondente da estrofe anterior – «De quem sabe amar.» –, pontuação final, falta que se verifica igualmente no último verso do poema.

218

Não sei. Falta-me um sentido, um tacto
Para a vida, para o amor, para a glória...
Para que serve qualquer história,
Ou qualquer facto?

Estou só, só como ninguém ainda esteve,
Oco dentro de mim, sem depois nem antes.
Parece que passam sem ver-me os instantes,
Mas passam sem que o seu passo seja leve.

Começo a ler, mas cansa-me o que inda não li.
Quero pensar, mas dói-me o que irei concluir.
O sonho pesa-me antes de o ter. Sentir
É tudo uma cousa como qualquer cousa que já vi.

Não ser nada, ser uma figura de romance,
Sem vida, sem morte material, uma ideia,
Qualquer cousa que nada tornasse útil ou feia,
Uma sombra num chão irreal, um sonho num transe.

1-3-1917

219

Um país remoto...
Ravinas, rios no fundo...
Nem bem do ignoto
Nem bem do mundo.

Se o vi, se sonhei-o
Não sei...
Um dia, donde me veio
Saberei
E, falso ou certo, isso será
Viver sempre lá.

1-3-1917

220

Rabequista louco
Tocando lá fora
Qualquer cousa pouco
Mas com que a alma chora...

Onde é que aprendeste
Que essa melodia
Rasga um pouco a veste
Cujo pano é o dia?

Quem te disse outrora,
Antes do teu ser,
Que quando a alma chora
Sente o irreal viver?

Quem te ensinou antes
Que ter coração,
Que a dor traz instantes
Em que o mundo é vão?

Quem te deu esse arco
Que arranca essa nota
Com que o Rio abarco
E a Cidade Ignota?

Seja como for,
Cessa, meu irmão,
Tenho toda a dor
No meu coração.[1]

1-3-1917

---

1   Variante, na margem direita: «Já é todo dor / O [meu coração.]».

221

Dança

Um... dois... três...
Passos vêm de leve
E vão-se outra vez.
Têm o som da neve.

Um... dois... três...
Ténue é o ritmo seu...

Um dois três...
Quem dança na noite?
Vêm mais uma vez
Sem que o som se afoite...

Um dois três
Numa ronda invisível

Um dois três
Fogem, cessam...

Um dois três
Quantos é que são?

São como as folhas rés
Vés do pálido chão.

[1-3-1917]

222

Não tenho nada p'ra te dizer
Salvo que a vida já não me quer.

Não tenho nada para te ouvir
Para que ouvir-te? Não sei sentir...

Sofro nos sonhos, sofro na vida.
Não tenho norma nem direcção...

Levo o cadáver da fé perdida
Para o jazigo da ilusão.

1-3-1917

223

Onde é a serenata?
Dormem os arvoredos.
Há mosqueios de prata,
Luar em rastos e enredos...

Cantam que vozes suaves?
Enche-se a alma de querer
Ter qualquer cousa das aves
Para a poder entender...

Oh, sombras longas, levai-me
Até a quem vós cantais...
Na vossa música dai-me
Melhor dor que a dos meus ais...

Vinde buscar-me ao desejo,
Despi-me da ilusão...
Vosso murmúrio não vejo...
Não ouço a vossa canção...

Mas na cor oca do luar,
No lago alado da brisa,
Há vozes indo a cantar
Pela floresta indecisa...

E em serenata levantam
Os seus suspiros ao céu,
Qual é a mágoa que contam
Que é melhor que o gozo meu?

O que é [que] buscam que querê-lo
Vale mais que em nós ter?
Que olhos tem, que cabelo,
Essa invisível mulher?

Não há maneira de eu ir
Da humanidade p'ra onde
E entre essa mágoa sorrir
Amor mais que este de aqui?[1]

---

1   O autor encarou um verso variante, bastante frouxo, para rimar com o segundo: «Onde o luar se esconde».

Ah, ensinai-me o unguento
O óleo das bruxas loucas
Com que atingir o lamento
De estar vos ouvindo agora...[1]

Olho, e só vejo o luar.
Escuto, e nem ouço a brisa.
Quem é que está a cantar?
Quem, que a minha alma precisa?...

9-3-1917

224

Súbita mão de algum fantasma oculto
Entre as dobras da noite e do meu sono
Sacode-me e eu acordo, e no abandono
Da noite não enxergo gesto ou vulto.

Mas um terror antigo, que insepulto
Trago no coração, como de um trono
Desce e se afirma meu senhor e dono
Sem ordem, sem meneio e sem insulto.

E eu sinto a minha vida de repente
Presa por uma corda de Inconsciente
A qualquer mão nocturna que me guia.

Sinto que sou ninguém salvo uma sombra
De um vulto que não vejo e que me assombra,
E em nada existo como a treva fria.

14-3-1917

---

1   O autor previu um quarto verso variante «Preso nas vossas *bocas*», para rimar com «loucas». A palavra «bocas» está dubitada.

225

Passam as nuvens, murmura o vento
Passam as nuvens, vão devagar.
Demoro em mim o meu pensamento
E só encontro não encontrar...

Passam as nuvens, os ventos vão,
Levam as nuvens a um vago além,
Mas nunca a dor em meu coração
Ou a ânsia vaga de que provém.

Passam as nuvens, não têm destino
Salvo passar, não ficar aqui...
Assim meu ser tivesse um divino
Nenhum-destino, não ser de si.

Passam as nuvens, eu fico e tenho
Por meu destino pior, ficar...
Sem saber donde, nuvem, provenho
Ou qual o vento que me há-de levar...[1]

30-4-1917

---

1   Estrofe dubitada.

226

Nuvem

As nuvens passam pelo céu,
As nuvens passam, lentamente.
Minha alma perde o vago véu
Que a faz descrente.
Vê as cousas directamente.

Não importa que vida tenho.
Não sei de ser.
Vago, informe, □ desenho,
Oculto ter
No alado azul que desempenho.

Porque, de sentir, me aproximo
Do ar e do céu;
Retomo o véu
E do exterior em mim me animo
E o espaço imenso faço meu

Sem intervalo
Entre mim e o exterior,
Sou, porque calo.
Cismo e resvalo
Para uma sombra do meu torpor.

Minha incorpórea semelhança
Com languescer,
Vem ter comigo, e a hora dança
Só porque comigo vem ter.[1]

Fecho as portas a mal sorrir.
Sentindo o céu por dentro fora.
Venho ver as nuvens fugir
Como se ver fosse sentir.
Cala! Minha alma dorme a hora.

28-5-1917

---

1   Os dois últimos versos da estrofe estão dubitados.

227

As horas de que eu tenho pena
São as que nunca viverei.
Astro, estandarte, azul, falena,
Manto de rei,

Miséria do lacónico auge,
Quando a ânsia foi grande e sangue.
Palácio fauce de leão langue.
A cascata de leve estruge

E entre áleas ou coberta a séries
De prantos por interromper,
Diverge a astros o dizeres
Que é certo morrer.

Por isso sonho alado, gala
Da tarde atónita e macia,
O rastro saqueou e opala
Sequência fria.

31-5-1917

228

Para onde vai a minha vida, e quem a leva?
Porque faço eu sempre o que não queria?
Que destino contínuo se passa em mim na treva?
Que parte de mim, que eu desconheço, é que me guia?

O meu destino tem um sentido e tem um jeito,
A minha vida segue uma rota e uma escala,
Mas o consciente de mim é o esboço imperfeito
Daquilo que faço e que sou; não me iguala.

Não me compreendo nem no que, compreendendo, faço.
Não atinjo o fim ao que faço pensando num fim.
É diferente do que é o prazer ou a dor que abraço.
Passo, mas comigo não passa um eu que há em mim.

Quem sou, senhor, na tua treva e no teu fumo?
Além da minha alma, que outra alma há na minha?

Porque me destes o sentimento de um rumo,
Se o rumo que busco não busco, se em mim nada caminha

Senão com um uso não meu dos meus passos, senão
Com um destino escondido de mim nos meus actos?
Para que sou consciente se a consciência é uma ilusão?
Que sou eu entre quê e os factos?

Fechai-me os olhos, toldai-me a vista da alma!
Ó ilusões! se eu nada sei de mim e da vida,
Ao menos goze esse nada, sem fé, mas com calma,
Ao menos durma viver, como uma praia esquecida...

5-6-1917

229

Teus braços dormem no teu colo,
Quebras o busto para a frente.
Teu perfil é de desconsolo,
Mas a minha alma é que é doente.

Talvez tu penses, fugitiva,
Nalguma esp'rança que te faz
Não triste, mas só pensativa,
Porque o sonho não satisfaz.

Eu, porém, para quem tudo é
A minha sombra sobre o mundo,
Ponho teu corpo, como o vê
Meu olhar, no meu ser profundo,

E interpreto para ânsia e erro
A tua simples posição,
Só para que haja mais desterro
No meu perdido coração,

Só para que entre o mole ondear
Do cortejo dos meus afectos,
Os sonhos sejam incompletos
E o cortejo sempre a acabar.

Não importa. O teu vulto cisma,
Ou, se não cisma, cismo-o eu.
Deixa que a hora passe, e abisma
Meu sonho nesse gesto teu.

5-6-1917

230

Canção triste

O Sol, que dá nas ruas, não dá
    No meu carinho.
A felicidade quando virá?
    Por que caminho?

Horas e horas por fim são meses
    De ansiado bem.
Eu penso em ti indecisas vezes,
    E tu ninguém!

Não tenho barco para a outra margem,
    Nem sei do rio
Ah! E envelheceu já tua imagem
    E *sinto*[1] frio.

Não me resigno, não me decido,
    Choro querer...
Sempre eu! Ó sorte, dá-me o olvido
    De pertencer!

Enterrei hoje outra vez meu sonho
    Amanhã virá
Tornar-me triste por ser risonho,
    E não ser já.

Inútil brisa roçando leve
    Já morta flor,
Saudando a um bem que não[2] se teve
    Vácuo sem dor,

Triste se é triste, e de o ser não finda
    Quando é conforto
Como a mãe louca que *embala*[3] ainda
    Um[4] filho morto.

22-6-1917

---

1   Variante sobreposta: «tenho».
2   Variante subposta: «nunca».
3   Variante subposta: «embalando».
4   Variante sobreposta: «O».

231

Levai-me para longe em sonho,
    Ó som do mar,
Um vago mal-estar risonho
    Me venha alhear
Da consciência do momento
    Que, definida,
Paira em meu vago pensamento...
    O sonho é a vida.

7-7-1917

232

Traze, a hora pesa, os perfumes d'um Oriente
Que seduza entre a contemplação das pedras caras.
Delas, halo, se veste inútil o presente,
E triunfal oculta o assombro, e as cousas raras.

Tu, soberba, a distância foge, nas searas
São os felizes, nasce o império e é insubsistente.
Inquieta o incêndio, sangra da hora, as claras
Visões da noite, onde a árvore e a nascente?[1]

Molesta ser, sobra, ignóbil paradeiro
Da consciência despida das miragens
Com que na infância gozou ser o albor primeiro

Do que não persistiu, silfo, perdido gesto
Fechar cansado do livro supérfluo de imagens,
Aborrecimento ante o incitamento e o doesto.

16-7-1917

---

1   Na mesma página, o poeta repete o soneto, alterando substancialmente as duas primeiras quadras. As quadras rejeitadas são: «Traze, a hora pesa, os perfumes do Oriente / E tudo quanto lembra as pedras caras / Com que se veste o inútil presente. / Que não distem de mim as coisas raras. // Tu, soberba, a distância foge, as claras / Visões da noite param, e inclemente / Um tédio espreita o assomo entre as searas / Do próprio vento incerto e insubsistente.».

233

Nomen et praeterea nihil

Mina-me a alma com suavidade,
Com uma incerta angústia meu ser come
Uma vaga, indecisa saudade
Só de um nome.

Onde o ouvi? Qual era? Não o sei.
O seu efeito em mim apenas vive
E a ideia de que ouvindo-o é que criei
A dor que em mim revive.

Rainha o teve? ou que princesa morta?
Ou fada incerta o usou para fadar?
Quem ele foi agora não me importa.
Sem ele não sei já sonhar.

Ao pé dele – não sei se em quem o tinha,
Se nele só, ouvindo-o e nada mais –
Sinto a felicidade viver minha.
Sílabas irreais,

Murmúrio vago, arfar de incerta sugestão,
Tirai da flor do ramo, só para ouvir
O segredo, o mistério ou a canção,
Que faz a dor sorrir,

Indefinida incompreensão falada
Da vida por passar, como a que foi!...
Nome sem fim! Não me sejas nada!
Sem ti a vida dói...

Sem a esperança oculta no teu vago
E amortecido brilho sou apenas,
O cansaço de mim, certo e aziago,
Morta flor nada sendo à flor do lago.[1]

30-7-1917

---

1   Estrofe dubitada.

234

Penugem

Uma leve (veludo me envolve), vaga,
     Vazia brisa
Como uma impressão imprecisa se propaga
     Pela minh'alma imprecisa.

Pendem, oscilando, do caule da Hora – a rosa
     Rara raiou –
As flores que outrora perfumaram a luminosa
     Vida que *já*[1] passou.

E tudo porque uma brisa, como quem brinca, brinda
     Ao meu hesitar
O insulto inútil da sua veludínea e linda
     Voz de variar;

Porque sob o azul do sul um bafo, ou *um*[2] afago
     Que sugere, ou contém,
A ideia de vida feliz ou de morte tranquila, vago
     Afago vem.

E eu dispo de mim as intenções e as memórias
     Na abstracta fragrância,
E a Hora é apenas o terem-me contado estórias
     Na minha infância.

13-8-1917
(num carro subindo a Av. Almirante Reis).

---

1   Palavra opcional.
2   Palavra opcional.

235

Meu pensamento, dito, já não é
     Meu pensamento.
Flor morta, boia no meu sonho, até
     Que a leve o vento,

Que a desvie a corrente, a externa sorte.
     Se falo, sinto
Que a palavras esculpo a minha morte,
     Que com toda a alma minto.

Assim, quanto mais digo, mais me engano,
     Mais faço eu
Um novo ser postiço, que engalano
     De ser o meu.

Ah, já pensando escuto, a voz reside
     No interno fim.[1]
Meu próprio diálogo interior divide
     Meu ser de mim.

Mas é quando dou forma e voz do espaço
     Ao que medito
Que abro entre mim e mim, quebrando um laço,
     Um abismo infinito.

Ah, quem dera a perfeita concordância
     De mim comigo,
O silêncio interior sem a distância
     Entre mim e o que eu digo!

[Agosto de 1917]

---

1   Optei pela última variante, dactilografada, no verso da folha, por ter acrescentado o último verso, ausente do corpo do poema.

236

ABDICAÇÃO

I

Sombra fugaz, vulto da apetecida
Imagem de um ansiado e incerto bem,
Aereamente e aladamente vem
E um pouco abranda em mim o horror da vida.

O esforço inútil, a penosa lida,
De que, salvo sofrer, nada provém,
O receio, a incerteza e o desdém
Mitiga e sara, como a quem olvida.

Irreal embora, o teu momento é teu.
Nesse minuto, em que deveras prendes
Toda a alma, e és o seu sol e o seu céu,

És toda a vida, e o resto é a sombra e o trilho.
Esplende em verdade, ó sombra, enquanto esplendes,
E eu morra para mim nesse teu brilho.[1]

II

A minha vida é um barco abandonado,
Infiel, no ermo porto, ao seu destino.
Porque não ergue ferro e segue o atino
De navegar, casado com seu fado?

Ah, falta quem o lance ao mar, e alado
Torne seu vulto em velas; peregrino
Frescor de afastamento, no divino
Amplexo da manhã, puro e salgado.

---

1 Variante subposta, entre parênteses: «[E eu] nada seja salvo ter [teu brilho.]».

Morto corpo da acção, sem a vontade
Que o viva, vulto estéril *de*[1] viver,
Boiando à tona inútil da saudade –

Os limos esverdeiam tua quilha,
O vento embala-te sem te mover,
E é para além do mar a ansiada Ilha.

III

Entre o abater rasgado dos pendões
E o cessar dos clarins na tarde alheia,
A derrota ficou: como uma cheia
Do mal cobriu os vagos batalhões.

Foi em vão que o Rei louco os seus varões
Trouxe ao prolixo prélio, sem *a*[2] ideia.
Água que mão infiel verteu na areia –
Tudo morreu, sem rasto e sem razões.

A noite cobre o campo, que o Destino
Com a morte tornou abandonado.
Cessou, com cessar tudo, o desatino.

Só no luar que nasce os pendões rotos
Estrelam[3] no absurdo campo desolado
Uma derrota heráldica de ignotos.

IV

São vãs, como o meu sonho e a minha vida,
As imagens que busco, *dor-recreio*,[4]
Para o meu ócio de cansaço cheio,
Para o meu ser deposto e fé perdida.

Nada vale. Renova a despedida
Todos os dias renovada, ó anseio

---

1 Variante a seguir, entre parênteses: «do».
2 Artigo opcional.
3 Variante a seguir, entre parênteses: «Mostram».
4 Variante a seguir, entre parênteses: «alvar receio».

Que nem em ti sabes querer, baqueio
Surdo e ignóbil da púrpura e da lida.

Réu confesso da tua impenitente
Indecisão, de inútil reprovada,
E, reprovada, vil por persistente,

Aceita o nada a que te o Fado obriga,
E abdica, qual rainha destronada
Que foi mendiga, e torna a ser mendiga.

V

Toma-me, ó noite eterna, nos teus braços
E chama-me teu filho. Eu sou um Rei
Que voluntariamente abandonei
O meu trono de sonhos e cansaços.

Minha espada, pesada a braços lassos,
Em mãos viris e calmas entreguei,
E meu ceptro e coroa – eu os deixei
Na antecâmara, feitos em pedaços.

Minha cota de malha, tão inútil;
Minhas esporas, de um tinir tão fútil,
Deixei-as pela fria escadaria.

Despi a realeza, corpo e alma,
E regressei à Noite antiga e calma
Como a paisagem ao morrer do dia.

VI

Forma inútil, que surges vagarosa
Do meu caminho, e aumentas minha dor:
Tua postiça luz não tem calor,
Teu vulto esfolha-se, como uma rosa.

Porque tão falsamente piedosa
Na hora mais negra do meu amargor
Vens com teu brilho errar o meu torpor
Que mais valia que esta espr'ança ansiosa?

Por que a mão irreal para mim estendes
Se não me guiarás, nem me conheces?
Se nada podes dar, para que esplendes?

Ah, deixa ao menos imitar o sono
Meu ser, *morto*[1] na estrada onde tu desces,
Sozinho ao menos com seu abandono!

VII

Com a expressão a dor menos se apaga
E a dor maior se anima, como o vento
Apaga o lume frágil de um momento,
E a grande chama sacudindo *afaga*.[2]

Toda a esperança morta, a ânsia vaga,
A mágoa certa do meu pensamento,
Com exprimir-se, mais conhece o aumento,
Porque é consciente e com mais □

Mas não dizer a dor é ter só dor.
Dizê-la é aceitá-la, e aceitá-la
É por presente tê-la, a ter maior.

□

18-9-1917

---

1   Palavra dubitada.
2   Variante na margem, entre parênteses: «propaga».

237

Sossego enfim. Meu coração deserto
Nada espera da inútil caravana.
Pouco a pouco meu espírito se irmana
Com ter perdido o próprio saber incerto.

É sempre além de mim o indescoberto
Porto ao luar com que se o sonho engana.
De imperceptível o sonho, plana
Para a vida a este desacerto.

Estagno a lagos de algas por achar,
Sinto vogar o barco das amadas.
A noite despe não haver o luar

E como um filtro de horas encantadas
Tremem os rios, gelam as estradas
No absurdo vácuo de eu não ter que amar.

3-12-1917

238

EPISÓDIOS – A Múmia

I

Andei léguas de sombra
Dentro em meu pensamento.
Floresceu às avessas
Meu ócio com sem-nexo,
E apagaram-se as lâmpadas
Na alcova cambaleante.

Tudo prestes se volve
Um deserto macio
Visto pelo meu tacto

Dos veludos da alcova,
Não pela minha vista.

Há um oásis no Incerto
E, como uma suspeita
De luz por não-há-frinchas,
Passa uma caravana.

Esquece-me de súbito
Como é o espaço, e o tempo
Em vez de horizontal
É vertical.

    A alcova
Desce não sei por onde
Até não me encontrar.
Ascende um leve fumo
Das minhas sensações.
Deixo de me incluir
Dentro de mim. Não há
Cá-dentro nem lá-fora.

E o deserto está agora
Virado para baixo.

A noção de mover-me
Esqueceu-se do meu nome.

Na alma meu corpo pesa-me.
Sinto-me um reposteiro
Pendurado na sala
Onde jaz alguém morto.

Qualquer cousa caiu
E tiniu no infinito.

Na sombra Cleópatra jaz morta
Chove.

Embandeiraram o barco de maneira errada.
Chove sempre.

Para que olhas tu a cidade longínqua?
Tua alma é a cidade longínqua.
Chove friamente.

E quanto à mãe que embala ao colo um filho morto –
Todos nós embalamos ao colo um filho morto.
Chove, chove.

O sorriso triste que sobra a teus lábios cansados,
Vejo-o no gesto com que os teus dedos não deixam os teus anéis.
Porque é que chove?

De quem é o olhar
Que espreita por meus olhos?
Quando penso que vejo,
Quem continua vendo
Enquanto estou pensando?
Por que caminhos seguem,
Não os meus tristes passos,
Mas a realidade
De eu ter passos comigo?

Às vezes, na penumbra
Do meu quarto, quando eu
Para mim próprio mesmo
Em alma mal existo,
Toma um outro sentido
Em mim o Universo –
É uma nódoa esbatida
De eu ser consciente sobre
Minha ideia das cousas.

Se acenderem as velas
E não houver apenas
A vaga luz de fora –
Não sei que candeeiro
Aceso onde na rua –
Terei foscos desejos
De nunca haver mais nada
No Universo e na Vida

De que o obscuro momento
Que é minha vida agora:

Um momento afluente
Dum rio sempre a ir
Esquecer-se de ser,
Espaço misterioso
Entre espaços desertos
Cujo sentido é nulo
E sem ser nada a nada.

E assim a hora passa
Metafisicamente.

IV

As minhas ansiedades caem
Por uma escada abaixo.
Os meus desejos balouçam-se
Em meio de um jardim vertical.

Na Múmia a posição é absolutamente exacta.

Música longínqua,
Música excessivamente longínqua;
Para que a Vida passe
E colher esqueça aos gestos.

V

Porque abrem as cousas alas para eu passar?
Tenho medo de passar entre elas, tão paradas conscientes.
Tenho medo de as deixar atrás de mim a tirarem a Máscara.
Mas há sempre cousas atrás de mim.
Sinto a sua ausência de olhos fitar-me, e estremeço.

Sem se mexerem, as paredes vibram-me sentido.
Falam comigo sem voz de dizerem-me as cadeiras.
Os desenhos do pano da mesa têm vida, cada um é um abismo.
Luze a sorrir com visíveis lábios invisíveis
A porta abrindo-se conscientemente
Sem que a mão seja mais que o caminho para abrir-se.

De onde é que estão olhando para mim?
Que cousas incapazes de olhar estão olhando para mim?
Quem espreita de tudo?

As arestas fitam-me.
Sorriem realmente as paredes lisas.

Sensação de ser só a minha espinha.

As espadas.

Portugal Futurista, nº1, Nov. 1917

239

FICÇÕES DO INTERLÚDIO

I Plenilúnio

As horas pela alameda
Arrastam vestes de seda,

Vestes de seda sonhada
Pela alameda alongada

Sob o azular do luar...
E ouve-se no ar a expirar –

A expirar mas nunca expira –
Uma flauta que delira,

Que é mais a ideia de ouvi-la
Que ouvi-la quasi tranquila

Pelo ar a ondear e a ir...

Silêncio a tremeluzir...

II Saudade dada

Em horas inda louras, lindas
Clorindas e Belindas, brandas,
Brincam no tempo das berlindas,
As vindas vendo das varandas.
De onde ouvem vir a rir as vindas
Fitam a frio as frias bandas.

Mas em torno à tarde se entorna
A atordoar o ar que arde
Que a eterna tarde já não torna!
E em tom de atoarda todo o alarde
Do adornado ardor transtorna
No ar de torpor da tarda tarde.

E há nevoentos desencantos
Dos encantos dos pensamentos
Nos santos lentos dos recantos
Dos bentos cantos dos conventos...
Prantos de intentos, lentos, tantos
Que encantam os atentos ventos.

III Pierrot bêbado

Nas ruas da feira,
Da feira deserta,
Só a lua cheia
Branqueia e clareia
As ruas da feira
Na noite entreaberta.

Só a lua alva
Branqueia e clareia
A paisagem calva
De abandono e alva
Alegria alheia.

Bêbada branqueia
Como pela areia
Nas ruas da feira,

Da feira deserta,
Na noite já cheia
De sombra entreaberta.

A lua baqueia
Nas ruas da feira
Deserta e incerta...

IV Minuete invisível

Elas são vaporosas,
Pálidas sombras, as rosas
Nadas da hora lunar...

Vêm, aéreas, dançar
Como perfumes soltos
Entre os canteiros e os buxos...
Chora no som dos repuxos
O ritmo que há nos seus vultos...

Passam e agitam a brisa...
Pálida, à pompa indecisa
Da sua flébil demora
Paira em auréola à hora...

Passam nos ritmos da sombra...
Ora é uma folha que tomba,
Ora uma brisa que treme
Sua leveza solene...

E assim vão indo, delindo
Seu perfil único e lindo,
Seu vulto feito de todas,
Nas alamedas, em rodas
No jardim lívido e frio...

Passam sozinhas, a fio,
Como um fumo indo, a rarear,
Pelo ar longínquo e vazio,
Sob o, disperso pelo ar,
Pálido pálio lunar...

V Hiemal

Baladas de uma outra terra, aliadas
Às saudades das fadas, amadas por gnomos idos,
Retinem lívidas ainda aos ouvidos
Dos luares das altas noites aladas...
Pelos canais barcas erradas
Segredam-se rumos descridos...

E tresloucadas ou casadas com o som das baladas,
As fadas são belas, e as estrelas
São delas... Ei-las alheadas...

E são fumos os rumos das barcas sonhadas,
Nos canais fatais iguais de erradas,
As barcas parcas das fadas,
Das fadas aladas e hiemais
E caladas...

Toadas afastadas, irreais, de baladas...
Ais...

Portugal Futurista, nº1, Nov. 1917

240

Alastor, espírito da solidão,
Perseguiu, passo a passo, meus vãos passos,
Castigando, com vãos e vis cansaços,
O meu cansaço variado e vão.
Não busquei realidade ou ilusão,
Só *a sempre buscar*[1] abri os braços,
Por isso pesa nos meus membros lassos
Do Averno extremo a extrema *confusão*.[2]
Longe das próprias sombras desterradas,
Erro excluso nas últimas estradas
Do Averno, sombra extinta em vagos níveis

Do abismo incerto, *pois busquei na vida*[3]
Não o buscado, mas buscar,[4]
Por ter amado as cousas impossíveis.

11-1-1918

241

Ama, canta-me. Eu nada quero
    Do mundo *lá fora*[5] ouvir.
Sofro e, se penso, desespero.
    Eu quero dormir.

Um sono em que a alma se esqueça,
    Vazio embalar
Que o som do teu canto por fim desfaleça
    E eu durma sem sonhar.

Como malmequeres, para em minha sorte,
    Os meus sonhos desfolhei.
Tenho medo da vida, tenho medo à morte.
    Nunca tive o que amei.

---

1   Variante sobreposta: «para o próprio incerto».
2   Variante a seguir, entre parênteses: «escuridão».
3   Variante, na margem: «pálido e pequeno».
4   Variante, na margem, para o verso: «Meu destino erradio agora peno,».
5   Expressão opcional.

Que a tua canção seja um nada, um afago,
    Como o som longe do mar.
Eu quero dormir, Ama, as dores que trago
    Só assim podem acabar.

Criança que vê os outros brincando
    Sem brinquedos, e sem companhia...
Canta-me, ama, vá-me o sono levando
    Como uma melodia...

Nocturna esperança feneceu no outono,
    Sussurro, secaram as águas...
Canta, e que o teu canto entre no meu sono
    Como um ai sem mágoas.

10-3-1918

242

Eu sou o disfarçado, a máscara insuspeita.
Entre *o trivial e o vil*[1] minha alma insatisfeita
Indescoberta passa, e para eles tem
Um outro aspecto, porque, vendo-a, não a vêem.
Porque adopto seu gesto, afim que não me estranhe
Julga o vil que sou vil, e, porque não me entranhe
No meandro interior por onde é vil quem é
Julga-me o inábil na vileza que me vê.
Assim postiço igual dos inferiores meus,
Passo, príncipe oculto, alheio aos próprios véus,
Porque os véus que me impõe a urgência de viver,
São outro modo, e outra □, e outro ser:
Porque não tenho a veste e a púrpura visível
Como régio meu ser não é aceite ou crível;
Mas como qualquer em meu gesto se trai
Da grandeza nativa que irreprimível sai
Um momento de si e assoma ao meu ser falso,
Isso, porque desmancha a inferioridade a que me alço,
Em vez de grande, surge aos outros inferior.
E aí no que me cerca o desconhecedor

---

1   Variante sobreposta: «os triviais e vis».

Que me sente diferente e não me pode ver
Superior, julga-me abaixo do seu ser.
Mas eu guardo secreto e indiferente o vulto
Do meu régio futuro, o meu destino oculto
Aos olhos do Presente, o Futuro o escreveu
No Destino Essencial que fez meu ser ser eu.

Por isso indiferente entre os triviais e os vis
Passo, guardado em mim. Os olhares subtis
Apenas decompõem em postiças verdades
O que de mim se vê nas exterioridades.
Os que mais me conhecem ignoram-me de todo.

13-3-1918

243

L'inconnue

Não: toda a palavra é a mais. Sossega!
Deixa, da tua voz, só o silêncio anterior!
Como um mar vago a uma praia deserta, chega
     Ao meu coração a dor.

Que dor? Não sei. Quem sabe saber o que sente?
Nem um gesto. Sobreviva apenas ao que tem que morrer
O luar, e a hora, e o vago perfume indolente
     E as palavras por dizer.

12-6-1918

244

Em não sei que país ou que viagem
Por não sei que olhar rápido casual
Branca descortino entre a folhagem[1]
Uma casa longínqua que faz mal,
      Uma casa entre as árvores.

Mora ali toda a vida que eu não tenho,
O sossego que busco a caminhar,
E caminhando nunca a achá-lo venho,
E, parando, não tenho, *que parar...*[2]
      Mas a casa entre as árvores?

Caminho para lá? Qual, se ela é vista
Não para lá se entrar, e ao longe só.
De aqui da estrada meu olhar se atrista
Mas ela só existe quando dista
Só é para mim *quando*[3] para lá não vou –
      Essa casa entre as árvores.

Tu, espírito gentil que nela moras
Sabes sem dúvida que cura tem
O peso de sentir a alma e as horas,
E se há dores ou sonhos que tu choras
São de outro bem p'ra além do nosso bem –
      Tu, na casa entre as árvores.

Mas sejam quais os sonhos que tu *teces*[4]
Só tu não buscas, □ bem o sei.
Vistas de aí são várzeas mais □[5]
De mim mesmo só o longe me conheces
Quando da estrada, e sem parar, amei
      Tua casa entre as árvores.

No eterno caminho[6] a alma é inconstante
Porque procura e sabe que é em vão.

---

1   Variante sobreposta: «No acaso descubro de passagem». Por aparente engano, o autor escreveu, na linha corrida, «de», sobrepondo-lhe «a».
2   Variante sobreposta: «pois detenho», a que se seguiria outro verso, incompleto: «Meus passos, e □».
3   Variante sobreposta: «se».
4   Na linha corrida, «sonhas», com a variante, «teces». Optei pela variante por causa da rima.
5   O autor cortou a palavra «risonhas», que inicialmente rimava com o final do primeiro verso: «tu sonhas».
6   Variante sobreposta: «Na eterna estrada».

A nossa casa? *Nunca foi*[1] bastante!
Só a casa entre as árvores distante...
Mas que *país*[2], ou vida, ou emoção
        É a casa entre as árvores?

15-9-1918

245

Por cima das revoltas, das cobiças,
Da incerteza da vida e do escarcéu
De inúteis e constantes injustiças,
O mesmo sol doura no mesmo céu.

Imperturbavelmente, enquanto as gentes
Da terra turvam sua própria vida,
Resultam os arbustos das sementes
Numa continuidade indefinida.

Ah, lição que, a podermos aprendê-la
Mais do que com a mente, com o instinto!,
Atravessara, qual longínqua vela
O mar do nosso anseio ermo e indistinto.

Sejamos calmos como a Natureza,
Um pouco indiferentes e fugazes,
Órfãos já da ilusão e da surpresa,
Viúvos do sonho das humanas pazes,

E, abandonando o rio das paixões,
Salvos enfim, na margem concedamos
Aos Deuses sacrifício, e às ilusões
O esquecimento que ao passado damos.

Lembrar! Esperar! Ter fé e confiança!
É sempre a mesma a inútil ilusão.
As folhas aos meus pés em branda dança
Falam do vento e as vagas sombras vão

---

1   Variante sobreposta: «Que é só».
2   Variante sobreposta: «mulher».

Alongando-se pela terra fora,
Cúmplices exteriores deste vago
Anseio porque a vida nunca fora
Que morre em mim com o tremer de um lago.

21-12-1918

246

O sol às casas, como a montes,
Vagamente doura.
Na cidade sem horizontes
Uma tristeza loura

Com a sombra da tarde desce
E um pouco dói
Porque quanto é tarde
Tudo quanto foi.

Nesta hora mais que em outra choro
O que perdi.
Em cinza e ouro o rememoro
E nunca o vi.

Felicidade por nascer,
Mágoa a acabar,
Ânsia de só aquilo ser
Que há-de ficar –

Sussurro sem que se ouça, palma
Da isenção.
Ó tarde, fica noite, e alma
Tenha perdão.

25-12-1918

247

No ouro sem fim da tarde morta,
Na poeira de ouro sem lugar
Da tarde que me passa à porta
Para não parar,

No silêncio dourado ainda
Dos arvoredos verde-fim,
Recordo. Eras antiga e linda
E estás em mim...

Tua memória há sem que houvesses,
Teu *gesto*,[1] sem que fosses alguém.
Como uma brisa me estremeces
E eu choro um bem...

Perdi-te. Não te tive. A hora
É suave para a minha dor.
Deixa meu ser que rememora
Sentir o amor,

Ainda que amar seja um receio,
Uma lembrança falsa e vã,
E a noite deste vago anseio
Não tenha manhã.

[25-12-1918]

248

O rio, sem que eu queira, continua.
Espelha-se, fora de eu ser eu, a lua
Nas águas do meu ser independentes...
Meus pensamentos, sóbrios ou doentes
Nunca saem p'ra fora do meu ser.
No barco ao pé da margem, ao mover
O remador os remos, fica tudo...

---

1   Variante sobreposta: «ar».

A noite é clara, o coração é mudo
E a palavra que eu vou dizer, e fora,
A ser dita, a noção na alma da hora,
Passa, como um murmúrio vão do vento...
E eu, só na noite com meu pensamento
Não me distingo do que me rodeia...
E nisto é só real a lua cheia...

30-1-1919

249

Ah, viver em cenário e ficção!
Ser só de panos de fundo o Real!
E sentir passar em Falso cada sensação
Com um acompanhamento musical!

Longe da plebe que tem horas e braços
E desejo de cousas que é possível possuir,
No reino do palco absoluto, sem laços
Com ter casa na vida, e razão para existir!

Nem realidade para além dos bastidores
Nem realidade real em quem vê,
Mas só real o cenário e os actores
Reais como *actores*,[1] não como a gente que cada um é.

Porque a vida passa, não se compreende e é plebe...
A razão de ser das cousas não explica nada...
Paraíso de ver como quem sonha! Ó alma, *recebe*[2]
O baptismo[3] do Eterno Cenário da flauta encantada!

7-3-1919

---

1   Variante sobreposta: «máscaras».
2   Variante sobreposta: «te embebe».
3   Variante subposta: «Na hipnose».

250

Na estalagem a meio caminho
Entre o sonho e a vida
Cheguei sozinho,
Sem esperança ou carinho
Sem viagem necessária ou estrada percorrida.

Nunca ali passei
E nunca de ali saí.
Ali, em mim, como rei,
Podia reinar, bem sei;
Mas o esforço é uma sombra, e *não*[1] existe *em si*.[2]

Não morei onde estive,
Não vivo onde estou.
Sonho como quem vive
Na estalagem do declive
De mim p'ra mim, de quem *não sou*[3] p'ra quem sou.

6-4-1919

251

Um, dois, três...
Na sombra treinam a passagem...
Fadas? elfos?
Resvés
Da sombra e da margem...

Um, dois, três...
E são uma maravilha
Só em mim esses passos e brilha
Mais cada flor...

6-4-1919

---

1   Variante subposta: «nem».
2   Variante subposta: «ali».
3   Variante subposta: «quero ser».

252

Todo o passado me parece incrível.
Quem é a mim quem foi o que eu já fui?
Rio inconstante, sob meus olhos flui
Minha vida real e impossível.

Através de uma névoa eis-me insensível
Ao que vivi; e que já não se *inclue*[1]
No que creio que sou, e sinto; e obstrue
Ver-me ver quem fui eu e hoje é invisível.

Cismo no que já fiz e me parece
Que incluo quem o fez mas não o sou.
Através da minha alma transparece

O que por mim viveu e se passou...
E um assombro de certo estremece
Um morto ser por mim ressuscitou.

13-7-1919

253

À noite

O silêncio é teu gémeo no Infinito.
Quem te conhece, sabe não buscar.
Morte visível, vens dessedentar
O vago mundo, o mundo estreito e aflito.

Se os teus abismos constelados fito,
Não sei quem sou ou qual o fim a dar
A tanta dor, a tanta ânsia par
Do sonho, e a tanto incerto em que medito.

Que vislumbre escondido de melhores
Dias ou horas no teu campo cabe?
Véu nupcial do fim de fins e dores.

---

1   «Inclue», que rima no verso seguinte com a forma gramatical incorrecta «obstrue», que por isso mantive.

Nem sei a angústia que vens consolar-me.
Deixa que eu durma, deixa que eu acabe
E que a luz nunca venha despertar-me!

14-9-1919

254

No alto da tua sombra, a prumo sobre
A inconstância irreal de vida e dias,
Achei-me só e vi que as agonias
Da vida, o tédio as finda e a morte as cobre.

Ali, no alto de ser, sentir é nobre,
Despido de ilusões e de ironias.
Não sinto as mãos unidas, que estão frias,
Não sei de mim, o que fui era pobre.

Mas mesmo nessa altura de mistério
E abismo de ascensão, não encontrei
Paragem, conclusão ou refrigério.

Deixei atrás o acaso de viver,
O ser sempre outrem, a escondida lei,
Caos de existirmos, névoa de o saber.

14-9-1919

255

INSCRIÇÕES

1

Vasta é a terra inda mais vasto o céu.
O dia, a treva o despe e o sol o veste.
Escolhe, e o que escolheres será teu,
Mas não lamentes o que não escolheste.

2

De uma villa romana entre ciprestes
A vida ao longe viu, como a uma estrada.
Seu *buscado*[1] destino não foi nada.
Vós, deuses, destes; sabeis porque destes.

3

A águia do alto desce para erguer-se.
Leva a presa, deixa o medo. Ai,
O sonho desce só para perder-se...
Águia morta, que desce porque cai.

4

A noite chega com o luar no rasto.
A lua fria sobrevive à noite.
Meu coração não tem onde se acoite.
Lua *fria*[2] no dia em que me arrasto.

---

1   Palavra dubitada.
2   Variante subposta: «morta».

[5]

Meu coração, pudesse a *terra*[1] sê-lo
E eu ter a lua por tristeza minha.
Mas a vida é dos outros, é mesquinha
A cousa obtida, □

[6]

Páginas mortas com perfume vago –
Antologia grega... A treva desce
Sobre o mundo, viver é aziago
E o que foi a alma com a sombra esquece.

[7]

Navio que te afastas do meu vulto,
Partes para onde eu cismo, e não vou.
O Destino te livre do insulto
De seres quem eu sou sem ser quem sou.

1-10-1919

---

1   Variante subposta: «noite».

256

Sonitus[1]
Desilientes aquae

No ar frio da noite calma
Boia à vontade a minh' alma,
Quasi sem querer viver
Sente os momentos correr,
Como uma folha no rio,
Sente contra si o frio
Das horas fluidas levando
Seu inerte corpo brando.

Mais do que isto? Para quê?
Tudo quanto o olhar vê
A mão toca, o ouvido escuta,
A consciência perscruta,
É inútil que se escutasse,
Que se *visse*[2] ou se pensasse.

Entre as margens com arbustos
Luzes na noite dos sustos,
Sob o luar repousado,
Ao correr vago e amparado
Do rio deixado e livre
A alma passa, a *alma*[3] vive.

Ninguém. Só eu e o segredo
Do luar e do arvoredo
Que das margens *causa*[4] medo.

Nada. Só a hora inútil
Só o sacrifício fútil
De desejar sem querer
E sem razão esquecer.

Prolixa memória, toda.

---

1   Palavra dubitada.
2   Variante subposta: «sentisse».
3   Variante sobreposta: «hora».
4   Palavra dubitada.

Rio indo como uma roda,
Noite como um lago mudo,
E a incerteza de tudo.

Recosto-me, e a lua dorme.
Cerca-me o que a noite enorme
Atribui à minha mágoa,
Como em um murmúrio de água.

Ninguém; a noite e o luar.
Nada; nem saber pensar.
Raie o dia, ou morra eu,
Volte no oriente do céu
O sol ou não volte mais,
São sempre os tédios iguais
E os barcos, calmos a medo,
Com o rio entre o arvoredo,
De nocturno cemitério,
Ou fluido, vago mistério.

O mal é haver consciência.[1]

8-10-1919

257

Mãe, quero ir ao passado, onde estive buscar
    Os brinquedos que lá deixei,
Não digas que a noite está fria, que faz mal o ar,
    Mal não me farei.
Quero ir à procura do irmão meu que perdi
    E sou eu afinal,
Mas aquele que brincava comigo como nunca vi
    P'ra loucura igual.
Quero ir, minha mãe, ao passado – só dois passos
    Para fora da porta
Buscar o boneco, e o persa infantil, e os □

---

1   Verso dubitado com duas variantes: subposta, «A dor é de haver [consciência]»; na margem, «Tristeza de ter [consciência]!».

Mãe, não me guardes os carros, é luar, vejo bem.
      Quero ir ver se inda está
O carro pequeno onde o deixei, se ninguém
      O tirou de lá.
Quero ir trazê-lo debaixo do braço, a correr,
      Quero ir ter ao jardim,
Mesmo que eu nunca volte, mãe, e isso seja morrer
      Deixa-me ir lá ao fim.
Quem compreende o que eu sinto? O carro e o boneco
      Eram meus, estão ali.
Não queiras que eu não vá. Vê se os □ ou os perco.

Mãe, é tão triste dormir a pensar e a ter pena!
      Mãe, não to sei dizer...
Deixa que eu vá, deixa que eu volte à criança pequena!
      E possa esquecer.[1]

8-10-1919

258

Qualquer caminho leva a toda a parte.
Qualquer ponto é o centro do infinito.
E por isso, qualquer que seja a arte
De ir ou ficar, do nosso corpo ou esp'rito,
Tudo é estático e morto. Só a ilusão
Tem passado e futuro, e nela erramos.
Não há estrada senão na sensação
É só *através*[2] de nós que caminhamos.

Tenhamos p'ra nós mesmos a verdade
De aceitar a ilusão como real
Sem dar *crédito à sua*[3] realidade.
E, eternos viajantes, sem ideal
Salvo nunca parar, dentro de nós,
Consigamos a viagem sempre nada,
Outros eternamente, e sempre sós;
Nossa própria viagem é viajante e estrada.

---

1   Verso dubitado.
2   Variante sobreposta: «dentro».
3   Variante sobreposta: «fé mesmo a uma».

Que importa que a verdade da nossa alma
Seja ainda mentira, e nada seja
A sensação, e essa certeza calma
De nada haver, em nós ou fora, seja
Inutilmente a nossa *consciência?*[1]
Faça-se a absurda viagem sem razão.
Porque a única verdade é a consciência
E a consciência é ainda uma ilusão.

E se há nisto um segredo e uma verdade
Os deuses ou destinos que a demonstrem
Do outro lado da realidade,
Ou nunca a mostrem, se nada há que mostrem.
O caminho é de âmbito maior
Que a aparência *visível do*[2] que está fora,
Excede de *todos nós*[3] o exterior
Não pára como as cousas, nem tem hora.

Ciência? Consciência? Pó que a estrada deixa
E é a própria estrada, sem a estrada ser.
É absurda a oração, é absurda a queixa.
Resignar-*se*[4] é tão falso como ter.[5]
Coexistir? Com quem, se estamos sós?
Quem sabe? Sabe o que é ou quem são?
Quantos cabemos dentro *de*[6] nós?
Ir é ser. Não parar é ter razão.[7]

11-10-1919

---

1   Variantes: sobreposta, «insubsistência»; na margem, «inconsistência».
2   Variante sobreposta: «visual que».
3   Variante sobreposta: «toda a alma».
4   O «-se» é opcional.
5   O autor escreveu primeiro «reagir», a rimar com o final do segundo verso, riscado.
6   Variante sobreposta: «em».
7   Variantes: subposta a «ser», «estar»; na margem, para o verso: «O nada? Não ser nada [é ter razão].», «Ser é não ser.
    Partir [Variante, «sentir»] é ter razão».

259

Sobrinhos de Caim ou Abel
O mal nos fica
O bem nos impele.

Pais[1] de Abel ou Caim
Ao bem dizemos que não
Ao mal dizemos que sim.

Netos de Eva e de Adão,
Ter que trabalhar
Para ter o pão.[2]

Netos de Adão e Eva
Deus deu amor
E o amor nos leva.

11-10-1919

260

Vendaval

Ó vento do norte, tão fundo e tão frio,
Não achas, soprando por tanta soidão,
Deserto, penhasco, coval mais vazio
Que o meu coração!

Inóspita[3] praia, que a raiva do oceano
Faz louco lugar, caverna sem fim,
Não são tão deixados do alegre e do humano
Como a alma que há em mim!

Mas dura planície, praia atra em fereza,
Só têm a tristeza que a *gente*[4] lhes vê;

---

1   Variante sobreposta: «Sobrinhos».
2   Variante na margem: «Quanto trabalho / Para haver um pão!».
3   Variante sobreposta: «Indómita».
4   Variante sobreposta: «alma».

E nisto que em mim é vácuo e tristeza
É o visto o que vê.

Ah, mágoa de ter consciência da vida!
Tu, vento do norte, teimoso, iracundo,
Que rasgas os robles – teu pulso divida
Minh'alma do mundo!

Ah, se, como levas as folhas e a areia,
A alma que tenho pudesses levar –
Fosse pr'onde fosse, p'ra longe da ideia
De eu ter que pensar!

Abismo da noite, da chuva, do vento,
Mar torvo do Caos que parece volver –
Porque é que não entras no meu pensamento
Para ele morrer?

Horror de ser sempre com vida a consciência!
Horror de sentir a alma sempre a pensar!
Arranca-me, ó vento; do chão da existência,
De ser um lugar!

E, pela alta noite que fazes mais escura,
Pelo caos furioso que crias no mundo,
Dissolve em areia esta minha amargura,
Meu tédio profundo,

E contra as vidraças dos que há que têm lares,
Telhados daqueles que têm razão,
Atira, já pária desfeito dos ares,
O meu coração!

Meu coração triste, meu coração ermo,
Tornado a substância dispersa e negada
Do vento sem forma, da noite sem termo,
Do abismo e do nada!

12-10-1919

261

A noite é escura, e a cidade alheia
Arfa em torno de mim sem me ser nada.
Erro, e o que sou não tem nenhuma ideia;
Nem penso; sigo por nenhuma estrada.
Outrora fui... mas já não sei de mim
Qualquer cousa com fulcro e vida antiga.
Na sombra do meu ser, estrada sem fim,
Passa minha vontade, uma mendiga.

Não tenho consciência ou intenção,
Não sou quem sou tanto que o gesto o *diga*.[1]

24-10-1919

262

Cai do firmamento
Um frio lunar.
Um vento nevoento
Vem de ver o mar.

Quasi maresia,
A hora interroga,
E uma angústia fria
Indistinta voga.

Não sei o que chora
Em mim o que penso.
Não é minha a hora
E o tédio é imenso.

Que é feito da vida
Dos outros, em mim?
A brisa é diluída
E a mágoa sem fim.

---

1   Variante sobreposta: «fale».

Seja a hora serena
E pálida, ou não,
Mas Deus tenha pena
Do meu coração![1]

26-10-1919

263

Inês

Sentados sós lado a lado,
Com a névoa dos montes ao fundo
Do fundo do céu azulado.

(Na hora das rosas a morte)

Eu o que dizia era
Igual ao que eu não dizia,
Princípio da primavera.

(Na hora das rosas a morte)

Os nossos pés lado a lado,
Quietos na erva, curvando-a,
Na erva de qualquer prado.

(Na hora das rosas a morte)

Sobre nós a sombra dos ramos,
Nossas costas no tronco largo,
Lado a lado, (e se unidos estamos)[2]

(Na hora das rosas a morte)

Braço esquerdo, braço direito
Tocando de leve um no outro
Lado a lado, ali, sem defeito.

---

1 No final do poema, a indicação «finished», talvez por haver uma anterior versão, de 1917, que o autor fixa a seguir, isoladamente, mas que me parece demasiado incipiente para constituir um poema independente, como tem sido considerado por vários editores: «Não tenho sentido, / Alma ou *direcção* (variante, ao lado: "intenção")/ Estou no meu olvido. / Dorme, coração!».
2 Verso dubitado.

(Na hora das rosas a morte)

Sem olharmos um para onde
Estava o outro, mas lado a lado
Ao fundo do fundo o monte.

(Na hora das rosas a morte)

O que a alma me respondia
Do lado de mim, existente;
Era o mesmo que eu dizia.

(Na hora das rosas a morte)

Jardim do princípio da vida?
Ninguém... Lado a lado olhando
(*Nada connosco*)[1] a descida.

(Na hora das rosas a morte)

Depois era a estrada deserta
E vedando-a de nós o muro
Lá em baixo, a descida finda[2]

(Na hora das rosas a morte)

Depois, para além da estrada
Subia outra vez... Lado a lado
Víamos, sem ver nada.

(Na hora das rosas a morte)

Depois era o monte pequeno,
Depois montes e mais montes,
O último o mais sereno

(Na hora das rosas a morte)

No monte do fim se via
A névoa no alto do monte.
Um sol frio aquecia.

(Na hora das rosas a morte)

E a copa da árvore descida

---

1   Variante sobreposta: «São nossos pés».
2   Estrofe dubitada.

Só pouco do céu azul
Deixava ao olhar e à vida

(Na hora das rosas a morte)

Não sei como foi, ou o que era
Dos montes, da sombra, da erva,
Princípio da primavera...

(Na hora das rosas a morte)

26-10-1919

264

Pousa um momento,
Um só momento em mim,
Não só o olhar, *também*[1] o pensamento.
Que a vida tenha fim
Nesse momento!

No olhar a alma também
Olhando-me, e eu a ver
Tudo quanto de ti teu olhar tem
A ver até esquecer
Que tu és tu também...

Só tua alma! nunca tu.
Só o teu pensamento
E eu nada, alma sem eu. Tudo o que sou
Ficou com o momento,
E o momento *acabou.*[2]

12-12-1919

---

1   Variante sobreposta: «nele».
2   Variantes subpostas: «cessou, estacou, parou».

MEU CORAÇÃO FEITO PALHAÇO

265

Onde é que a maldade mora?
Poucos sabem onde é.
Há maneira de o saber?
É em quem quando diz que chora
Leva a rir e a responder
Indo em crueldade até
A gente a não entender.

[25-11-1919]

266

A *antiga*[1] canção,
Amor, renova agora.
Na noite, olhos fechados, tua voz
Dói-me no coração
Por tudo quanto chora.
Cantas ao pé de mim, e eu estou a sós.

Não, a voz não é tua
Que se ergue e acorda em mim
Murmúrios de saudade e de inconstância,
O luar não vem da lua
Mas do meu ser afim
Ao mito, à mágoa, à ausência e à distância.

Não, não é teu o canto
Que como um astro ao fundo
Da noite imensa do meu coração
Chama em vão, chama tanto...
Quem sou não sei... e o mundo?...
Renova, amor, *a lembrada*[2] canção.

Cantas mais que por ti,
Tua voz é uma ponte

---

1   Variante sobreposta: «lembrada».
2   Variante subposta: «antiga e vã».

Por onde passa, inúmero, um segredo
Que nunca recebi –
Murmúrio do horizonte,
Água na noite, morte que vem cedo.

Assim, cantas sem que existas.
Ao fim do luar pressinto
Melhores sonhos que estes da ilusão.

[1-1-1920]

267

O [phelia][1]

I

Não creio ainda no que sinto –
Teus beijos, meu amor, que são
A aurora ao fundo do recinto
Do meu sentido coração...

Não creio ainda nessa boca
Que, por tua alma em beijos dada,
Na minha boca *estaca*[2] e toca
E ali □ fica parada.

Não creio ainda. Poderia
Acaso a mim acontecer
Tu, e teus beijos, e a alegria?
Tudo isto é, e não pode ser.

---

1   Pessoa escreveu apenas «O.», evidente abreviatura de Ophelia.
2   Variante sobreposta: «pára».

II

Tudo o que sinto se concentra
Em te sentir
A boca, o amor, o beijo que entra
E sai a rir.

Tudo o que penso se define
Em sentir preso
Teu lábio contra os meus □[1]

9-2-1920

268

O amor que eu tenho não me deixa estar
Pronto, quieto, firme num lugar
Há sempre um pensamento que me enleva
E um desejo comigo que me leva
Longe de mim, a quem eu amo e quero.
Inda de noite, quando durmo, espero
A manhã em que torne a vê-la e amá-la.

Mau sonho aquele que me não embala
E me inquieta, só com não poder
Um momento pensar sem nela ser.

Bebo por taças de ouro o seu sorriso.
Ela é pequena, mas não é preciso
Bem maior em tamanho, quando o bem
É maior que □

[9-2-1920]

---

1   Na primeira publicação deste poema (PPC, II, p. 57), omiti a parte II, por ser ainda um rascunho incipiente e incompleto. Apresento-o agora, apesar de o poema não ter ultrapassado essa fase.

269

Porque o olhar de quem não merece
O meu amor para outro olhou,
Uma dor fria me enfurece,
Decido odiar quem me insultou.

Vil dor, vil causa e vil remédio!
Quanto melhor não fora achar-se
No antigo sem-amor, com tédio,
Mas sem dor de que envergonhar-se!

Ainda assim nem no fundo
Da taça desta dor que é vil
Há um vago □
Um vago □ subtil...

Por isso talvez valha mais
Dar por não vis a causa e a dor
E ir buscar o amor □
Como se o sonho fosse o amor.

15-2-1920

270

Meu amor já me não quer,
Já me esquece e me desama.
Tão pouco tempo a mulher
Leva a provar que não ama![1]

24-2-1920

---

[1]   Esta quadra está escrita no que parece ser um bilhetinho para Ofélia.

271

Meu coração caiu no chão.
Pode-o pisar
Quem *ali*[1] passar.

Minha alma está feita em pedaços.
Pode-os varrer
Quem quiser.

É feita sombra a minha vida.
Pode-a ignorar
Quem pouco olhar.

É Morte quem eu fui e estive.
Pode-o esquecer
Quem não pude ser.

25-2-1920

272

Mataram à machadada
A criança a brincar.
No meu coração não há nada.
Só a sensação magoada
De isso em mim se passar.

Deram à criança brinquedos
Para lhos tirar.
Em mim há frio e medos,
A criança é nos meus segredos
Da alma que *morreu amar.*[2]

25-2-1920

---

1   Variante a seguir, entre parênteses: «aqui».
2   Expressão dubitada.

273

Revive ainda um momento
Na esperança que perdi,
Flor do meu pensamento,
Hálito do que morri...

Inútil, irreal sorriso
Na penumbra de pensar...
Eu da vida que preciso?
O sonho com que a negar.

Vago luar de promessa,
Resto de sombra a morrer
Na antemanhã que começa
Ah, ter-te, e nunca viver.

26-2-1920

274

Fiquei doido, fiquei tonto...
Meus beijos foram sem conto,
Apertei-a contra mim,
Aconcheguei-a em meus braços,
Embriaguei-me de abraços...
Fiquei tonto e foi assim...

Sua boca sabe a flores,
Bonequinha, meus amores,
Minha boneca que tem
Bracinhos para enlaçar-me,
E tantos beijos p'ra dar-me
Quantos eu lhe dou também.

Ah que tontura e que fogo!
Se estou perto dela, é logo
Uma pressa em meu olhar,
Uma música em minha alma,
Perdida de toda a calma,
E eu sem a querer achar.

Dá-me beijos, dá-me tantos
Que, enleado nos teus encantos,
Preso nos abraços teus,
Eu não sinta a própria vida,
Nem minha alma, ave perdida
No azul-amor dos teus céus.

Não descanso, não projecto
Nada certo, sempre inquieto
Quando te não beijo, amor,
Por te beijar, e se beijo
Por não me encher o desejo
Nem o meu beijo melhor.[1]

[Inícios de 1920]

275

Os meus pombinhos voaram.
Eles p'ra alguém voariam.
Eu só sei que mos tiraram.
Não sei a quem os dariam.

Meus pombinhos, meus pombinhos,
Que já não têm os seus ninhos
Ao pé de mim.
São assim os meus carinhos –
Matam-nos todos assim...

[Inícios de 1920]

---

1   Preferi, excepcionalmente, as variantes dos dois últimos versos: «Por não chegar o desejo / Até a um beijo superior.».

276

O meu amor é pequeno,
Pequenino não o acho.
Uma pulga deu-lhe um coice,
Deitou-o da cama abaixo.

[Inícios de 1920]

277

Quando passo o dia inteiro
Sem ver o meu amorzinho,
Corre um frio de Janeiro
No Junho do meu carinho.

[Inícios de 1920]

278

Eu tenho um bebé
Que é
Quanto ao tamanho
Assim: •
Quanto ao amor que lhe tenho

esta linha dá a volta ao mundo
Ai de mim!

[Inícios de 1920]

279

Bombom é um doce
Eu ouvi dizer
Não que isso fosse
Bom de saber
O doce enfim
Não é para mim...

[Inícios de 1920]

280

Meu coração, feito palhaço,
Já caiu do trapézio ao chão...
Riu dele quem o fez palhaço
E que o fez dar o trambolhão...
Também, quem mandou ser palhaço
Meu pobre e triste coração?...

Meu coração, boneco feio,
Foi parar a quem o partiu...
Também, se era um boneco feio,
E se bem via quem o viu,
Como não o achariam feio?
Quem o partiu bem o serviu...

Meu coração, roda quebrada
Do carro de cartão do amor,
Está para ali, no meio da estrada...
Que coisa tola p'ra ali pôr!
Mas p'ra que é uma roda quebrada?...
E o meu coração é melhor?...

1-3-1920

281

Despedida

Sem beijo
Nem abraço,
O desejo
Cansaço.
Eis o ensejo.
Passo

De mim
Que ficou
No
Que passou.
É o fim.
Sepultura.[1] Acabou...

Nada. A vida
Sem nada.
Uma lida
Apagada,
Descida
P'ra a estrada.

Esta
Sem ninguém
Resta
Além.
Que resta?
Quem vem?

Nada fica
Da hora
Improfícua
Agora...

8-7-1920

---

1   Palavra dubitada.

282

Eu no tempo não choro que me leve
A juventude, o já encanecer
A cabeça que pouco ainda esteve
Sob o sol alto e a tarde a arrefecer.

Nem choro que não me ames, que faleça
O amor que vi em ti, que também haja
Uma tarde do amar, que desfaleça
E a noite fique, □

Mais que tudo choro já não te amar,
Sim, choro a tragédia de não ser o mesmo na alma,
De te ser infiel sem infidelidade,
De me ter esquecido de ti sem propriamente te aborrecer.

Não é o tempo ido em que te amei que choro.
Choro não te amar já por isso ser natural.
Choro ter-te esquecido, choro não me poder lembrar
Com saudade do tempo em que te amei.

Isso é que choro, sim, com as verdadeiras lágrimas
Que contêm em si os piores mistérios –
A morte essencial das cousas,
O acabar das almas, mais grave que o dos corpos,
O abismo onde a única esperança é poder haver Deus
E um outro sentido desconhecido a tudo que se teve e se foi
Um outro lado, nem côncavo nem convexo à curva da vida.

29-9-1920

MEUS DIAS
DIA POR DIA

283

Longe de mim em mim existo
À parte de quem sou,
A sombra e o movimento em que consisto.

[1-1-1920]

284

Pudesse eu como o luar
Sem consciência encher
A noite e as almas e inundar
A vida de não-pertencer!

[1-1-1920]

285

Outros terão
Um lar, quem saiba, amor, paz, um amigo.
A inteira, negra e fria solidão
Está comigo.

A outros talvez
Há alguma cousa quente, igual, afim
No mundo real. Não chega nunca a vez
A^1 mim.

«Que importa?»
Digo, mas só Deus sabe que o não creio.
Nem um casual mendigo à minha porta
Sentar se veio.

«Quem tem de ser?»
Não sofre menos quem o reconhece.

---

1   Variante sobreposta: «Para».

Sofre quem finge desprezar sofrer
Pois não esquece.

Isto até quando?
Só tenho por consolação
Que os olhos se me vão acostumando[1]
À escuridão...

13-1-1920

286

MADRUGADAS

III

Com um esplendor de cores e de ruído
      Contra a minha atenção
Estruge a aurora, e em cada um meu sentido
      Me põe confusão.

Esplende, estrangeira radiosa do espaço,
      Flor do outro jardim!
Bola multicolor atirada ao regaço
      Do que não há em mim!

Esplende! Extravaza em outros e tumulto
      E fervor da subida!
Esgar ao meu coração, anónimo insulto
      De Deus e da Vida!

15-1-1920

---

1   Preferi, excepcionalmente, as variantes na margem direita aos segundo e terceiro versos, dubitados: «Não sei. Peno, de frio, o coração. / Meus olhos já se vão acostumando».

287

Ah, a angústia, a raiva vil, o desespero
De não poder confessar
Num tom de grito, num último grito austero
Meu coração a sangrar!

Falo, e as palavras que digo são um som.
Sofro, e sou eu.
Ah, arrancar à música o segredo do tom
Do grito seu!

Ah, fúria de a dor nem ter sorte em gritar,
De o grito não ter
Alcance maior que o silêncio, que volta, do ar
Na noite sem ser!

15-1-1920

288

Poema incompleto

A dor, que me tortura sem que eu tenha
Caminho ou alma para lhe fugir,
Parece que, ao tocar-me, me desdenha,
E só me toca p'ra o fazer sentir.

Um nojo, não de mim por minha dor,
Mas como que de minha dor por mim,
Jaz no fundo soez do meu rancor
Contra a dor sem razão que não tem fim.

E, neste círculo de dor e mágoa,
Não me encontro senão p'ra me odiar,
Como o viandante à noite ouve um som de água
Apenas para dele se afastar.

19-1-1920

289

LUAR[1]

[I]

Toda a entrada de estrada *copada*[2] ao luar
Vai ter a Sonhar.
Mas é preciso chegar só a entrar, e a fruir;
Nunca prosseguir.

Porque é só a entrada da estrada que leva
Ao sonho que enleva.
A própria estrada só leva a acabada,
A não haver estrada.

II

Passo depressa
Por onde
A água luz começa...
Passei.
Ter passado me esconde
O que mal avistei.

Mas na alma me resta
Um vago
Sorrir tardio, *aresta*[3]
De sonhar
Luz de não sei que barco, pequeno, lago
Sob que luar.

---

1   Variante: «Limitação».
2   Variante sobreposta: «curva».
3   Variante sobreposta: «fresta».

III

Um riso na noite,
Riso de rapariga...
E a alma que não tem onde se acoite
Viu até à liga
A vida, o sorriso, a esperança...
Um riso na noite, mais nada...
Um riso que, por si, é criança,
Perna descalçada...

Um riso sem ninguém
Na noite onde o luar
Anda à procura de alguém
Sem o querer achar.

Um riso, colóquio, entrevista,
O olhar com que o houve
Toca-me no ombro com dedos
Que passam revista
Ao desejo... Assim aprouve
À grande noite sem medos...

Só um riso universal
De uma só boca
Invisível, essencial –
Um riso que me toca
Na cara, e ao meu ouvido
Que segredo perdido?

IV

Deixa-os falar...
Da árvore pende
O balouço ao luar
Que ninguém pretende...

Deixa-os dizer...
Da alma alagada
Do luar vem ver
A alma sem nada...

Deixa-os sorrir.
Se desejo, assim,
Sem te ver, sentir
Que sorris p'ra mim.

V

No parque para além do muro
Que nesta noite é incerto e escuro
    Erro, mas sem o conhecer,
    Nem onde erro ver.

Que importa? Estou onde me sinto,
Quem sou comigo apenas minto,
    No parque além
    Do muro há alguém.

Abandonado? Há muito ali
Já ninguém vai?... O que eu vivi,
    Vivi; o mais... É certo
    Haver parque deserto
    Estando *a alma*[1] perto?[2]

3-2-1920

290

Dói-me a alma como um dedo. Nem
Sobra da dor com que chorar.
Tem com a vida por vil por quem
O vil mais vil pode enganar.

Orgulho? Serve p'ra que o riso
Dos outros possa ter efeito.
Esgar de mim, sou o preciso
P'ra que vaguear me tenho feito.

---

1   Variante sobreposta: «o sonho».
2   Todo o poema V está dubitado.

Quanto me dói que não doera
Se eu fosse como quem sou!
À margem, falsa primavera
Que o inverno póstumo gelou![1]

No silêncio onde escuto a vida
Só um riso chega ao meu ouvido.
Não queiras, alma adormecida!
Não ames, coração perdido!

10-2-1920

291

No limiar que não é meu
Sento-me e deixo o irreflectido olhar
Encher-se, sem eu ver, de campo e céu.
Se é tarde ou cedo, deixo de notar.
Nada me diz de si qualquer cousa que eu
Possa gozar.

Pelos campos sem fim
Sinto correr, porque na face o sinto,
Um vago vento, estranho todo a mim.
Não sei se penso, ou em que dor consinto
Que seja minha ou desespero sem ter fim,
Ou se minto.

Na inútil hora
Eu, mais inútil que ela, sem sentir
Fito com um olhar que já nem chora
A Dor ou desdém, dolo ou infiel sorrir,
O absurdo céu onde nenhuma cousa mora
Para eu fruir.

Apenas, vaga,
Não uma esp'rança, mas uma saudade
Do tempo em que a esperança, como vaga,
Dava na praia da minha ansiedade,
Me toma e um surdo marulhar meu ser alaga
De vacuidade.

---

1   Estrofe dubitada.

Sim, só um pranto
Já nem choro, tornado um impreciso
Sombrio véu em torno ao desencanto
Da minha vida sem razão nem riso
Me turva o olhar um pouco, e o campo um tanto
Torna impreciso.

Mas acordo, e com vão
Olhar ainda, mas já diferente,
Por estar ausente dele o coração,
E eu outra vez nem mesmo descontente,
Fito o céu calmo, o campo, a alegre solidão
Inconsciente.

Nada, só o dia –
Se é tarde ou cedo continuo a errar –
Alheio a mim, a tudo dá a alegria
De não ter coração com que agitar
O corpo. E quando vier a noite, tudo esfria
Mas sem chorar.

Isto, e eu comigo
Posto no eterno aquém das cousas calmas
Que a vida externa mostra ao céu amigo –
Campos ao sol, vivas flores almas.
Isto só, e não ter o coração abrigo
Nem sol as almas!

16-2-1920

292

Os deuses dão a quem sofre
Só mais dor.
Guardam a esp'rança num cofre,
Dão ao cofre valor,

E depois levam-no p'ra fora
Da vista e da mão,
P'ra que chore a alma, que chora,
Chorar sempre em vão.

16-2-1920

293

Redemoinho, redemoinho
De ao pé do moinho,
Água andando à roda, e dando
Um vago e brando
Marulho de regresso ou mágoa.
Nessa enrolada
Absurda água,
Quero pôr o meu coração,
Para que o veja
Levado à roda inutilmente,
Levado sem para onde ir...
Assim seu sentimento vão
Tem o que seja
Sua expressão;
Assim a minha vida insciente
Terá o sentido de existir.

16-2-1920

294

Nas cidades incertas
Do fundo do mar,
Há janelas abertas
Para ver passar
Vagas sombras no mar.

Há terraços que dão
Para vagas regiões
Onde as ondas estão
Acima e há milhões
De sombras e visões.

Mas nunca às janelas,
Mas nunca ao terraço
Seus olhos de estrelas
A rainha traz, no espaço
Do terraço.

28-2-1920

295

Cansado até dos deuses que não são...
Ideais, sonhos... Como o sol é real
E na objectiva cousa universal
    Não *está*[1] o meu coração...
    Eu ergo a mão,
Olho-a de mim, e o que ela é não sou eu.
Entre mim e o que sou há a[2] escuridão.
Mas o que são a isto a terra e o céu?

Houvesse ao menos, visto que a verdade
É falsa, qualquer cousa verdadeira
    De outra maneira
Que a impossível certeza ou realidade.

Houvesse ao menos, sob o sol do mundo,
Qualquer postiça realidade não
    O eterno abismo sem fundo,
Crível talvez, mas tendo coração.

Mas não há nada, salvo tudo sem mim.

Crível por fora da razão, mas sem
Que a razão acordasse e visse bem;
Real com coração, inda que □
□

10-7-1920

296

Os deuses são felizes.
Vivem a vida calma das raízes.
Seus desejos o Fado não oprime,
Ou, oprimindo, redime
Com a vida imortal
Não há sombras ou outros que os contristem.
E, além *disso*,[3] não existem...[4]

10-7-1920

---

1   Variante subposta, entre parênteses: «há».
2   Artigo opcional.
3   Variante, entre parênteses: «disto».
4   Este poema passa a limpo, dactilografando-a, uma primeira versão com título «Epigrama»: «Os deuses são felizes / Vivem a vida calma das raízes / São como elas tudo e causa – / Não há nada que lhes seja ilusão / E não há dores que os contristam... / E, além disso, não existem.».

297

Água corrente,
Frescura a fugir –
A uma alma doente,
Tornas inconsciente,
Fá-la sorrir.

Eu te vejo e ouço
Cantando correr,
E um momento posso
Esquecer o esforço
E o esforço de o ter.

E em minha alma vaga
Frescura também
Me envolve, me alaga,
E, se me embriaga,
É num *fresco*[1] bem.

Por isso, no olvido
Excepto da água estou
E de um só sentido,
Da vista e do ouvido
Que me furta a quem sou.

Murmúrio da fonte,
Canto da água vão –
Coração insonte
Não tem horizonte...
Dorme, coração!

8-8-1920

298

Se o teu *castelo*[2] chega até ao céu,
Até aos deuses chega o meu.

---

1   Variante sobreposta: «vago».
2   Variante sobreposta: «palácio».

Porque a contemplação, sem erguer menos,
Os *castelos*[1] pequenos
À condição humana rente ao chão,
Ascende à compreensão
E um só momento basta para erguer
Sem que lho possam abater,
A divina estrutura de chegar
Aos deuses, só por os achar.[2]

8-8-1920

299

Ah, a antiga canção,
Amor, renova agora...
Na noite, ao luar, na solidão,
Mais do que durar o teu canto chora.

Chora por mim, não sei que dor
Alheia e minha, e que eu tenho e esqueço.
Só por tu assim cantares te chamo amor,
Nunca te vi; não te conheço.

És só uma voz, casual, talvez
Que apenas canta enquanto és nada.
Voz nada já na viuvez
De teu ser nulo, donde é alada.

Não haverá em nós
Uma dor que não conhecemos
Que, quando estamos sós,
Para por sobre os remos.

E a viagem da vida corre sobre o sono
Do remador alheio...
Ah, a antiga canção, e o abandono
Que, de ouvi-la em mim leio.

Cantas; não sei quem és, nem do canto

---

1   Variante subposta: «palácios».
2   Os dois últimos versos estão dubitados.

Sei mais *do que o meu*[1] coração.
Quanto tu choras passa no quebranto
Da noite, os luares da solidão.

E à janela da casa alta do monte
Uma luz aparece
Isto é em minha alma, sombra e horizonte –
E a vida esquece.[2]

10-8-1920

300

Cai chuva. É noite. Uma pequena brisa
  Substitui o calor.
P'ra ser feliz tanta cousa é precisa.
  Este[3] luzir é melhor.

O que é a vida? O espaço é alguém para mim.
  Sonhando sou eu só.
A luzir, como quem não tem fim
  E, sem querer, tem dó.

Extensa, leve, inútil passageira,
  Ao roçar por mim traz
A sombra da ilusão,[4] em cuja esteira
  A minha vida jaz.

Barco indelével pelo espaço da alma,
  Luz da candeia além
Da eterna ausência da ansiada calma,
  Fanal do inútil bem

Que se quer, e, se vier, se desconhece,
  Que, se fosse, seria
O tédio de o haver... E a *luzir esquece*[5]
  Na noite agora fria.

18-9-1920

---

1 Variante sobreposta: «que ter um».
2 Retirei o parênteses, dispensável, antes de «Este», que o autor abriu e não fechou.
3 Variante subposta: «Um».
4 Variante sobreposta: «Uma *ilusão* da sombra [variante subposta: "sonho"]».
5 Variante sobreposta: «chuva cresce».

301

Geração vil, intermitência
Do pensamento e da emoção,
Firme[1] sem fé, certa sem ciência,
Em nada grande, ébria da acção
Que a fé não doura, que o saber
Não faz digna de se querer,

Que sou ele com eles, nada.
Um temeroso do passado
Que vai com eles pela estrada,
Falando um dialecto alheado.
Que há de comum entre eles e
Quem, como eu, sobraria?

Assim, sem fé que vos bastasse
P'ra suprir a ausência de verdade,
Nem ciência que vos consolasse
Por só querer pouco, ou por vaidade
De julgar esse pouco tudo,
Canto o abismo ou luz ou escudo –

Com a alma nada para a fé
E o espírito nado para a ciência,
Sem querer deixar cada uma, que é
Mortal à outra, a consciência
Da vida fina-se *hora a hora*[2]
Luta, incerteza, horror, maresia.

[posterior a 29-9-1920]

---

1   Variantes: sobreposta, «Gente»; subposta, «Audaz».
2   Variante sobreposta: «dia a dia».

Figura 6. Poema escrito a lápis num casual envelope dirigido ao primo
Mário Nogueira de Freitas, com quem trabalhou

302

Quem rouba a minha bolsa, rouba lixo.
E é alguma cousa e não é cousa alguma.
Foi minha, é dele, pode ser de um outro
Mas quem me rouba o meu bom nome, rouba-me
Uma cousa que a ele o não faz rico
E a mim me faz bem pobre.

[2-11-1920]

303

Ah, sempre no curso leve do tempo pesado
A mesma forma de viver!
O mesmo modo inútil de *ser*[1] enganado
Por crer ou por descrer!

Sempre, na fuga ligeira da hora que morre,
A mesma desilusão
Do mesmo olhar lançado do alto da torre
Sobre o plaino vão!

Saudade, esperança – muda o nome, fica
Só à alma vã
Na pobreza de hoje a consciência de ser rica
Ontem ou amanhã.

Sempre, sempre, no lapso indeciso e constante
Do tempo sem fim
O mesmo momento voltando improfícuo e distante
Do que quero em mim!

Sempre, ou no dia ou na noite, sempre – seja
Diverso – o mesmo olhar de desilusão
Lançado do alto da torre da ruína da igreja
Sobre o plaino vão!

1-1-1921

---

1   Variante, a seguir: «'star».

304

Cansa ser, sentir dói, pensar destrui.
Alheio a nós, em nós e fora,
Rui a hora, e tudo nela rui.
Inutilmente a alma o chora.

De que serve? O que é que tem que servir?
Pálido esboço leve
Do sol de Inverno sobre meu leito a sorrir...
Vago sussurro breve

Das pequenas vozes com que a manhã acorda,
Da fútil promessa do dia,
Morta ao nascer, na esperança longínqua e absurda
Em que a alma se fia.

1-1-1921

305

Não sei que dor quebranta
O meu coração doente,
Que um pouco dói, e encanta
Um pouco, e mal se sente.

Não sei se é como a leve
Dor de mortal ferida,
Que subtil gume obteve
Em rápida investida;

Ou se é apenas tanto
Quanto o pouco que dói,
Se por conter encanto
É que menos dor foi...

Não sei, nem me conheço.
Sentindo-a, esqueço a vida,
E porque a vida esqueço
Menos a alma é dorida.

Não sei... Frémito leve
De asa da maldição,
Que ou para, ou pousa breve
Sobre o meu coração.

23-1-1921

306

Que é feito do luar de outrora
A[1] que eu sonhava?
O mesmo luar cai agora
No mesmo lugar onde eu estava.
Mas era outro quem o luar encontrava.

10-3-1921

307

Ó curva do horizonte, quem te passa
Passa da vista, não de ser ou estar.
Seta, que o peito inerme me *traspassa*,[2]
Não doas, que morrer é continuar.

Não vejo mais esse a quem quis. A taça
De ouro, não se partiu. Caída ao mar
Sumiu-se, mas no fundo é a mesma graça
Oculta para nós, mas sem mudar.

Ó curva do horizonte, eu me aproximo.
Para quem deixo, um dia cessarei
Da vista do último no último cimo.

Mas para mim o mesmo eterno irei
Na curva, até que o tempo a esfera
....[3]

E aonde estive um dia voltarei.

13-5-1921

---

1   *Sic*
2   *Sic*
3   O poeta encarou, com este ponteado, acrescentar um verso, complemento do anterior, apesar de com isso destruir a estrutura do soneto.

308

Às vezes quando a vida como tarda
E nem a dor tem força p'ra doer,
E a esperança não tem lume com que arda
P'ra fingir aquecer,

E sobre o que é vontade na nossa alma
Cai uma obscura sonolência fria
Que se pareceria com a calma
Se não fosse *a*[1] agonia.

E em tudo quanto foi em nós intuito,
E nos tornou possível não descrer,
Subitamente fecha-se o circuito:
Cessa poder querer –

Então num lago morto que há na alma,
Cercado de rochedos altamente,
A que esperasse a *hora morta e calma*,[2]
E a brisa vaga ausente,

Uma figura surge, que parece
Sereia, ninfa, e essa □ visão
Cai como o efeito na alma de uma prece
Sobre o ermo coração,

E qualquer coisa, que não é esperança,
Que não é sonho, e é mais uma memória
De quando nos contaram em criança
Aquela antiga[3] história,

Embala, e a dor, como uma nuvem, leve
Passa, ou a névoa rasga e há mar ao fundo,
E a nau vai regressar *do país da*[4] neve,
E há luar sobre o mundo.

19/20-5-1921

---

1   Artigo opcional.
2   Variante, na margem: «noite e a hora [calma]».
3   Variante, na margem: «Já *deslembrada* [palavra dubitada]».
4   Variante sobreposta: «de onde há a».

309

Sobre este plinto gravo o inútil verso
Que comemora a inútil emoção.
Se os impérios são pó, não é disperso
Breve esta inútil comemoração.

Por isso, escolho a hora em que contento
A emoção de escrever, e não o fim.
E fica o plinto no meu pensamento.

Soletra, viandante, o verso posto
Como denúncia de um momento nulo
Na pedra: *A morte passa...*
O ave atque vale de Catulo.

20-5-1921

310

Um calor morto e mole move
As árvores com vento lento.
Nada em minh'alma se comove.
Não há nada em meu pensamento.

Se quis, hoje foi outro quem quis.
Se tardei, tardo ainda. O céu
Não tem azul, tem o matiz
D'um cinzento que embranqueceu.

E há só em mim, se me perscruto,
Como que um grande largo só
Numa cidade ruína e luto,
De quem os deuses não têm dó.[1]

15-6-1921

---

1   A última estrofe está dubitada.

311

Antes que a hora fane
Na haste da emoção
E o pensamento profane
Com a vista o coração,

Para um momento, demora
Os olhos no meu olhar,
Caia da flor da hora
Uma pétala de sonhar.

E os nossos olhos já então
Dos[1] outros desprendidos
Sigam-na até ao chão...
No jardim dos sentidos...

25-6-1921

312

Aquela tristeza antiga
Parece-me hoje alegria,
A verdadeira tristeza,
A que nem tem um sorriso
É esta, a quem hoje abriga
Meu coração sem beleza,
Nesse desânimo, que esfria
O pobre esforço impreciso.

Já nem me dera a ventura
De quando fui venturoso;
Bastava-me hoje a amargura
Que foi minha no passado,
O que sofri que ocioso
Acho hoje, p'ra amargurado!

Só um sorriso me resta,

---

1   Variante sobreposta: «Uns de».

Mais triste que não sorrir,
O de lembrar-me que outrora
Sofri como uma criança,
Pela falta de uma festa...
Hoje... Ó noite *que hás-de vir*[1]
Fechar-me os olhos à *esperança*;[2]
Fecha-mos já ao *porvir!*

25-6-1921

313

No fundo do pensamento
    Nos jardins da fantasia
Onde não chega um momento
    Da noite que há, nem do dia,

Passas, figura que sonho,
    Esqueces, *e vais*[3] passando;
E sinto um pouco risonho
    O rosto de mim cismando...

Perde-te em luares e áleas
    Longe da mente que ignoras,[4]
Onde florescem as últimas dálias
    E morrem as últimas horas.[5]

25-6-1921

---

1   Variante sobreposta: «sem aurora». Para esta possibilidade, pôs em causa a rima entre «vir» e «porvir», palavra que finaliza o último verso da estrofe.
2   Palavra dubitada.
3   Variante sobreposta: «sempre».
4   Variante, na margem inferior: «Livre da mente em que moras».
5   Variante subposta, entre parênteses: «Longe das únicas [horas]».

314

A noite é calma, o ar é grave,
Na sombra cai um luar vago...
Subtil, a sem-razão suave
Da vida estagna como um lago
Na sensação, e a alma esquece
Ao fim dos parques da emoção,
Ao som da brisa que estremece
As águas dessa solidão.

Nesta hora, como se entretecendo
De uma meada em mãos com sono
Que vão compondo e desfazendo
Em afagos desse abandono,
Com sensações de mão que as tece
A mão que as tece adorno a alma
E o gesto, com que teço, esquece,
E o fundo da alma não tem calma.

Outrora, ao pé dos balaústres
Vizinhos a se ver o mar
E a noite, sonhos vãos e ilustres
Deram futuro ao meu sonhar.
Hoje, amargo de só ficar-me
Daqueles sonhos tê-los tido
Vivo de inútil recordar-me
Qual se fosse outro o eu vivido.

Outrora fui quem hoje me amo,
E não amava quem eu era.
Sem voz, oculto, por mim chamo.
Choveu na minha primavera.
A noite, sem saber de mim,
Com sua vaga brisa tece
Meadas de destino e fim
Em dedos em que a alma esquece.

Conheço o fundo ao gozo e à dor
Sem ter da dor e gozo havido
Mais que a sombra sem vulto ou cor,
E dos passos o coro e o ruído.

Ó noite, ó luar, ó brisa incerta,
Não me deis mais que eu nada ser.
Só me fique a janela aberta
Da vida, e a sinto sem saber.

18-7-1921

315

Não mais no fundo morto da hora,
Parque, ermo ausente passarei
Ao som de águas que a tarde chora
Nem te verei...

25-7-1921

316

Cresce a planta, floresce.
A flor, abrindo, cresce.
Murcha a flor. E eu, que vejo
Crescer planta e flor, e esse
Murchar também, desejo
Saber qual é a prece,
O suspiro, o ensejo
A dar ao que entrevejo.

5-8-1921

317

Ah, quanta vez, na hora suave
Em que me esqueço,
Vejo passar um voo de ave
E me entristeço!

Porque é ligeiro, leve, certo
No ar de amavio?
Porque vai sob o céu aberto
Sem um desvio?

Porque ter asas simboliza
A liberdade
Que a vida nega e a alma precisa?
Sei que me invade

Um horror *de*[1] me ter que cobre
Como uma cheia
Meu coração, e entorna sobre
Minh' alma alheia

Um desejo, não de ser ave,
Mas de poder
Ter não sei quê do voo suave
Dentro em meu ser.[2]

5-8-1921

---

1   Variante a seguir, entre parênteses: «a».
2   Variante, na margem direita: «Achar aquele voo suave / Ser o meu ser.».

318

Feliz dia para quem é
O igual do dia,
E no exterior azul que vê
Simples confia!

O azul do céu faz pena a quem
Não pode ter
Na alma um azul do céu também
Com que viver.

Ah, e se o verde com que estão
Os montes quedos
Pudesse haver no coração
E em seus segredos!

Mas vejo quem devia estar
Igual do dia
Insciente e sem querer passar.
Ah, a ironia

De só sentir a terra e o céu
Tão belos ser
Quem de si sente que perdeu
A alma pr'a os ter!

5-8-1921

319

Insónia

Insónia. Ouço o gemido
Do ermo vento lá fora.
É o único ruído
Na horrível noite agora.

Só. E em confusa lida
De negrume e tremer

Enchem-me o medo à vida
E o terror *de*[1] morrer.

O[2] mistério onde estou
E *o*[3] que terei que achar
Quando entre, mais que só,
No fatal limiar.

Só posso a um horror
Fugir, o outro encontrando.
Num êxtase de dor
Gélida tremo, e brando,[4]

Em torno ao desespero
Que não tem porta ou estrada,
Em que nada em mim quero
Nem posso *pensar*[5] nada,[6]

O vento faz um ruído
Que me deixa mais só,
Medo exterior ouvido
No ermo ser em que estou.

Ah, ao menos a loucura!
A falsa insciência e infância!
Tudo menos a agrura
Desta consciência e ânsia,

Plaino sem horizonte,
Nem □ nem estrada,
E sem ter para onde
Olhar, sem ver *o*[7] nada.

13-8-1921

---

1   Variante, entre parênteses: «a».
2   Variante sobreposta: «Ao».
3   Variante sobreposta: «ao».
4   Variante, na margem: «Só me cessa um terror / Em o outro começando». A palavra «tremo» está dubitada.
5   Variante a seguir, entre parênteses: «sonhar».
6   Esta estrofe e a seguinte estão dubitadas.
7   Variante subposta: «um».

320

Transeunte

Ouço tocar um piano, e ao fundo
Da música rir. Falto
Ao sonho, olho; é nesse segundo
Andar do prédio alto.

De vozes jovens tanta alegria!
Falsa talvez? Sei-o eu?
Que inveja daquele prazer me esfria!
Vulgar? Mas não é meu.

Ali naquele segundo andar
Talvez sejam felizes.
Passo, e o meu sonho daquele lar
É como um sonho de outros países.

21-8-1921

321

Vento que passas
Nos pinheirais
Quantas desgraças
Lembram teus ais.

Quanta tristeza
Sem o perdão
De chorar, pesa
No coração.

Minh' alma alada
Sinto-te bem,
Vento na estrada
Poeirando além...

Gemes distante
Desfolhas perto...

Repassas errante
Meu pinhal aberto.

E ó vento vago
Das solidões
Traze um afago
Aos corações.

À dor que ignoras
Presta os teus ais,
Vento que choras
Nos pinheirais.

21-8-1921

322

Nos meus desejos existe
Longinquamente um país
Onde ser feliz consiste
Apenas em ser feliz.

Só palavras. Se estou triste
Um pouco o olhar consiste
Em dizê-lo assim, e, ao fundo,
De um mar verde a alma insiste
Em fingir de alma do mundo.

Sob um céu azul a espuma
De um mar verde abre na areia
E as barcas *vão*,[1] uma a uma,
Quando se levanta a bruma
Brincar com a maré cheia.

Isto não é nada, nem
Sentido ou presença tem
No próprio sonho que o sonha
Mas dizendo-o sinto bem
A alma e a esperança risonha.

21-8-1921

---

1   Variante sobreposta: «vêm».

323

A parte do indolente é a abstracta vida.
Quem não emprega o esforço em conseguir,
Mas o deixa ficar, deixa dormir,
O deixa sem futuro e sem guarida.

Que mais haurir pode da morta lida,
Da sentida vaidade de seguir
Um caminho, da inércia de sentir,
Do extinto fogo e da visão perdida,

Senão a calma aquiescência em ter
No sangue entregue, e pelo corpo todo
A consciência de nada qu'rer nem ser,

A intervisão das cousas atingíveis,
E o renunciá-las, como um lindo modo
Das mãos que a palidez torna impassíveis.

30-9-1921

324

Ó curva do horizonte, quem te passa,
Passa da vista, não de ser ou estar.
Não chameis à alma, que da vida esvoaça,
Morta. Dizei: Sumiu-se além no mar.

Ó mar, sê símbolo da vida toda –
Incerto, o mesmo, e mais que o nosso ver!
Finda a viagem da morte e a terra à roda,
Voltem a alma e a nau a aparecer.

11-1-1922

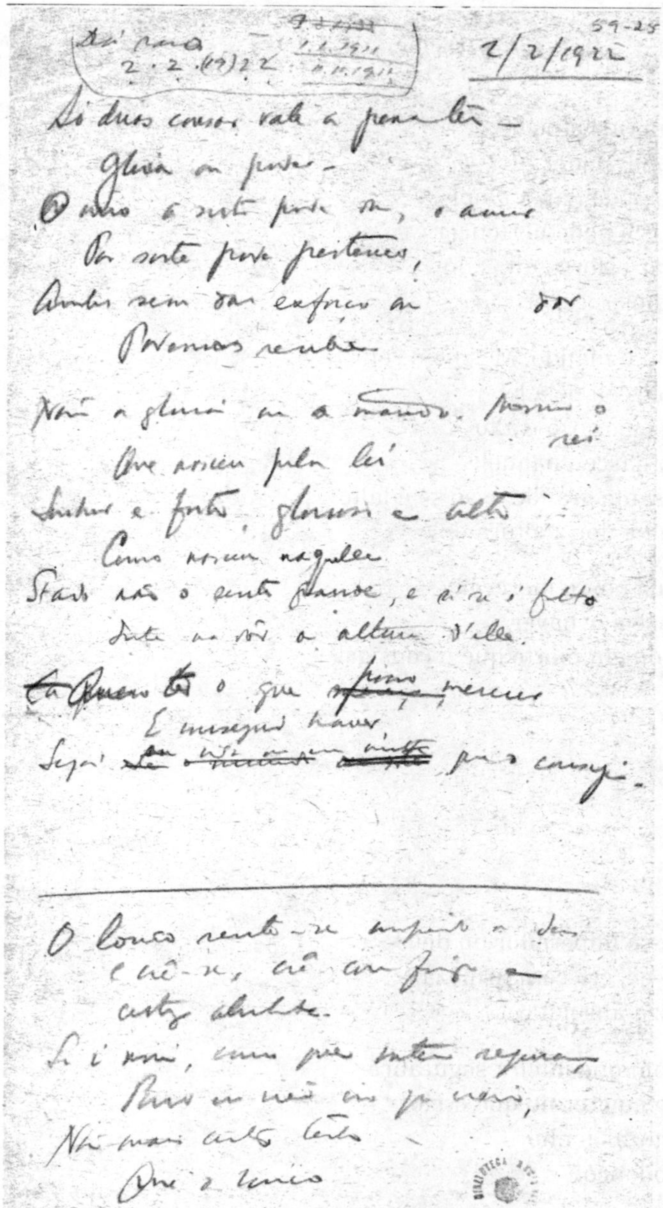

Figura 7. Ao nível da data, Pessoa, para quem os números
tinham um significado oculto, comenta: «Dia Raro 2-2-(19)22»,
remetendo para outras datas com igual simetria de algarismos 1-1-1911 e 11-11-1911

325

Só duas cousas vale a pena ter –
      Glória ou poder –
O ouro a sorte pode dar, o amor
      Por sorte pode pertencer,
Ambos sem dar esforço ou □ dor
      Podemos receber.

Não a glória ou o mando. Mesmo o rei
      Que nasceu pela lei
Senhor e forte, glorioso e alto
      Como nasceu naquele
estado não o sente grande, e só se é falto
      Sente na dor a altura dele.

Quero ter o que posso merecer
      E conseguir haver,
Seja em vida ou em morte que o consiga.[1]

2-2-1922

326

O louco sente-se imperador ou deus
      E crê-se, crê com firmeza e
      Certeza absoluta.

Se é assim, com que inteira segurança
      Posso eu crer no que creio,
Não mais certezas tenho
      Que o louco.[2]

2-2-1922

---

1   Ver fac-símile na página 317.
2   Ver fac-símile na página 317.

327

É uma brisa leve
Que *a hora*[1] um momento teve
E que passa sem ter
Quasi que tido ser.

Quem amo não existe.
Vivo indeciso e triste.
Quem quis ser já me esquece,
Quem sou não me conhece.

E em meio disto o aroma
Que a brisa traz me assoma
Um momento à consciência
Como uma confidência.

.   18-5-1922 (a.m)

328

Não tragas flores, que eu sofro –
Rosas, lírios, a vida...
Ténue e insensível sopro
O céu que se não duvida!

Não tragas flores, nem digas...
Sempre há-de haver cessar...
Deixa tudo acabar...
Cresceram só ortigas.[2]

18-5-1922 (a.m)

---

1   Variante sobreposta: «o ar».
2   Os três últimos versos estão dubitados.

329

Os deuses, não os reis, são os tiranos.
É a lei do Fado a única que oprime.
Pobre criança de maduros anos,
Que pensas que há revolta que redime!
Enquanto pese, e sempre pesará,
Sobre o homem a serva condição
De súbdito do Fado.

27-5-1922

330

Anteros

Adeus, adeus, a esperança sempre tarda
E às vezes, quando vem, é já saudades.

27-5-1922

331

Lá fora a vida estua e tem dinheiro.
Eu, aqui, nulo e afastado, fico
O perpétuo estrangeiro
Que nem de sonhar já sou rico.

Não sou ninguém, o meu trabalho é nada
Neste enorme rolar da vida cheia,
Vivo uma vida que nem é regrada
Nem é destrambelhada e alheia.

E um século depois terá esquecido
Tudo quanto estuou e foi ruído
Nesta hora em que vivo. E os bisnetos

Dos opressores de hoje, desta hora lata
Só saberão, mas vagamente, a data
E claramente os meus sonetos.

2-9-1922

332

Ah, já está tudo lido,
Mesmo o que falta ler!
Sonho, e ao meu ouvido
Que música vem ter?

Se escuto, nenhuma.
Se não oiço, ao luar
Uma voz que é bruma
Entra em meu sonhar[1]

E esta é a voz que canta
Se não sei ouvir...
Tudo em mim se encanta
E esquece sentir...

E na ilha encantada
Sou o que desejo,
Ali não sou nada
E onde há luar alvejo.[2]

O que a voz cantou
Para sempre agora
Na alma me ficou
Se a alma me ignora.

Sinto, quero, sei-me
E tudo é perdido...[3]
E o eco *em que enganei-me*[4]
Foge[5] do meu ouvido.

7-9-1922

---

1   Variante, na margem: «Da ilha, oiço a espuma / E a brisa do mar.».
2   Estrofe dubitada.
3   Variantes: subposta a «tudo é», «há tudo»; no final do poema, para todo o verso: «Só há ter perdido...».
4   Variante sobreposta: «de onde sonhei-me».
5   Variante subposta: «Esquece».

333

Nada[1]

Ah, toca suavemente
Como quem[2] vai chorar
Qualquer canção tecida
De artifício e de luar –
Nada que faça lembrar
      A vida,

Prelúdio de cortesias,
Ou sorriso que fanou...
Jardim longínquo e frio...
E na alma de quem o achou
Só o eco absurdo do voo
      Vazio.

8-11-1922 (about 3 a-m.)

334

Natal

Nasce um deus. Outros morrem. A Verdade
Nem veio nem se foi: o Erro mudou.
Temos agora uma outra Eternidade,
E era sempre melhor o que passou.

Cega, a Ciência a inútil gleba lavra.
Louca, a Fé vive o sonho do seu culto.
Um novo deus é só uma palavra.
Não procures nem creias: tudo é oculto.

Contemporânea, nº 6, Dezembro, 1922

---

1   Título dubitado.
2   Antes de «quem», «a» opcional, que omiti por incoerência gramatical.

335

Começa hoje o ano

Nada começa: tudo continua.
Onde estamos, que vemos só passar?
O dia muda, lento, no amplo ar;
Múrmura, em sombras, flui a água nua.

Vêm de longe, □
Só nosso vê-las teve começar.
Em cadeias do tempo e do lugar,
É abismo o começo e ausência.

Nenhum ano começa. É Eternidade!
Agora, sempre, a mesma eterna Idade,
Precipício de Deus sobre o momento,

Na curva do amplo céu o dia esfria,
A água corre mais múrmura e sombria
E é tudo o mesmo, e verbo o pensamento.

[1-1-1923]

336

Ano novo

Ficção de que começa alguma cousa!
Nada começa: tudo continua.
Na *fluida*[1] e incerta essência misteriosa
Da vida,[2] *flui*[3] em sombra a água nua.
Curvas do rio escondem só movimento.
O mesmo rio flui onde se vê.
Começar só começa em pensamento.

[1-1-1923]

---

1   Palavra dubitada.
2   Variante subposta: «De passar».
3   Palavra dubitada.

337

Sonho. Não sei quem sou neste momento.
Durmo sentindo-me. Na hora calma
Meu pensamento esquece o pensamento,
     Minh'alma não tem alma.

Se existo, é um erro eu o saber. Se acordo
Parece que erro. Sinto que não sei.
Nada quero, nem tenho, nem recordo.
     Não tenho ser nem lei.

Lapso da consciência entre ilusões,
Fantasmas me limitam e contêm.
Dorme, *incônscio*[1] de alheios corações,
     Coração de ninguém!

6-1-1923

338

Nada sou, nada posso, nada sigo.
Trago, por ilusão, meu ser comigo.
Não compreendo compreender, nem sei
Se hei-de ser, sendo nada, o que serei.

Fora disto, que é nada, sob o azul
Do *largo*[2] céu um vento vão do sul
Acorda-me e estremece no verdor.
Ter razão, ter vitória, ter amor

Murcharam na haste morta da ilusão.
Sonhar é nada, e não saber é vão.
Dorme na sombra, incerto coração.

6-1-1923

---

1   Variante sobreposta: «insciente».
2   Variante sobreposta: «lato».

339

Hoje, neste ócio incerto
Sem prazer nem razão,[1]
Como a um túmulo aberto
Fecho meu coração.

Na inútil consciência
De ser inútil tudo,
Fecho-o contra a violência
Do mundo duro e surdo.[2]

Mas que mal sofre um morto?
Contra que defendê-lo?
Fecho-o, em fechá-lo absorto,
E sem querer sabê-lo.

9-2-1923

340

Depois de me ver ao espelho,
Sem mais, devolvo o retrato.
Sou tão feio e estou tão velho
Que era mais que um desacato
Não devolver o retrato
Ou só com a condição...
Dá-me, em troca, só perdão.

24-3-1923

---

1   Verso dubitado.
2   Estrofe dubitada.

341

Aqui, neste sossego e apartamento,
Nesta quieta solidão sem fim,
Sem cuidado ou tormento
Que ocupe este momento,
Da vida e mundo volto-me para mim.

Tão breve sombra do que pude ser
Me encontro, tão perdida semelhança
Com minha vida por acontecer,
Tão nocturna lembrança
Do dia e do viver,

Que se perturba a solidão, e eu moro
Entre homens novamente
E novamente cheio
O que fui de outros, e que rememoro,
E, memorando-o, é mais insubsistente.

Ténue, vazio, inútil, imperfeito.

15-5-1923

342

Ah, como o sono é a verdade, e a única
Hora suave é a de adormecer!
Amor ideal, tens chagas sob a túnica.
Esperança, és a ilusão a apodrecer!

Os deuses vão-se como forasteiros.
Como uma feira acaba a tradição.
Somos todos palhaços estrangeiros.
A nossa vida é palco e confusão.

Ah, dormir tudo! Pôr um sono à roda
Do esforço inútil e da sorte incerta!
Que a morte virtual da vida toda
Seja, sono, a janela que, entreaberta,

Só um crepúsculo do mundo deixe
Chegar à sonolência que se sente;
E a alma se desfaça como um feixe
Atado pelos dedos de um demente...

[18-5-1923]

343

Sem dor que seja dolorosa, ou medo
     Que seja mais do que um receio,
Dói no meu coração, como em segredo,
     Indefinido anseio.

Humilha como se eu fora humilhado,
     Pesa, seja o que for,
Nem, como a grande dor, contém o agrado
     De ser a grande dor.

É uma cousa mesquinha e insubsistente,
     Constituída por desolações.
De quê? Não fora desoladamente
     Tantas indecisões

Se eu soubera que fim ou que miragem,
     Que entrevisível sonho
Põe a dor de eu não tê-lo na passagem
     Deste amplo ócio tristonho.

28-8-1923

344

POEMAS DOS DOIS EXÍLIOS

Paira no ambíguo destinar-se
Entre longínquos precipícios
A ânsia de dar-se preste' a dar-se
Na sombra maga entre suplícios,

Roda dolente do parar-se
Para, velados sacrifícios,
Não ter terraços sobre errar-se
Nem ilusões com interstícios,

Tudo velado e o ócio a ter-se
De leque em leque, a aragem fina
Com consciência de perder-se,

Tamanha a flava e pequenina
Pensar na mágoa japonesa
Que ilude as sirtes da Certeza.

Dói viver, nada sou que valha ser.
Tardo-me porque penso e tudo rui.
Tento saber, porque tentar é ser.
Longe de isto ser tudo, tudo flui.

Mágoa que, indiferente, faz viver.
Névoa que, diferente, em tudo influi.
O exílio nada do que foi sequer
Ilude, fixa, dá, faz ou possui.

Assim, nocturna a árias indecisas,
O prelúdio perdido traz à mente
O que das ilhas mortas foi só brisas,

E o que a memória análoga dedica
Ao sonho, e onde, lua na corrente,
Não passa o sonho e a água inútil fica.

Análogo começo,
Uníssono me peço,
Gaia ciência o assomo –
Falha no último tomo.
Onde prolixo ameaço
Paralelo transpasso,
O entreaberto haver
Diagonal a ser,

E interlúdio vernal,
Conquista do fatal,
Onde, veludo, afaga
A última que alaga.

Timbre do vespertino,
Ali, carícia, o hino
Outonou entre preces
Antes que, água, comeces.

Doura o dia. Silente, o vento dura.
Verde as árvores, mole a terra escura,
Onde flores, vazia a álea e os bancos.
No pinhal erva cresce nos barrancos.
Nuvens vagas no pérfido horizonte.
O moinho longínquo no ermo monte.
Eu alma, que contempla tudo isto,
Nada conhece e tudo reconhece.
Nestas sombras de me sentir existo,
E é falsa a teia que tecer me tece.

24-9-1923

345

Oiço passar o vento na noite.
Sente-se no ar, e alto, o açoite
De não sei *quem*[1] em não sei quê.
Tudo se ouve, nada se vê.

Ah, tudo é símbolo e analogia.
O vento que passa, esta noite fria,
São outra cousa que a noite e o vento –
Sombras de *Vida*[2] e de Pensamento.

Tudo nos narra o que nos não[3] diz.
Não sei que drama a pensar desfiz
Que a noite e o vento narrando são.
Ouvi. Pensando-o, ouvi-o em vão.

Tudo é uníssono e semelhante.
O vento cessa e, noite adiante,
Começa o dia e ignorado existo.
Mas o que foi não é nada *disto*.[4]

24-9-1923

346

É noite e os pensamentos que eu não quero
Visitam-me o princípio de sonhar.
A loucura que aguardo e que não espero
Começa no meu cérebro a falar.

Mistura-se-me tudo na consciência
E eu sinto que por baixo existo eu.
Quero mexer mãos de incoexistência
E afastar do meu corpo aquele véu.

---

1   «que(m)», sinal de que o «m» é opcional.
2   Variante subposta: «estar».
3   A seguir a «não» o que parece ser «cá», com sinal de dubitação.
4   Na palavra «disto» o «d» é opcional. A última estrofe está dubitada.

Mas as imagens como acontecimentos
Percorrem-me como se eu fosse um largo
Coexistem impossíveis pensamentos
No meu cérebro vão que □

E na noite em que quero dormir passa
Tudo menos o sono *no sono-erro;*[1]
Como um riso na casa da desgraça
Ou um palhaço num séquito de enterro.

9-10-1923

347

«Divide e reina»: a antiga monarquia
Seu lema imperial assim decide.
É o contrário na democracia:
Como são muitos, é «reina... e divide»

20-12-1923

348

Gomes Leal

Sagra, sinistro, a alguns o astro baço.
Seus três anéis irreversíveis são
A desgraça, a amargura, a solidão...
Oito luas fatais fitam do espaço.

Este, poeta, Apolo em seu regaço
A Saturno entregou. A plúmbea mão
Lhe ergueu ao alto o aflito coração,
E, erguido, o apertou, sangrando lasso.

Inúteis oito luas da loucura
Quando a cintura tríplice denota
Solidão e desgraça e amargura!

---

1   Variante na linha: «em seu desterro».

Mas da noite sem fim um rastro brota,
Vestígios de maligna formosura...
É a lua além de Deus, álgida e ignota.

[27-1-1924 (alt./a.m.)]
Notícias Ilustrado, n.º 20, 28 de Outubro de 1928

349

Dorme, sonhando! Esparsa luz te alumbre,
Fatal, que a noite *crédula*[1] submete.
A longínqua razão, céu a interprete,
Diverso se constele e te deslumbre.

Arfar do peito que o sorriso adumbre,
Cabelo leve sobre a face. Vê-te
Um olhar que te sonha, e a que compete
A transfiguração, e o que translumbre.

Dorme! Na alcova exclusa do universo
Quanto erro-sonho é toda a tua vida,
Ao luar da luz interior imerso

Por fora do teu sono na descida
Da impressão! E eu ver-te? E o fim disperso
Da flor de lótus amarelecida?

1-4-1924

---

1   Palavra dubitada, com a variante sobreposta «nebulosa».

350

Eu olho com saudade esse futuro
Em que serei mais novo que depois,
E essa saudade, com que me sinto dois,
Cerca-me como um mar ou como um muro.

Não descreio, nem creio; mas ignoro.
estou posto onde se cruzam as estradas,
Multiplicando definidos nadas,
E no meio do jogo amuo e choro.

O presságio roeu os meus prenúncios.
Velei a esfinge com serapilheiras.
E os jardins dispostos em quincúncios

Dão sobre esteiras de mar morto e vago,
E um vapor de corda, sem bandeiras,
Para no tanque, que nos finge um lago.

28-5-1924

351

Dormir! Não ter desejos nem esperanças.
Flutua branca a única nuvem lenta
E na azul quiescência sonolenta
A deusa do não-ser tece além as tranças.

Maligno sopro de árdua quietude
Percorre a fronte e os olhos aquecidos,
E uma floresta-sonho de ruídos
Ensombra os velhos mortos da virtude.

Ah, não ser nada conscientemente!
Prazer ou dor? Torpor o traz e alonga,
E a sombra conivente se prolonga
No chão[1] interior, que à vida mente.

---

1   Variante sobreposta: «Na vida».

Desconheço-me. Embrenho-me, futuro,
Nas veredas sombrias do que sonho
E no ócio em que diverso me suponho,
Vejo-me errante, demorado e obscuro.

Minha vida fecha-se como um leque.
Meu pensamento seca como um vago
Ribeiro no verão. Regresso, e trago
Nas mãos flores que a vida prontas seque.

Inconsequência de vontade absorta
Em nada querer... Prolixo afastamento
Do escrúpulo e da vida do momento...

21-8-1924

352

Súbita ária leve
Do fundo do arvoredo
Diz-me não sei que breve
E ansiado segredo.

Que amor se não perdera
Se o amor cantara assim!
Feliz aquele que era
Quem nunca fui em mim...

Sonho que em si se acoite
Aquele canto em flor[1]
Começa na alma noite
E cessa na minha dor.

[29-8-1924]

---

1 Antes de iniciar o poema, Pessoa anotou os três versos que o inspiraram, «E o seu canto em flor / Começa na alma noite / E cessa na minha dor.», com que o encerrou.

353

Ah quanta melancolia!
Quanta, quanta solidão!
Aquela alma, que vazia,
Que sinto *inútil*[1] e fria
Dentro do meu coração!

Que angústia desesperada!
Que mágoa que sabe a fim!
Se a nau foi abandonada,
E o cego *morreu*[2] na estrada –
Deixai-os, que é tudo assim.

Sem sossego, sem sossego,
Nenhum momento de meu
Onde quer que a alma empregue –
Na estrada morreu o cego
....
A nau desapareceu.

3-9-1924

354

Audita caecant

Dormimos o universo; a extensa mole
Da confusão das cousas nos engana,
Sonhos; e a ébria confluência humana
Sonhada[3] ecoa-se de prole em prole.

O ouvido atento, que se às portas cole
Onde suspeita deuses, só se ufana
Da pulsação do sangue em si, que irmana

---

1   Palavra dubitada.
2   Variante sobreposta: «caiu».
3   Variante subposta: «Prolixa».

Seu som com passos que a distância estiole.[1]

Cegos que um louco guia, atravessamos
A inútil extensão do *impossível*,[2]
Barulhando ervas húmidas e ramos;

E a um rumor longínquo e insensível,
De que talvez, indo, nos afastamos,
Damos o ouvido surdo e iludível.[3]

25/26-9-1924

355

Maravilhosa[4] paz
Da lua no céu denso!
Cismo, esqueço que penso.

Que afago me desfaz?
Que mole esquecimento
Me disfarça um momento?

Alguma brisa o traz?
No meu longo serão
Voz no[5] meu coração.

9-11-1924

---

1 Estrofe dubitada. Esboçou uma quadra variante de que acabou por riscar os dois primeiros versos, deixando o último incompleto.
2 Variante ao fundo da página: «que não vemos».
3 Estrofe variante, ao fundo da página: «Em nossa mão a mão do lenço temos / E qualquer cousa *dada* (palavra dubitada) desejamos / Que pela mão funesta recebemos.».
4 Palavra dubitada.
5 Variante sobreposta: «Nada em».

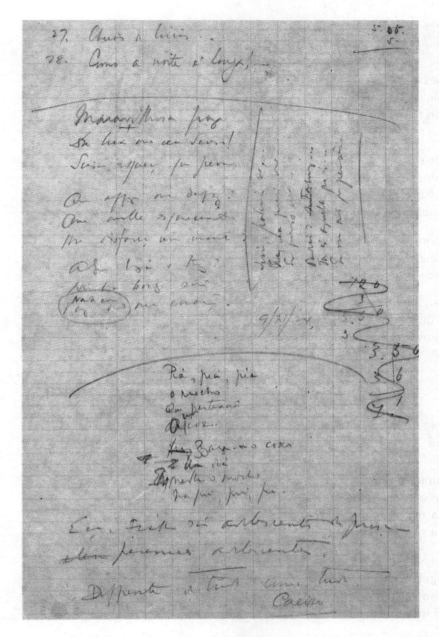

Figura 8. Na mesma página o poeta rascunhou 3 poemas diferentes, uma consideração pessoal sobre Eça e Fialho e uma afirmação assinada Caeiro: «Diferente de tudo como tudo.»

356

Converso às vezes comigo
E esse diálogo a sós
Com o impossível amigo
Que sonha cada um de nós,

Vai de clareira em abrigo
Ouvido, visto, veloz
Das[1] expressões que consigo
Das sombras a que dá voz.

E a perfeita consonância
De quem fala com quem ouve
Aquece a lume de infância

A casa em que ainda chove,
E eu durmo a alada distância
Da conversa que não houve.

25-11-1924

357

Marinheiro-monge
Deste mar profundo,
Rema-me p'ra longe
De eu sentir o mundo!

Rema, e de teus braços
O angular potente
Que impele o barco apague os traços
Do meu sentir doente!

Chia a espuma e alveja,
espuma é o mundo certo.
Como a água contra nós fresqueja,
espelheando tão perto!

---

1   Variante sobreposta: «Nas».

Marinheiro-monge
Deste mar d' além,
Leva-me p'ra longe
De se qu'rer um bem!

Como pesa a vida
Se ela nos não for
Mais indefinida
Do que o^1 peso e a^2 dor!

Rema, e olha-me mudo,
Vendo sem visão,
Quero sentir tudo
Sem ter coração!

Marinheiro-monge
Deste mar sem fim,
Rema p'ra longe
Do que sou p'ra mim!

27-11-1924

358

No extremo céu azul verde
Aonde ainda não escureceu,
Da atra nuvem sob o véu
Nítida estrela se perde.
Assim meu ser se perdeu.

Perdeu-se a estrela p'ra mim
Pois continua[3] no céu
Por trás do postiço véu.
P'ra mim me perdi assim,
Mas, ai, meu ser era eu!

28-11-1924

---

1   Artigo opcional.
2   Artigo opcional.
3   Variante sobreposta: «Ficando ainda».

359

Aquele breve sorriso
Que a tristeza entendeu,
No ar já tão impreciso
Que já nascendo morreu.
De que veio esse sorriso?
Porque é que ele foi meu?

Não me lembra que lembrança
Por acaso o alumiou,
Ou se foi fé a esperança
Que nele me clareou.
Fui um momento a criança
Que morri e não voltou.

Ah, fugidia doçura
Do que nem se descobriu,
Nuvem negra da amargura
Que a lua cobre, e a cobriu.
Fica lembrança e ternura
Do que não se possuiu.

Tiveste[1] a vaga doçura
Do que nesse mundo fulgiu.
Na memória ao menos dura,
Sorriso *porque*[2] sorriu.

28-11-1924

---

1   Variante sobreposta: «Perante».
2   Variante subposta: «de quem».

360

A terra, que a noite fecha,
O sol a abriu e aqueceu.
Coração que se não queixa
É coração que morreu.
Porque o sol volta ao que deixa
E a ninguém o que perdeu.

À haste tornam as flores,
E são todas como iguais,
Mas não há iguais amores.
A nós não tornamos mais.
Somos nós, nós, os verdores
(E só vós, hastes, ficais).

O sol vem todos os dias,
Vê a terra que deixou.
Ah, mas estas alegrias
Não são as que alumiou.
Cobre a terra só vidas frias
A que ele crê que voltou
Tudo aquilo que não somos
Para nós é sempre igual.
Colhemos os mesmos pomos.

[28-11-1924]

361

Inúteis correm os meus dias lentos.
Pecam cansaço minhas horas mortas.
Fechadas, por abrir, todas as portas;
Corredores desertos os momentos...

Fictícia dor dos tédios sonolentos,
Tornada real desde que a ela exortas,
Vida perdida – ideias vãs absortas
No trivial profundo dos concorrentes.

A página difusa em dialéctica
Tornou vazia a convicção da vida
A memória doente urra de ecléctica.

O sonho se confunde com a imagem
E o pensamento, sei eu, na descida,
Vê começar a impossível viagem.

13-12-1924

362

Sonhos, sistemas, mitos, ideais...
Fito a água insistente contra o cais,
E, como flocos de um papel rasgado,
A ela dando-os como a um justo fado,
Sigo-os com olhos em que não há mais
Que um vão desassossego resignado.

Eles a mim como consolarão –
A mim, que de inquieto já nem choro;
Que na erma mente e no ermo coração
Sombras, só sombras, sombra, rememoro;
A mim, em tudo, sempre, em vão,
Cansado até dos deuses que não são?

20-12-1924

363

DE UM CANCIONEIRO

[I]

No entardecer da terra
O sopro do longo outono
Amareleceu o chão.
Um vago vento erra,
Como um sonho mau num sono,
Na lívida solidão.

Soergue as folhas, e pousa
As folhas, e volve, e revolve,
E esvai-se inda outra vez.
Mas a folha não repousa,
E o vento lívido volve
E expira na lividez.

Eu já não sou quem era;
O que eu sonhei, morri-o;
E até do que hoje sou
Amanhã direi, *Quem dera*
Volver a sê-lo!... Mais frio
O vento vago voltou.

[II]

Ó sino da minha aldeia,
Dolente na tarde calma,
Cada tua badalada
Soa dentro da minha alma.

E é tão lento o teu soar,
Tão como triste da vida,
Que já a primeira pancada
Tem o som de repetida.

Por mais que me tanjas perto,
Quando passo, sempre errante,
És para mim como um sonho,
Soas-me na alma distante.

A cada pancada tua,
Vibrante no céu aberto,
Sinto mais longe o passado,
Sinto a saudade mais perto.

[III]

Leve, breve, suave,
Um canto de ave
Sobe no ar com que principia
O dia.
Escuto, e passou...
Parece que foi só porque escutei
Que parou.

Nunca, nunca, em nada,
Raie a madrugada,
Ou esplenda o dia ou doire no declive,
Tive
Prazer a durar
Mais do que o nada, a perda, antes de eu o ir
Gozar.

[IV]

Pobre velha música!
Não sei por que agrado,
Enche-se de lágrimas
Meu olhar parado.

Recordo outro ouvir-te.
Não[1] sei se te ouvi

---

1   No exemplar particular da revista, Pessoa anota, à margem, a variante interrogada «Nem».

Nessa minha infância
Que me lembra em ti.

Com que ânsia tão raiva
Quero aquele outrora!
E eu era feliz? Não sei:
Fui-o outrora agora.

[V]

Dorme enquanto eu velo...
Deixa-me sonhar...
Nada em mim é risonho.
Quero-te para sonho,
Não para te amar.

A tua carne calma
É fria em meu querer.
Os meus desejos são cansaços.
Nem quero ter nos braços
Meu sonho do teu ser.

Dorme, dorme, dorme,
Vaga em teu sorrir...
Sonho-te tão atento
Que o sonho é encantamento
E eu sonho sem sentir.

[VI]

Sol nulo dos dias vãos,
Cheios de lida e de calma,
Aquece ao menos as mãos
A quem não entras na alma!

Que ao menos a mão, roçando
A mão que por ela passe,
Com externo calor brando
O frio da alma disfarce!

Senhor, já que a dor é nossa
E a fraqueza que ela tem,
Dá-nos ao menos a força
De a não mostrar a ninguém!

[VII]

Trila na noite uma flauta. É de algum
Pastor? Que importa? Perdida
Série de notas vaga e sem sentido nenhum,
Como a vida.

Sem nexo ou princípio ou fim ondeia
A ária alada.
Pobre ária fora de música e de voz, tão cheia
De não ser nada!

Não há nexo ou fio por que se lembre aquela
Ária, ao parar;
E já ao ouvi-la sofro a saudade dela
E *o*[1] quando cessar.

[VIII]

Põe-me as mãos nos ombros...
Beija-me na fronte...
Minha vida é escombros,
A minha alma insonte.

Eu não sei porquê,
Meu *dês de*[2] onde venho,
Sou o ser que vê,
E vê tudo estranho.

Põe a tua mão
Sobre o meu cabelo...
Tudo é ilusão.
Sonhar é sabê-lo.

---

1   No exemplar particular da revista, Pessoa anotou, à margem, a variante interrogada «Para».
2   *Sic* em *Athena* e nos testemunhos dactilografados. É possível que o autor tivesse desdobrado «desde».

[IX]

Manhã dos outros! Ó sol que dás confiança
        Só a quem já confia!
É só à dormente, e não à morta, esperança
        Que acorda o teu dia.

A quem sonha de dia e sonha de noite, sabendo
        Todo sonho vão,
Mas sonha sempre, só para sentir-se vivendo
        E a ter coração,

A esses raias sem o dia que trazes, ou somente
        Como alguém que vem
Pela rua, invisível ao nosso olhar consciente,
        Por não ser-nos ninguém.

[X]

Treme em luz a água.
Mal vejo. Parece
Que uma alheia mágoa
Na minha alma desce –

Mágoa erma de alguém
De algum outro mundo
Onde a dor é um bem
E o amor é profundo,

E só punge ver,
Ao longe, iludida,
A vida a morrer
O sonho da vida.

[XI]

Dorme sobre o meu seio,
Sonhando de sonhar...
No teu olhar eu leio
Um lúbrico vagar.
Dorme *do*[1] sonho de existir
E *da*[2] ilusão de amar...

Tudo é nada, e tudo
Um sonho finge ser.
O espaço negro é mudo.
Dorme, e, ao adormecer,
Saibas do coração sorrir
Sorrisos de esquecer.

Dorme sobre o meu seio,
Sem mágoa nem amor...
No teu olhar eu leio
O íntimo torpor
De quem conhece o nada-ser
De vida e gozo e dor.[3]

[XII]

Ao longe, ao luar,
No rio uma vela,
Serena a passar,
Que é que me revela?

Não sei, mas meu ser
Tornou-se-me estranho,
E eu sonho sem ver
Os sonhos que tenho.

Que angústia me enlaça?
Que amor não se explica?
É a vela que passa
Na noite que fica.[4]

---

1   No exemplar particular, Pessoa corrigiu a palavra «no» para «do».
2   No exemplar particular, Pessoa corrigiu a palavra «na» para «da».
3   Data acrescentada, à margem, no exemplar particular do autor: 6-11-1924.
4   Data acrescentada, à margem, no exemplar particular do autor: 6-11-1924.

[XIII]

Em toda a noite o sono não veio. Agora
     Raia do fundo
Do horizonte, encoberta e fria, a manhã.
     Que faço eu no mundo?
Nada que a noite acalme ou levante a aurora,
     Coisa séria ou vã.

Com olhos tontos da febre vã da vigília
     Vejo com horror
O novo dia trazer-me o mesmo dia do fim
     Do mundo e da dor –
Um dia igual aos outros, da eterna família
     De serem assim.

Nem o símbolo ao menos vale, a significação
     Da manhã que vem
Saindo lenta da própria essência da noite que era,
     Para quem,
Por tantas vezes ter sempre esperado em vão,
     Já nada espera.

[XIV]

Ela canta, pobre ceifeira,
Julgando-se feliz talvez;
Canta, e ceifa, e a sua voz, cheia
De alegre e anónima viuvez,

Ondula como um *canto*[1] de ave
No ar limpo como um limiar:[2]
E[3] há curvas no enredo suave
Do som que ela tem a cantar.

Ouvi-la alegra e entristece,
Na sua voz há o campo e a lida,
E canta como se tivesse
Mais razões p'ra cantar que a vida.

---

1   No exemplar pessoal, o autor admite a variante sobreposta «voo».
2   No exemplar pessoal, o autor corrigiu a vírgula do final do verso para dois pontos.
3   «E» opcional, no exemplar pessoal.

Ah, canta, canta sem razão!
O que em mim sente está pensando.
Derrama no meu coração
A tua incerta voz ondeando!

Ah, poder ser tu, sendo eu!
Ter a tua alegre inconsciência,
E a consciência disso! Ó céu!
Ó campo! ó canção! A ciência

Pesa tanto e a vida é tão breve!
Entrai por mim dentro! Tornai
Minha alma a vossa sombra leve!
Depois, levando-me, passai![1]

Athena, n.º3, Dezembro de 1924

364

E o rei disse, «Memora estes *dois*[2] lemas:
Tem fé, não sonho. O sonho é um abrigo
Que[3] não um escudo. Nem, *receando*,[4] temas,
Que o medo é a mor parte do perigo.
Pesam em ti as, que aceitaste, algemas,
Mais que as impostas. Não há qu'rer antigo.[5]
Ousa, vendo. Abdica antes que abdiques,
Sabe ficar, se força é que fiques.»

23-1-1925

---

1 No exemplar pessoal, o autor admite, à margem, a variante para os três últimos versos: «Pela minha alma adentro
entrai / Como um vento, sem que me leve, / [.] de mim, passai!»
2 Variante sobreposta: «meus».
3 Palavra opcional.
4 Variante sobreposta: «receoso».
5 Este verso e o anterior estão dubitados.

365

A luz do sol afaga o imenso dia.
Um sopro brando, quasi não de inverno,
Sobriamente os campos inebria.
      Ah, mas o que há de eterno?
Em que é que a alma sem sonhar *se fia*?[1]

Meu coração nada recebe da hora
Salvo o vácuo de nada receber.
Como criança abandonada, chora,
      Que não sabe o que *quer*,[2]
Nem por onde ir, nem porque se demora.

E alheio a isto, que sou eu, que brando
O sol de inverno lembra a primavera!
Que afago busca o que em mim está sonhando?
      Que spera quem não espera?
Que fica a quem *sabe que está passando*?[3]

23-1-1925

366

Sinto-me forte contra a vida inteira
      Neste momento.
A mim mesmo tomei a dianteira.
Sinto que não há em nada noite ou vento
Que estorve minha vida aventureira.

Mas já, ao senti-lo, sei que não o sinto
      Com o querer,
Mas com o sonho com que me amplo minto.
Sei já que não o quererei perder.
Noutra esta vida do confiar pressinto.[4]

---

1   Variante subposta: «confia».
2   Variante sobreposta: «qu'rer».
3   Variante sobreposta: «só sabe estar passando».
4   Variante subposta: «De um falso fogo cinzas me pressinto.».

Sarça que não aquece nem dá luz,
    Fogo-fátuo de mim,
Para que vens pôr no meu ser a flux
Um tumulto de qu'rer sem ser nem fim?
Ó árvore crescendo para cruz,
    Porque florir no meu jardim?

[23-1-1925]

367

I

Ao pé[1] *de* mim os mortos esquecidos
Volveram todos. Eu em sonho os vi.
Se os amei, como foi que os esqueci?
Se os esqueci, como foram queridos?

Rápida vida, como os fizeste idos!
Com que fria memória os lembro aqui!
Já desleixo chorar o que perdi,
Lembro-os longe da sombra dos sentidos.

Quando os perdi, pensei: Cada momento
Me lembrará sua presença morta,
Eterna em meu constante pensamento.

Mas lentamente a vida fecha a porta.
Fechada toda, o olhar está desatento.
Para longe de Deus quem me transporta?

II

Quantos nos deram seu fiel amor
A quem não damos uma fiel memória!
Amaram-nos. Parecem uma história.
O invisível já não tem calor.

---

1   Variante sobreposta: «Em torno a».

De vez em quando lembram, e uma dor
Esforça-se por não ser transitória.
Mas vem uma conversa, e foi-se a glória
De sentir ter quebrado este torpor.

Deus vos faça ou inscientes ou piedosos,
Ó mortos que julgamos que lembramos
E que entre nossas distracções e gozos

Inconscientemente abandonamos.
Mas foi sobre vós que os rumorosos
Ciprestes, deslembrados, derramamos.

Múrmura voz das árvores mexidas
Por um nocturno, vago, leve vento,
Casa-te com meu triste sentimento
Que paira sobre as campas esquecidas!

De quantas almas, no silêncio idas,
Não há neste momento um pensamento!
Que Deus as guarde do conhecimento
De como estão longínquas e perdidas!

Ah, quão inteiramente eram mortais!
Não fazem falta à vida leve e forte.
Sem eles, os que amavam são iguais.

Quem vai tem em quem fica a pior sorte.
Nós é que aos mortos enterramos mais!
É em nosso coração que vive a Morte!

[IV]

Emirjo, vago, dum dormir profundo
E, mal desperto para *a alma*[1] e o dia,
Um sonho de conversa me inebria
Com um amigo, □

---

1   Variante sobreposta: «mim».

Acordo mais... É um morto que confundo
Com quem inda ontem, que é há um dia, eu via.
Hoje que longe até da fantasia!
Que mundo é este, que é o mesmo mundo?

Que porta se fechou num só momento
E entre a realidade e o pensamento
Pôs um abismo-ausência que me *assombra*?[1]

O que é que falta ao que conheço e faço?
Em que sombras me envolvo e *entrelaço*?[2]
E eu mesmo, eu mesmo, quanto sou de sombra?

11-4-1925

368

Canção da partida[3]

Pousa de leve,
Inda que um breve
Momento, a tua mão de neve
Sobre meu triste[4] coração.
Ainda é cedo...
Guarda o segredo
E pousa leve, como a medo,
Sobre minha alma a tua mão.
Como é que na alma
Pousa uma palma
De mão e como é que *a*[5] acalma
De toda a[6] dor que não tem fim?
Não sei sabê-lo.
No meu cabelo,
Ao menos, pousa, *com desvelo,*[7]

---

1   Variante sobreposta: «ensombra».
2   Variante sobreposta: «embaraço».
3   Variante sobreposta: «Canção partindo-se».
4   Variante, na margem: «Onde sinto o».
5   Variante sobreposta: «lhe».
6   Variante sobreposta: «A vaga».
7   Variante sobreposta: «com'a vê-lo».

Tua mão *leve*[1], de marfim.
        Que é a vida? Nada.
        A sorte? Estrada
Que leva só a alma enganada
Por onde vai e onde não quer...
        Que é[2] a alma? Um sono?
        Ser? O abandono
De ser, e as folhas que no outono
O ouvido sente anoitecer...

13-5-1925

369

Estio. Uma brisa ardida
        Passa no ar abrasado.
Não estou cansado da vida:
        De mim é que estou cansado.

E como na tarde sumida
        O sol baço luz sem rir,
É ter[3] que sorrir à vida
        Sem ter vida a que sorrir.

15-6-1925

370

O dia longo tem fim
O sol, vermelho, morreu.
Sofro. E o que entristece em mim
        É mais que eu.

É a imensa natureza
Que em mim mesmo se entristece.
De um deus parece a tristeza
        Com que minha alma falece.

---

1   Variante sobreposta: «calma».
2   Variante sobreposta: «E».
3   Variante sobreposta: «Tenho».

Não, não há própria amargura
        Agora em meu coração
Nem há eu nisto – só escura
        E estulta desolação.

16-6-1925

371

Como a névoa que o realço
        Tira às cousas de verão
Há um repouso triste e falso
        Dentro do meu coração.

Alegria que parece
        Uma tristeza, torpor
De quem nada lembra ou esquece
        Nem sabe ter gozo ou dor.

Estagna-me a alma sem nada,
        Tudo é um vácuo e um fim,
Não há estrada na encruzilhada
        Nem ninguém dentro de mim.

16-6-1925

372

I

Que triste, à noite, no passar do vento,
O transvasar da imensa solidão
Para dentro do nosso coração,
Por sobre todo o nosso pensamento.

No sossego sem paz se ergue o lamento
Como da universal *desolação*,[1]

---

1   Variante na linha, entre parênteses: «desilusão».

E o mistério, e o abismo e a morte são
Sentinelas do nosso isolamento.

Estamos sós com a treva e a voz do nada.
Tudo quanto perdemos mais perdemos.
De nós aos que se foram não há estrada.

O vácuo incarna em nós, na vida; e os céus
São uma dúvida certa que vivemos.
Tudo é abismo e noite. Morreu Deus.

22-7-1925

II

Estou só. A atra distância, que infinita
A alma separa de outra, se alargou.
Em mim, porém, meu ser se unificou.
Sou um universo morto que medita.

Se estendo a mão na solidão aflita,
Nada há entre ela e aquilo que tocou.
Satélite de um *astro*[1] que findou,
Rodeio o abismo, estrela erma e maldita.

Não há porta no cárcere sem fim
Em que me vivo preso. Nunca houve
Porta neste meu ser que finda em mim.

Vivo até *no passado*[2] a solidão.
Na erma noite agora o vento chove
E um novo nada enche-me o coração...

III

Evoco em vão lembranças comovidas –
Quadros, afectos, rostos e ilusões
São pó – pó frio, cinza sem visões,
E são vidas ou cousas já vividas.

---

1 Variante sobreposta: «mundo».
2 Variante sobreposta: «na consciência».

Quê? Até do passado sinto vivas
As cousas que fui eu. Que solidões
Me sinto!

E, sem orgulho de ser todo o Inferno[,]
Vivo em mim a angústia insuperável
Do ermo que se sente vácuo e eterno.

[22-7-1925]

373

GLOSAS[1]

[I]

Toda a obra é vã, e vã a obra toda.
O vento vão, que as folhas vãs enroda,
Figura o[2] nosso esforço e o[3] nosso estado.
O dado e o feito, ambos os dá o Fado.

Sereno, acima de ti mesmo, fita
A possibilidade erma e infinita
De onde o real emerge inutilmente,
E cala, e só para pensares sente.

[II]

Nem o bem nem o mal define o mundo.
Alheio ao bem e ao mal, do céu profundo
Suposto, o Fado que chamamos Deus
Rege nem bem nem mal a terra e os céus.

Rimos, choramos através da vida.
Uma coisa é uma cara contraída

---

1   O «S» está entre parênteses, sinal de opcional.
2   O artigo é opcional.
3   O artigo é opcional.

E a outra uma água com um leve sal.
E o Fado fada alheio ao bem e ao mal.

[III]

Doze signos do céu o Sol percorre,
E, renovando o curso, nasce e morre
Nos horizontes do que contemplamos.
Tudo em nós é o ponto de onde estamos.

Ficções da nossa mesma consciência
Jazemos o instinto e a ciência.
E o sol parado nunca percorreu
Os doze signos que não há no céu.

14-8-1925

374

Amiel

Não, nem no sonho a perfeição sonhada
Existe, pois que é sonho. Ó Natureza,
Tão monotonamente renovada,
Que cura dás a esta tristeza?
O esquecimento temporário, a estrada
Por engano tomada,
O meditar na ponte e na incerteza...

Inúteis dias que consumo lentos
No esforço de pensar na acção,
Sozinho com meus frios pensamentos
Nem com uma esperança mão em mão.
É talvez nobre ao coração
Este vazio ser que anseia o mundo,
Este prolixo ser que anseia em vão,
Exânime e profundo.

Tanta grandeza que em si mesma é morte!
Tanta nobreza inútil de ânsia e dor!
Nem se ergue a mão para a fechada porta,
Nem o submisso olhar para o amor!

20-8-1925

375

O contra-símbolo

Uma só luz sombreia o cais.
Há um som de barco que vai indo.
Adeus! Não nos veremos mais!
A maresia vem subindo.
Desde o fundo do mar vem vindo!

E o cheiro pútrido a mar morto
Cerra a atmosfera de pensar
Até tornar-se este um porto
E este cais a bruxulear,

Uma estação ferroviária
Algures no esperar campestre
Do expresso tornado a área
De tudo quanto gire a oeste,

Um apeadeiro universal
Onde cada um espera isolado
Ao ruído – mar ou pinheiral? –
O expresso inútil atrasado.

E no desdobre da memória
O viajante indefinido
Ouve contar-se só a história
Do cais morto e do barco ido.

30-1-1926

376

O carro de pau

O carro de pau
Que bebé deixou...
Bebé já morreu,
O carro ficou...

O carro de pau
Tombado de lado...
Depois do enterro
Foi assim achado...

Guardaram o carro,
Guardaram bebé...
A vida e os brinquedos –
Cada um é o que é...

Está o carro guardado...
Bebé vai esquecendo...
A vida é p'ra quem
Continua vivendo...

E o carro de pau
É um carro que está
Guardado num sótão
Onde nada há...

A vida é a mesma
Esquecida, curiosa...
Quem sabe se o carro
Sente alguma cousa?...[1]

26-4-1926

---

1   No rascunho do poema [119-33ⁱ], o poeta escreveu, à laia de comentário, o verso solto: «Saudade eterna, que pouco
    duras».

377

Em torno *a mim*,[1] em maré cheia,
Soam como ondas a brilhar,
O dia, o tempo, a obra alheia,
O mundo *inteiro*[2] a estar.

Mas eu, fechado no meu sonho,
Parado emigro, e, sem querer,
Inutilmente recomponho
Visões do que não *há-de*[3] ser.

Cadáver da vontade feita,
Mito real, sonho a sentir,
Sequência interrompida, eleita
Para os destinos de partir,

Mas presa à inércia angustiada
De não saber a direcção,
E ficar morta na erma estrada
Que vai da *mente*[4] ao coração.

Hora própria, nunca venhas,
Que melhor talvez fosse pior...
E tu, sol claro que me banhas,
Ah,[5] banha sempre o meu torpor!

26-4-1926

---

1   Variante sobreposta: «meu».
2   Variante subposta: «natural».
3   Variante sobreposta: «pode».
4   Variante sobreposta: «alma».
5   Pessoa escreveu «Oh» na linha, subpondo «Ah» mas, posteriormente, ligou com uma seta «Ah» a «banha».

378

Não é ainda a noite
Mas é já frio o céu.
Do vento o ocioso açoite
Envolve o tédio meu.

Que vitórias perdidas
Por não as ter querido!
Quantas perdidas vidas!
E o sonho sem ter sido...

Ergue-te, ó vento, do ermo
Da noite que aparece!
Há um silêncio sem termo
Por trás do que estremece...

Pranto dos sonhos fúteis,
Que a memória acordou,
Inúteis, tão inúteis –
Quem me dirá quem sou?

27-5-1926

379

O menino da sua mãe

No plaino abandonado
Que a morna brisa aquece,
De balas traspassado –
Duas, de lado a lado –,
Jaz morto, e arrefece.

Raia-lhe a farda o sangue.
De braços estendidos,
Alvo, louro, exangue,
Fita com olhar langue
E cego os céus perdidos.

Tão jovem! que jovem era!
(Agora que idade tem?)
Filho único, a mãe lhe dera
Um nome e o mantivera:
«O menino da sua mãe.»

Caiu-lhe da algibeira
A cigarreira breve.
Dera-lha a mãe. Está inteira
E boa a cigarreira.
Ele é que já não serve.

De outra algibeira, alada
Ponta a roçar o solo,
A brancura embainhada
De um lenço... Deu-lho a criada
Velha que o trouxe ao colo.

Lá longe, em casa, há a prece:
«Que volte cedo, e bem!»
(Malhas que o Império tece!)
Jaz morto, e apodrece,
O menino da sua mãe.

Contemporânea, III série, nº 1, Maio de 1926

380

Não há verdade inteiramente falsa
Nem mentira de todo verdadeira.
O rio leva, na *espumada*[1] esteira
Tudo o que esterilmente me realça...

Prazeres, talento, a perfeição consciente...
O tipo físico distante dos outros,
(E se eu deixar cair uma semente
No rio, os resultados serão neutros)...

Maravilha fatal de toda a idade...
O homem que se interroga, e age por fora
E só regressa a casa se não piora...

---

1   Variantes subpostas: «espumelhada».

No entanto, um bocado de saudade,
Uma maneira de um apego à hora
E uma reminiscência sem verdade.

19-7-1926

381

Pouco importa de onde a brisa
Traz o olor que nela vem.
O coração não precisa
De saber o que é o bem.

A mim me baste nesta hora
A melodia que embala.
Que importa se, sedutora,
As forças da alma cala?

Quem sou, p'ra que o mundo perca
Com o que penso a sonhar?
Se a melodia me cerca
Vivo só o me cercar...[1]

29-9-1926

382

Esta espécie de loucura
Que é pouco chamar talento,
E que brilha em mim na escura
Confusão do pensamento,

Não me traz felicidade,
Porque, enfim, sempre haverá
Sol ou sombra na cidade,
Mas em mim não sei o que há.

6-10-1926

---

1   Variantes subpostas: «Só vivo o ela me cercar; Vivo só o ela cercar; Vivo só o ela aqui estar.».

383

O catavento

Veio[1] toda a noite dos lados da barra
       Com chuvas o vento –
Um vento daquele que rasga e desgarra,
       Veloz e violento.

E por toda a noite, ouvindo-o e sofrendo,
       Pensei no que sou –
Uma alma, sozinho, planeando, e sabendo
       Que ignoro onde vou.

E por toda a noite na minha consciência
       Inerte e desperta
Cruzavam-se a chuva e o vento, e a ciência
       D'uma alma deserta.

Raiou sossegado, *desfeita*[2] a tormenta,
       O dia por fim,
E eu esqueci também a minha dor violenta,
Levada talvez pela longa tormenta
       Para longe de mim.

28-10-1926

---

1   Variante sobreposta: «Vaiou».
2   Variante sobreposta: «cansada».

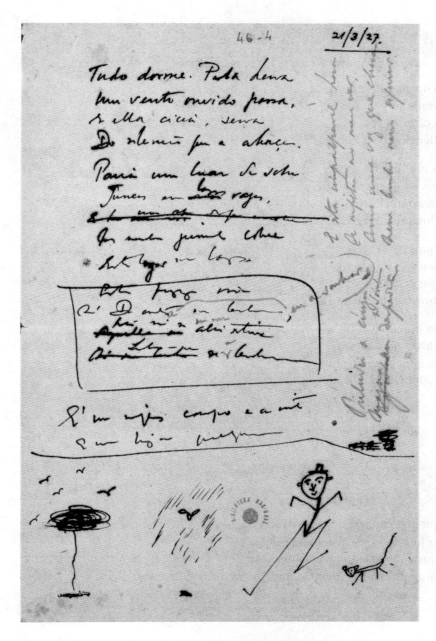

Figura 9: Fac-símile do poema «Tudo dorme...».
O desenho é de aproximar, embora mais completo, daquele com que
ilustra a assinatura de «Íbis» no final do poema «Junho de 1911»

384

Tudo dorme. Pela erva
Um vento ouvido passa,
E ela cicia, serva
Do silêncio que a abraça.

Paira um luar de sobre
Juncos em lagos vagos,
Mas nenhuma grinalda cobre
Este lugar sem lagos.

Esta paisagem vive
Só de antes eu a *sonhar*.[1]
Não sei se ali estive
Lembro-me de a lembrar.[2]

E esta impalpável hora
Se infiltra no meu ser,
Como uma voz que chora
Sem lembrar nem esquecer.[3]

21-3-1927

385

Sei que nunca terei o que procuro,
E que nem sei buscar o que desejo,
Mas busco, insciente, no silêncio escuro,
E pasmo do que sei que não almejo.

10-4-1927

---

1   Variante subposta: «lembrar».
2   Seguem-se dois versos, início de uma estrofe inacabada: «É um simples campo e a noite / E uma brisa qualquer.».
3   Dois versos, à esquerda, parecem início ou fim de uma outra estrofe: «Prelúdio a cinza e sombra / Mágoa na despedida.». Ver fac-símile na página anterior.

386

Clareira
Ao luar

Dançar
Pé ante
  Pé
Ritmo ondeante?
          O que é?
A alma sente,
          Não vê
Nem ouve.

Que ária é?
Qual será?
Não se vê
          Nem ouve
Mas dança
          Aqui
Que esperança
          Sorri?

Resvés
Da erva
Um, dois, três
A passar.
Pé ante
          Pé
Adiante
          E é
Invisível
Dança
Incrível
Esperança...
Mas é isto ou
          Sonhar?
Haver só
          O luar.

Resvés
Do luar

Vagos pés
Dançam...
Não se vê
Nem se ouve.

Gnomos, fadas?
      Que são?
Passadas ritmadas
      Que dão.

Pé ante
      Pé.

10-4-1927

387

Presságio

Vinham, loucas, de preto
Ondeando até mim
Pelo jardim secreto
Na véspera do fim.

Nos olhos loucos tinham
Reflexos de um jardim
Que não o por onde vinham
Na véspera do fim.

Mas passaram... Nunca me viram...
E eu quanto sonhei afim
A essas que se partiram
Na véspera do fim.

10-4-1927

388

Já não vivi em vão
Se escrevi bem
Uma canção.

A vida o que tem?
Estender a mão
A alguém?

Nem isso, não.
Só o escrever bem
Uma canção.

7-5-1927

389

Pelo plaino sem caminho
O cavaleiro vem.
Caminha quieto e de mansinho,
Com medo de Ninguém.

7-5-1927

390

Horas

Deram[1] horas na torre
    Alguém morre.
Deu[2] horas o som do sino,
    Há o Destino.
Aonde é treva... E escorre
    A hora da torre...
E pinga na terra basta
    E alastra.
Tudo tem outro sentido
    Cessou o ruído.

[22-5-1927]

391

Já me não lembra o sonho que não tive...
Eram só sombras e existiram antes...
Na sucessão incerta dos instantes
Com o que delas lembra, meu ser vive.

Aqui, se aqui é nada, absurdo estive
E entre marés de espumas e brilhantes
Contei à noite as súplicas constantes
Que não contei à noite, no declive.

Num fechar de olhos coagulam-se astros...
Nirvana... e o ocaso, regressada a hora,
Só tinge de ouro mate os alabastros...

Que jura eterna nunca se demora?
Que passo é sempre livre dos seus rastos?
Que nome fica, se a saudade chora?

31-5-1927

---

1   Variante sobreposta: «Dão».
2   Variante sobreposta: «Dá».

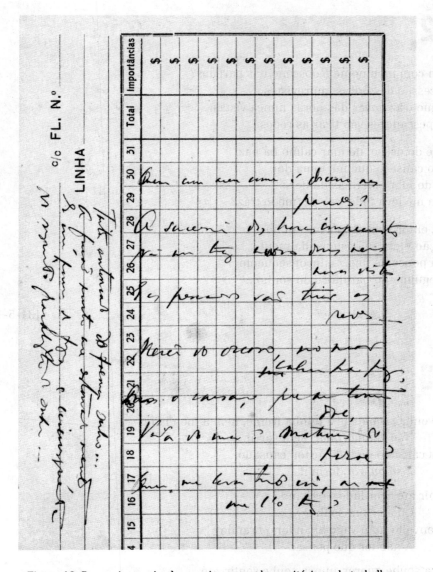

Figura 10. Poema improvisado num impresso do escritório onde trabalhava

392

Quem com meu nome é obsceno nas paredes?
A sucessão das horas imprevistas
Não me traz novas das horas nunca vistas,
E os pescadores vão tirar as redes...

Mercê do ocaso, no mar calmo há paz,
Mas o cansaço que me toma dói.
Vida do mar? Matinas do herói?
Quem me leva tudo isso, ou me lo traz?

Tinta entornada do poema sonho...
A ficção morta na estouvada mente,
E um pouco de fugaz e inconsequente
No seguimento paralítico do sonho...[1]

[31-5-1927]

393

Não venhas sentar-te à minha frente, nem a meu lado;
    Não venhas falar, nem sorrir.
Estou cansado de tudo, estou cansado,
    E só quero[2] dormir.

Dormir até acordado, sonhando
    Ou até sem sonhar,
Mas envolto num vago abandono brando
    A não ter que pensar.

Nunca soube querer, nunca soube sentir, até
    Pensar não foi certo em mim.
Deitei fora entre urtigas o que era a minha fé,
    Escrevi numa página em branco, «Fim».

As princesas incógnitas ficaram desconhecidas,
    Os tronos prometidos não tiveram carpinteiro.
Acumulei em mim um milhão difuso de vidas,
    Mas nunca encontrei parceiro.

---

1   Ver fac-símile na página anterior.
2   Variante subposta: «Quero só».

Por isso, se vieres, não te sentes ao meu lado, nem fales.
    Só quero dormir, uma morte que seja
Uma coisa que me não rale nem com que tu te rales –
    Que ninguém deseja nem não deseja.

Pus o meu Deus no prego. Embrulhei em papel pardo
    As esperanças e as ambições que tive,
E hoje sou apenas um suicídio tardo,
    Um desejo de dormir que ainda vive.

Mas dormir a valer, sem dignificação nenhuma,
    Como um barco abandonado,
Que naufraga sozinho entre as trevas e a bruma
    Sem lhe saber o passado.

E o comandante do navio que segue deveras
    Entrevê na distância do mar
O fim do último representante das galeras,
    Que não sabia nadar.

28-8-1927

394

A levíssima brisa
Que sai da tarde morna
Na minha alma imprecisa[1]
Imprecisão entorna.

Nada conduz a nada,
Nada serve de ser
No sossego da estrada
Nada vejo viver.

Meu conhecer é triste
O que é que tem razão?
Nada, e o nada persiste
Na estrada e no verão.

7-9-1927

---

1   Omiti um travessão sintacticamente inadmissível.

395

Mexe a cortina com o vento.
    Do mesmo modo
Mexe com o meu pensamento
    O mundo todo.

Nem sei que certa diferença
    Existe entre eu
Crer com alma, e enrolar sem crença
    Um lunar véu.

7-9-1927

396

Correm-me menos tristonhos
Meus dias, dia por dia,
Mas faz-me falta nos sonhos
A antiga melancolia.

Como onda com onda liga
No mesmo curso de água,
À minha tristeza antiga
Sucede uma nova mágoa.

Como de uma ânsia que cessa,
Ainda a mais infinita,
Tristeza que não começa,
Saudade de esperança, aflita.

5-10-1927

397

Morreu. Coitado ou coitada!
Vê-lo, ou vê-la, no caixão!
Isto é «sentido», ou é nada?
O choro é tépido e vão.

Tem a face transtornada
De tantas calmas que estão
Naquela expressão fixada
Pela falta de expressão.

Morreu. Uns meses depois
Morreu. Amada ou amado,
Seja lá o que for dos dois –

Passou a ser o passado...
Ó grandes mágoas, vós sois
Um esquecimento adiado.

8-10-1927

398

Post-scriptum

Gostaria de saber
Com[1] que sonha quem não sonha,
Que tem para se entreter
E fazer meio-risonha
A vida que há por viver...

Gostaria de sentir
Como é a alma que vive
Sem para a alma sorrir...
Eu sonhei e nada obtive.
Sonharei sem conseguir.

---

1   Variante, a seguir, entre parênteses: «De».

Mas do que fiz e que faço,
Que é nada, como o é tudo,
Guardo no meu ser o traço
Do sonho que me faz mudo,
E rio-me do cansaço...

Os grandes homens da terra,
Os que fazem, sem gramática,
Frases de paz e de guerra,
E sabem tudo da prática
Salvo que a prática erra –

Ah,[1] esses têm presença,
Multidão e biografia...
Que o Fado os tenha na crença
Que esse valer tem valia!...
Casei com a diferença.

9-10-1927

399

Durmo. Regresso ou espero?
Não sei. Um sonho flui
Entre o que sou e o que quero
Entre o que sonho e o que fui.

19-10-1927

---

1   Variante a seguir, entre parênteses: «Sim,».

400

Sonus desilientes acquae

Som breve da água,
Tão calmo e tão bom,
Não sei se esta mágoa
É mais ou é menos
Ouvindo esse som.

Sei que é diferente...
Mas não sei dizer
Se o som que se sente
Da água vai fazer
Lembrar ou esquecer...

Sei eu o que sinto?
Sei eu o que sou?
Defino-me,[1] e minto...
Com a água, e o[2] seu canto,
Cantando me vou...[3]

23-10-1927

---

1   Variante sobreposta: «Descrevo-me».
2   Palavra opcional.
3   Ver fac-símile na página 380.

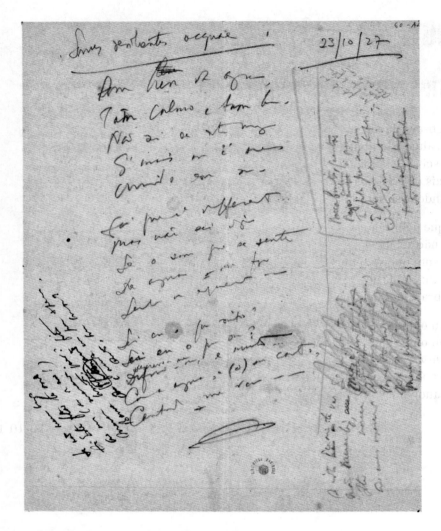

Figura 11. Além do poema «Sonus desilientes acquae», Pessoa rascunhou nesta mesma página, em várias direcções, a lápis e tinta, outro poema, que rejeitei, por lacunar e incipiente

401

Ah, nunca, por meu bem ou por meu mal,
    Converti minha dor
    Em dor universal!
Por eu sofrer não sofre quem não sofre...

Ditosos os que podem, pervertendo
    Seu pranto em dor de tudo
    estar assim convivendo,
Ainda que só com a imaginação.
    São humanos, e eu não.

Felizes os que podem erigir
    Sua alma em universo
    E sofrer a expandir!
Quanto mais sofro, mais pertenço a mim.
    Choro, e não sou afim.

Meu coração não pode ter a crença,
    Por sofrer, que todo o orbe
    Vive uma dor imensa.
Sofro sem outros, sem pesar nem dó,
    Sofro eu, sofro só.

Só gozo a liberdade indefinida
    De não ter a ilusão
    De que sou toda a vida,
De que sou símbolo, eu que só isto sei:
    Nada sou nem serei.

Alheia a mim a humanidade vasta
    Ri, com pencas de choro.
    E a alegre vida arrasta.
As almas altas sofrem sem trocar
    Padecer por amar.[1]

24-10-1927

---

1   Estrofe dubitada.

402

Não: não pedi amor nem amizade
    Às almas nem à vida;
Pedi-os à ilusão, à saudade,
    E a uma esp'rança perdida.

O que me deram não compensa o nada
    Do que a vida me deu;
Mas, como a um pobre, o que me deu pousada
    Deu-me um pouco do céu.[1]

Perdi já tudo: o que negou o que é
    E o que o sonho me dera...
Sou hoje o sol que vagueia a pé
    Entre o que foi e o que era.[2]

Hoje, descrente até do que não há,
    Vagueio em mim sem mim,
E tudo o que sonhei é um deus que está
    Guardando a treva e o fim.

31-10-1927

---

1   Os dois últimos versos da estrofe estão dubitados.
2   Estrofe dubitada.

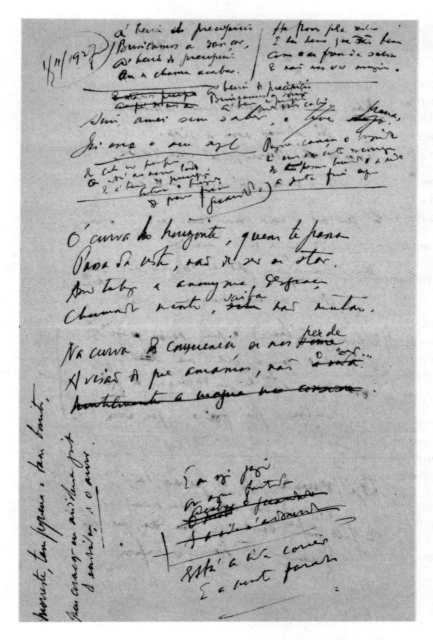

Figura 12. Nesta mesma página, Pessoa esboça três poemas diferentes, deixando dois incompletos: «Ó curva do horizonte...» e «Morreste, tão pequena e tão bonita.»

403

À beira do precipício
Brincamos a dançar.
À beira do precipício
Que se chama acabar.

Há flores pela relva
E há ervas que são bem
Como o ar fresco da selva
E não nos ver ninguém.

À beira do precipício
Brincamos a sorrir
À beira do precipício
Onde vamos cair.

Porque cansa o brinquedo
E um e outro escorrega
E mesmo brincando a medo
A gente fica cega

E cai no precipício
Que está ao nosso lado
E à beira do precipício
Continua o brinquedo
De quem fica guardado.

E ou seja jazigo
Ou água furtada
Está a vida corrida
E a mente parada.[1]

1-11-1927

---

1   Ver fac-símile na página 383.

404

Música, sim, popular...
Harmónio de viageiro...
Meu coração transborda
Quem será quem chama?

Tudo quanto a alma deseja
Passa na música breve
Que passa e que nada deixa
Senão *ter pena*[1] que esteve.

Tudo quanto eu quereria
Não fica dentro de mim
Mas na música se esfria
E tem um som e um fim.

Maligna sorte *da*[2] alma
Não poder ter emoção
Senão quando vive calma
Fora *do seu*[3] coração.

1-11-1927

405

Xadrez

Peões, saem na noite sossegada,
Cansados, cheios de emoções postiças,
Vão para casa, conversando em nada,
Sob peles, e casacos, e peliças.

Peões a que o destino não concede
Mais que uma casa por *avanço e*[4] sorte,
Salvo se a diagonal lhes outra cede,
Ganhando o[5] novo, com a alheia morte.

---

1   Variante subposta: «pena de».
2   Variante sobreposta: «de uma».
3   Variante subposta: «de ter».
4   Variante sobreposta: «direita».
5   Variante subposta: «E ganham».

Súbditos sempre da maior mudança
Das nobres peças que ou o Bispo ou a Torre
Subitamente a sorte lhes alcança
E no isolado avanço o peão morre.

Um ou outro, chegando ao fim, consegue
O resgate do que é outro do que ele;
E o jogo, alheio a cada peça, segue,
E a inexorável mão por junto impele.

Depois, coitados, *sob peliça ou renda*,[1]
Mate! Se finda o jogo e a mão *delgada*[2]
Guarda as peças sem nexo da contenda,
Que, como tudo é jogo, o fim é nada.

1-11-1927

406

No lar que nunca terei
Está a paz de todo o mundo.
Ali o carinho é rei,
O amor é bom e profundo
Sem que seja □

Eu só o encontrarei
No lar que nunca terei.

3-11-1927

---

1   Expressão dubitada.
2   Variante subposta: «cansada».

407

Sopra lá fora o vento
Até me entrar na alma,
E o próprio pensamento
Sente levada a calma.

Porque há no som agreste
Do vento a assoprejar
Um horror que desveste
De esperança meu cismar.

Outrora fui feliz...
Não sei quando, mas fui...
O vento forte o diz
Que em nada me dilui,

Que esse nada me apavora,
Violento, vão, vazio,
Enchendo de oco a hora
Ou o coração de frio.

19-11-1927

408

Há luz no tojo e no brejo
Luz no ar e no chão...
Há luz em tudo que vejo
Não no meu coração...

E quanto mais luz lá fora
Quanto mais quente é o dia
Mais por contrário chora
Minha íntima noite fria.

26-11-1927

409

Não tenho razão
        P'ra dizer que não
Nem tenho fim
        P'ra dizer que sim.
Eu ando enganado
        E não digo nada
Ou se digo assim:
        Talvez, ou por uma vez,
Ou então ao invés
        Ou então a fingir,
Eu quero crer...
        Mas não vou dizer
Se já vou saber...
        Quero decidir...

1-12-1927

410

É um canto amargo e moço...
        Cessou, ou foi mentira?
Choro porque o não ouço.
        Chorara se o ouvira.
Nem sei dizer se achara
        Melhor que prosseguisse
Ou se fora mais rara
        Coisa que eu nunca ouvisse.
Nem até sei se ouvi
        O que ouvi dele, e choro
Metade do que senti,
        Metade do que ignoro.
Pálida sombra de areia
        Deixada em desmazelo...
Ouvi-te, ou sou só poeira
        Do próprio pesadelo?

1-12-1927

411

Brincava a criança
Com um carro de bois.
Sentiu-se brincando
E disse, Eu sou dois!

Há um a brincar
E há outro a saber,
Um vê-me a brincar
E outro vê-me a ver.

Estou por trás de mim
Mas se volto a cabeça
Não era o que eu qu'ria
A volta *não*[1] é essa...

O outro menino
Não tem pés nem mãos,
Nem é pequenino
Não tem mãe ou irmãos.

E brinca comigo
Por trás de onde eu estou
Mas se volto a cabeça
Já não sei o que sou.

E o tal que eu cá tenho
E sente comigo,
Nem pai, nem padrinho,
Nem corpo ou amigo,

Tem alma cá dentro
Está a ver-me sem ver
E o carro de bois
Começa a parecer

Uma cousa diferente[2]
E ao pé de uma cousa,
E fico a pensar

---

1   Variante sobreposta: «só».
2   A partir desta estrofe, o poema deixa de rimar, porque não ultrapassou o estádio de rascunho.

Se eu tivesse outra vez
O menino de lá,
O carro de bois

E o carro de bois
Depois já parece
Só o brinquedo.

5-12-1927

412

Não vivo em vão
Se escrever bem
Uma canção;

E também não
Se der a alguém,
Útil, a mão.

Pobre, porém,
Não posso a mão
Dar a ninguém.

Escreverei bem
Uma canção.

8-12-1927

413

Nem sequer era bizantina
Tua legenda e a esfinge *dela*...[1]
O céu de sombras se constela
Só de te ler a absurda sina.

Foram mortos entre emboscadas
Os que sonhavam te buscar...
E os que ficaram a penar,
Hoje, longe das vãs passadas,

E enfeitiçados pelos estos
De paixões *anormais*[2] e puras,
Glosam com vis iluminuras
Teu[3] nome escrito em palimpsestos.

8-12-1927

414

Cai[4] verde o ocaso. *A noite é ausente*.[5]
Um tédio absurdo e excessivo vem
Do espaço *claro*[6] do céu *silente*.[7]
Meu ser vazio não é ninguém.

E triste[8] ermo, do vão passado,
E do futuro vão que já sei,
O esforço estéril a dar e dado
Ó dia inútil que deixarei.

E neste momento de azul e verde
É como um prazer, como a *mágoa*[9] alheia,
Saber que tudo se *resolve*[10] e perde
E que o[11] dilúvio é só uma cheia.

8-12-1927

---

1   Variante sobreposta: «nela...».
2   Variante sobreposta: «sensuais».
3   Variante subposta: «Seu».
4   Variante sobreposta: «Vai».
5   Variante sobreposta: «A tarde é parada.».
6   Variante, ao lado: «calmo».
7   Variante subposta: «sem nada.».
8   Variante sobreposta: «Maligno».
9   Variante sobreposta: «dor».
10   Variante sobreposta: «sabe».
11   Variante sobreposta: «um».

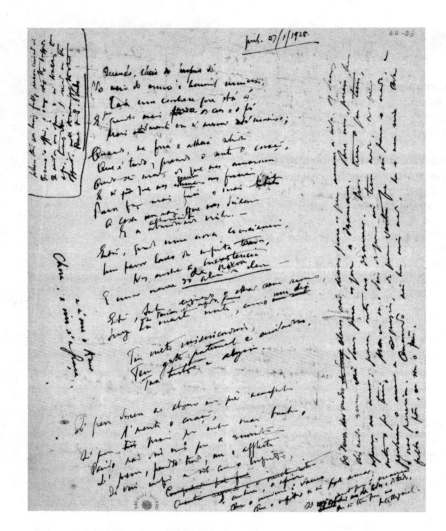

Figura 13. Além do poema «Quando cheio...», o poeta escreveu outros textos: o fim do poema «Estrada de Damasco», iniciado no verso da folha, fragmentos de um texto dramático afim e uma nota em inglês

415

Quando, cheio do próprio dó,
No meio do ermo e horrível universo,
Cada um conhece que está só
E que quanto mais saúda os céus e o pó
Mais somente em si mesmo está imerso;

Quando, na fria e alheia solidão
Que é tudo, quando o sente o coração,
Quando são mortos os que nos amaram
E só os que nos *estremam*[1] nos ficaram,
Para fazer mais fria e mais sozinha
A casa sem raiz que nos deixaram
E a *abandonada*[2] vinha...

Então, quando uma nova consciência,
Um pavor louco da infinita treva,
Nos enche a inexistência
E uma névoa *do além se eleva* —[3]

Então, Senhor, erguendo o olhar sem rumo,
Surge *da inerte noite*,[4] como um dia

Teu vulto misericordioso,
Teu gesto paternal e cuidadoso,
Tua tristeza e alegria...[5]

27-1-1928

---

1   Variante sobreposta: «querem».
2   Variante sobreposta: «aborrecida».
3   Variante sobreposta: «de névoa.».
4   Variante sobreposta: «do terror do infindo fumo».
5   O poeta apenas avançou na linha alguns versos, sem critério definido, procedimento que respeitei, por o poema não ter ultrapassado o estádio de rascunho.

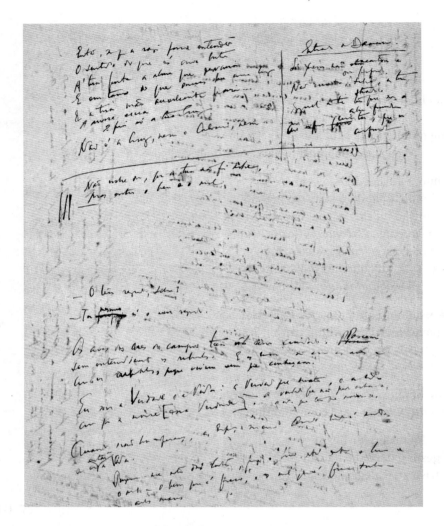

Figura 14. Verso da folha do poema «Quando, cheio do próprio dó,», com o início, ao cimo da página, de «Estrada de Damasco»

416

Estrada de Damasco

Só quem não encontrou a dor profunda,
Não encontrou, Senhor, a tua estrada.
Igual a ti tem que ser a alma funda
Que sofra como tu, que se confunda.
Então, sem que a razão possa entender
O sentido do que és ouve bater
À tua porta a alma que desvaira
E em torno do que somos há uma luz
E a tua mão auxiliente paira...
A árvore seca
      E fica só a tua Cruz.

Não é a Cruz, nem o Calvário, nem □

Só quem desceu ao abismo em que acompanha
      À mente o coração,
Só quem das praias que nenhum mar banha,
Pávido não viu mais que a escuridão...
Só quem, perdido tudo, nu e aflito,
Se viu enfim a sós com o Infinito,
E conhece, a esfriar,
Que o universo é vácuo
Que o infinito se não pode amar;
Só esse sente que é criança,
Órfão de todos e de tudo,
Que não tem pai no Inteligível.

27-1-1928

417

O que eu fui o que é?
Relembro vagamente
O quando estive ao pé
Do que hoje me a alma sente.[1]

Se o tempo é longe ou perto
Em que isso se passou,
Não sei dizer ao certo.
Que nem sei o que sou.

Sei só que me hoje agrada
Rever essa visão
Em que não vejo nada
Senão o coração.

5-2-1928

418

Era um morto encontrado na rua.
Levam-no em padiola
Para casa que não era sua,
Uma casa grande, como um centro político, ou escola.

Levam-no, apanhado do chão,
Caído por doença súbita, desconhecido.
Tinha, como nós todos, vida e coração.
Apanharam-no no chão, caído.

Diz o jornal «com ar de operário», mas até
Que não dissesse, que ar poderia ter
Verdadeiramente quem publicamente só é
Apanhado do chão, onde ficou a morrer?

Vejo levá-lo na padiola, e em minha alma
Há um frio que desconheço, um pavor.

---

1   Variantes, à margem: «O vago não sei quê / Que passei e se sente.»; «O [...] / Pelo qual a alma o sente.».

Levam-no para a morgue pela tardinha calma...
Que tenho eu de certo, *ou de melhor*.[1]

Não foi identificado? Qual de nós o é?
Em padiola? É diferente ir morto num caixão?

5-2-1928

419

Já sonho
A canção.
Os fados
Suponho
Que estão
Parados.

Que calma
Se apaga
A tarde!
E a alma?
É vaga
E arde.

Que sente?
– Anseio?
Ilusão,
Somente?
Descreio
Da canção.

Tão triste
O luar
Me tem.
Consiste
Amar
Num bem?

Tão vazia
A terra
Inteira...

9-3-1928

---

1   O poeta escreveu «... de melhor ou certo», mas acrescentou, a seguir, «ou de melhor», para manter a rima, mas sem riscar «ou de melhor» da linha anterior.

420

É triste a noite, é triste o luar, e a gente
      Que passa alegre faz-me triste.
      Não sei em que consiste
O que desejo e que tudo isto faz dormente.

Tudo conheço porque sonhei tudo. *Sonhei*
      Ou fui? Que importa ao que sou agora?
      Queria dizê-lo[1], como quem já não chora.
Canção impossível, quando te cantarei?

11-3-1928

421

Nas ruas por onde vão
Os outros para um destino,
Meus passos acasos são:
Vou deserto e sem tino.

Nem sonho nem pensamento
Ocupa o que me sinto...
É como *às vezes*[2] o vento
No chão nocturno extinto

Remexe, e ou folha se ouve
Ou poeira alterada...,
Ou talvez passar, ou chove...,
Mas tudo isto é nada.

11-3-1928

---

1   Variante, no final da página: «Nem sei / Quem fui. Quereria agora / Dizê-lo,».
2   Variante sobreposta: «quando».

422

Há quanto tempo eu não passava aqui
    Por esta rua, há dez anos talvez!
Aqui morei, contudo, aqui vivi
    Um tempo – uns dois anos ou três.

A rua é a mesma, o novo é quasi nada
    Mas ela, se me visse, e o dissesse,
Diria, É o mesmo, e eu estou tão mudada!
    Assim a alma lembra e esquece.

Passamos pelas ruas e por gente,
    Passamos por nós mesmos, e acabamos.
Depois na ardósia, a Mão Inteligente
    Apaga o símbolo, e recomeçamos.

12-3-1928

423

Paira à tona de água
Uma vibração.
Há uma vaga mágoa
No meu coração.

Não é porque a brisa
Ou o que quer que seja
Faça esta indecisa
Vibração que adeja,[1]

Nem é porque eu sinta
Uma dor qualquer.
Minha alma é indistinta,
Não sabe o que quer.

É uma dor serena,
Sofre porque vê.
Tenho tanta pena!
Soubesse eu de quê!...

14-3-1928

---

1   Verso dubitado.

424

A água da chuva desce a ladeira.
     É uma água ansiosa.
Faz lagos e rios pequenos, e cheira
     A terra a ditosa.

Há muitos que cantam a dor e o pranto
     De o[1] amor os não qu'rer...
Mas eu, que também o não tenho, o que canto
     É outra[2] cousa qualquer.

A água, que desce a ladeira, faz rir
     A gente no fim...
Há tantos que cantam *sem nada*[3] sentir!
     Cantarei *assim*.[4]

21-3-1928

425

Queria dizer a alguém
     Como quem já lhe falou,
Não o que penso, nem bem
     O que sinto, mas o que sou.

Não por palavras – até
     Poucas palavras é vão,
E um sorriso ou olhar é
     Como fala o coração –,

Mas por um vago florir
     Da alma à flor do dizer,
Que não chegasse a abrir
     Em voz, ou símbolo, ou ser...

---

1   Artigo opcial.
2   Variante sobreposta: «uma».
3   Variante subposta: «só por o [variante: "se"]».
4   Variantes subpostas: «por mim» e «sem mim».

Um intervalo ou olvido
     Do gesto ou da expressão
Que fique no olhar ou no ouvido
     Como sendo do coração.

21-3-1928

426

Há música. Tenho sono.
     Tenho sono com sonhar.
Estou num longínquo abandono
     Sem me sentir nem pensar.

A música é pobre. Mas
     Não será mais pobre a vida?
Que importa que eu durma? Faz
     Sono sentir a descida...

Que inteligência há-de dar-se
     Ao princípio da absorção?
Há música. Antes chorar-se
     Sem que □

Aventura inexequível,
     Congruência com não ser.
Meu coração no desnível,
     Meu cansaço sem ceder.

Meu paraíso perdido!
     Meu rebanho abandonado!
Vou no séquito abolido
     Como um pajem exilado.[1]

25-3-1928

---

1   Os dois últimos versos estão dubitados.

427

Hoje estou triste, estou triste.
Estarei alegre amanhã...
O que se sente consiste
Sempre em qualquer cousa vã...

Ou chuva, ou sol, ou preguiça...
Tudo influi, tudo transforma...
A alma não tem justiça,
A sensação não tem forma.

Uma verdade por dia...
Um mundo por sensação...
Estou triste. A tarde está fria.
Amanhã, sol e razão.

22-4-1928

428

Passava eu na estrada pensando impreciso,
            Triste à minha moda.
Cruzou um garoto, olhou-me, e um sorriso
            Agradou-lhe a cara toda.

Bem sei, bem sei: sorriria assim
            A um outro qualquer.
Mas então sorriu assim para mim...
            Que mais posso eu qu'rer?

Não sou nesta vida nem eu nem ninguém,
            Vou sem ser nem prazo...
Que ao menos na estrada, me sorria alguém
            Ainda que por acaso.

22-4-1928

429

O sonho que se opôs a que eu vivesse
A esperança que não quis que eu acordasse,
O amor fictício que nunca era esse,
A glória eterna que velava a face...

Por onde eu, louco sem loucura, passe
Esse conjunto absurdo a teia tece...
E, por mais que o Destino me ajudasse,
Quero crer que o Deus dele me esquecesse.

Por isso sou o deportado, e a ilha
Com que, de natural e vegetável
A imaginação se maravilha...

Nem frutos tem nem água que é potável...
Do barco naufragado vê-se a quilha...
□

24-4-1928

430

Meu coração esteve sempre
Sozinho. Morri jovem.
Para que é preciso um nome?
É Esta[1] a minha sepultura.

8-6-1928

---

1   Variante subposta: «Fui eu».

431

É inda quente o fim do dia...
Meu coração tem tédio e nada...
Da vida sobe maresia...
Uma luz azulada e fria
Pára nas pedras da calçada...

Uma luz azulada e vaga...
Um resto anónimo do dia...
Meu coração não se embriaga.
Vejo como quem só divaga...
É uma luz azulada e fria.

13-7-1928

432

Mexe em árvores o vento,
É um murmúrio o mexer...
Não tenho outro pensamento
Mais que uma esperança a esquecer.

Som alto nas folhas leves,
Quem me dera saber dar
Em versos simples, breves,
Essa música do ar.

Mas ela é tal qual a ouço
E não tal qual a direi...
Quero sonhar e não posso...
Quero cantar e não sei...

6-8-1928

433

Em torno ao candeeiro desolado
Cujo petróleo me alumia a vida,
Paira uma borboleta, por mandado
Da sua inconsistência indefinida.

1-9-1928

434

O meu coração quebrou-se
Como um bocado de vidro.
Quis viver e enganou-se...

1-10-1928

435

O louco

E *grita*[1] aos constelados céus
Por[2] trás das mágoas e das grades,
Talvez *por*[3] sonhos como os meus...
Talvez, meu Deus!, com que verdades!

As grades de uma cela estreita
Separam-no de céu e terra...
Às grades mãos humanas deita
E com voz não humana berra...

(Ó meu irmão, porque és humano,
As tuas grades são visíveis...
Quantas não fecham a alma insana?
Os outros, ser, □ impossíveis?)

30-10-1928

---

1   Variante sobreposta: «fala».
2   Variante sobreposta: «De».
3   Variante sobreposta: «com».

436

Caminho a teu lado mudo.
Sentes-me, vês-me alheado...
Perguntas –[1] Sim... Não, nem sei...
Tenho saudades de tudo...
Até, porque estás passando
Do *próprio*[2] mal que passei.

Sim, hoje é um dia feliz.
Será, não sei, por certo...
Mas por certo não sei quê
Há um sentir que me diz
Que este céu azul e aberto[3]
É só *o que nada é...*[4]

E lembro-me em amargura[5]
Do passado, do distante,
E tudo me é solidão...
Quem fui nessa noite escura?
Quem sou nesta morte instante?
Não perguntes... Tudo é vão.

4-11-1928

---

1   Sobre o travessão, outro sinal, aparentemente uma vírgula, não adequada ao sentido do verso.
2   Variante subposta: «mesmo».
3   Variante sobreposta: «[Que] isto – o céu longe e nós perto –».
4   Variante sobreposta: «[É só] *a sombra* [variante, "o sonho"] do que [é]».
5   Variante sobreposta: «[E] lembro em meia-amargura.».

437

Aguarela

Quando o barco passa na água
Faz as vezes de ilusão...
O que é esta[1] dor sem mágoa
Que há um pouco em meu coração?[2]

Quando o barco vai no rio
A gente *põe-se[3]* a pensar...
Mas nem se pensa a frio,
Porque pensar é sonhar.

Quando o barco vai da vista
Há uma tristeza que vem.
Quem quer que a vida exista?
Meus[4] sonhos não são ninguém...

6-11-1928

438

Há uma música do povo,
Nem sei dizer se é um fado –
Que ouvindo-a há um ritmo novo
No ser que tenho guardado...

Ouvindo-a sou quem seria
Se desejar fosse ser...
É uma simples melodia
Das que se aprendem a viver...

E ouço-a embalado e sozinho...
É essa mesmo que eu quis...

---

1   Variante subposta: «Que me quer a».
2   Variante subposta para os dois versos: «Gosto desta dor sem mágoa / Que me anda no coração.».
    Variantes, ao fundo da página, para o último verso: «Que me embala o coração»; «Que me anda no coração» e «que passa em meu coração».
3   Variante sobreposta: «pára».
4   Variantes subpostas: «... E os»; «Mas».

Perdi a fé e o caminho...
Quem não fui é que é feliz.

Mas é tão consoladora
A vaga e triste canção...
Que a minha alma já não chora
Nem eu tenho coração...

Sou uma emoção estrangeira,
Um eco de sonho ido...
Canto de qualquer maneira
E acabo com um sentido!

9-11-1928

439

Tenho dó das estrelas,
Luzindo há tanto tempo,
Há tanto tempo...
Tenho dó delas.

Não haverá um cansaço
Das coisas,
De todas as coisas,
Como das pernas ou de um braço?

Um cansaço de existir,
De ser,
Só de ser,
O ser triste brilhar ou sorrir...

Não haverá, enfim,
Para as coisas que são,
Não a morte, mas sim
Uma outra espécie de fim,

Ou uma grande razão –
Qualquer coisa assim
Como um perdão?

10-12-1928

440

A pálida luz da manhã de inverno,
     O cais e a razão
Não dão mais esperança nem menos esperança sequer,
     Ao meu coração.
     O que tem que ser
Será, quer eu queira que seja ou que não.

No rumor do cais, no bulício do rio,
     Na rua a acordar
Não há mais sossego, nem menos sossego sequer,
     Para o meu esperar.
     O que tem que não ser
Algures será, se o pensei; tudo mais é sonhar.

28-12-1928

441

Natal

Natal. Na província neva.
Nos lares aconchegados
Um sentimento conserva
Os sentimentos passados.

Coração oposto ao mundo,
Como a família é verdade!
Meu pensamento é profundo,
Estou só, e sonho saudade.

E como é branca de graça
A paisagem que não sei,
Vista de trás da vidraça
Do lar que nunca terei!

[Anterior a 30-12-1928]

442

Sim, tudo é certo, logo que o não seja.
Amar, teimar, verificar, descrer...[1]
Passos... Não quero ter que descrever...
A alma universal conclua e veja!...

Mas como tua boca é de cereja
Segundo se convenciona[2] se dizer...
Mas quem sabe o que quer que te deseje...
Filha, eu que te desejo não sei qu'rer...

Triste sorte a que é minha e dos postiços
Que, tendo achado o certo entre calhaus
Verificaram que os primeiros viços
Saem das ervas más – os filhos maus.

20-1-1929

443

A tua voz fala *de amor...*[3]
      Tão meiga fala, que me esquece
Que é falsa a sua *meiga*[4] prosa.
      Meu coração desentristece.

Ah,[5] como a música sugere
      O que na música não está,
Meu coração nada mais quer
      Que *o sonho falso*[6] que em ti há...

Amar-me? Quem o crera? Fala
      Na mesma voz que nada diz...
Se és uma música que embala,
      Eu oiço, ignoro e sou feliz.[7]

---

1   Pessoa esboçou o poema com uma primeira quadra de que depois aproveitou apenas estes dois primeiros versos. Rejeitei os que se seguiam: «Quem me dera um sossego à beira-ser / Como o que à beira-mar o olhar deseja.».
2   Eliminei «de», a seguir a «convenciona», por aparente lapso do autor.
3   Variante sobreposta: «amorosa».
4   Variante sobreposta: «branda».
5   Variante sobreposta: «Sim».
6   Variante sobreposta: «a melodia».
7   Variantes sobrepostas: «Eu durmo. Eu sonho. Eu sou feliz» e «Eu tenho sono e sou feliz.».

Não[1] há felicidade falsa,
　　　Enquanto dura é verdadeira,
Que importa o que a verdade exalça?
　　　Se sou feliz desta maneira?

22-1-1929

444

Qual é a tarde por achar
Em que teremos todos razão
E respiraremos o bom ar
Da alameda (sendo verão),

Ou, sendo inverno, baste estar
Ao pé do sossego ou do fogão?
Qual é a tarde por voltar?
Essa tarde houve, e agora não.

Qual é a mão cariciosa
Que há-de ser enfermeira minha –
Sem doenças minha vida ociosa –
Oh, essa mão é morta e osso...
Só a lembrança me acarinha
O coração com que não posso.

22-1-1929

1　　Variante sobreposta: «Nem».

445

Aquela graça *incomparável*[1]
Que nasce sem saber falar
Pende no meu sonho estável
Como uma música no ar.

Meu coração recebe dela
Dessa lembrança dolorida,
Um ar bom que abre uma janela
E refresca o torpor da vida...

Não creio que haja mentira ou verdade.
Ela era uma alma alada e nobre
Que deu um breve tempo
Como se *dá esmola*[2] a um pobre.
Deu-me um sorriso e não saudade.

31-1-1929

446

Vou com um passo como de ir parar
    Pela rua vazia
Nem sinto como um mal ou mal-estar
    A vaga chuva fria...

Vou pela noite da indistinta rua
    Alheio a andar e a ser
E a chuva leve em minha face nua
    Orvalha de esquecer...

Sim, tudo esqueço. Pela noite sou
    Noite também
E vagaroso e □ vou,
    Fantasma de ninguém.

No vácuo que se forma de eu ser eu
    E da noite ser triste,

---

1   Variante sobreposta: «indecifrável».
2   Variante sobreposta: «desse um sorriso».

Meu ser existe sem que seja meu
E anónimo persiste...

Qual é o instinto que fica esquecido
Entre o passeio e a rua?
Vou sob a chuva, anónimo e delido,
E tenho a face nua.

14-2-1929

447

Abat-jour

A lâmpada acesa
(Outrem a acendeu)
Baixa uma beleza
Sobre o chão que é meu.

No quarto deserto
Salvo o meu sonhar,
Faz no chão incerto
Um círculo a ondear.

E entre a sombra e a luz
Que oscila no chão
Meu sonho conduz
Minha inatenção.

Bem sei... Era dia
E longe de aqui...
Quanto me sorria
O que nunca vi!

E no quarto silente
Com a luz a ondear
Deixei vagamente
Até de sonhar...

28-2-1929

448

Há como um círculo de névoa
Que mais e mais me envolve e oprime –
Um círculo de densa névoa...
Meu coração desassossega.
Minha alma nada quer ou exprime,
Parada, desolada e cega.

Ah, seja eu luz, e por mim mesmo
À névoa em torno afastarei.
Serei meu próprio guia eu mesmo...
Conheça eu bem que só *nada*[1] e luz
É quanto dão ao Génio e ao Rei
Deuses e o Fado que os conduz.

5-3-1929

449

Parece que estou sossegando
Estarei talvez para morrer.
Há um cansaço novo e brando
De tudo o quanto quis querer.

Há uma surpresa de me achar
Tão conformado com sentir,
Súbito vejo um rio
Entre arvoredo a luzir.

E são uma presença certa
O rio, as árvores e a luz.[2]

17-3-1929

---

1   Palavra dubitada.
2   É admissível que o poema tenha ficado incompleto.

450

Silêncio. Deixa-me pensar.
Há um sonho em mim que me prendeu,
Um que começa a começar
Aquém da terra e além do céu.
Deixa-me ser nem teu nem meu.
Deixa-me só não sossegar.

A maravilha da distância
É feita de mar largo e azul.
Há sobre o perto a irreal fragrância
De um campo aberto sobre o sul.
Meu coração actual é exul,
Meu ser cativo é livre de ânsia.

Não sei quem foi que ali me disse
Palavras que não sei contar.
Foram de anónima ledice.
Silêncio. Deixa-me pensar.
Não tenho amor para te dar.
Minha alma jovem tem velhice.[1]

27-3-1929

451

Aqui está-se sossegado,
Longe do mundo e da vida,
Cheio de não ter passado,
Até o futuro se olvida.
Aqui está-se sossegado.

Tinha os gestos inocentes,
Seus olhos riam no fundo.
Mas invisíveis serpentes
Faziam-na ser do mundo.
Tinha os gestos inocentes.

---

1   No final do verso, entre parênteses, uma interrogação, sinal aparente de dubitação.

Aqui tudo é paz e mar.
Que longe a vista se perde
Na solidão a tornar
Em sombra o azul que é verde!
Aqui tudo é paz e mar.

Sim, poderia ter sido...
Mas vontade nem razão
O mundo têm conduzido
A prazer ou conclusão.
Sim, poderia ter sido...

Agora não esqueço e sonho.
Fecho os olhos, oiço o mar
E de ouvi-lo bem, suponho
Que vejo azul a esverdear.
Agora não esqueço e sonho.

Não foi propósito, não.
Os seus gestos inocentes
Tocavam no coração
Como invisíveis serpentes.
Não foi propósito, não.

Durmo, desperto e sozinho.
Que tem sido a minha vida?
Velas de inútil moinho –
Um movimento sem lida...
Durmo, desperto e sozinho.

Nada explica nem consola.
Tudo está certo depois.
Mas a dor que nos desola,
A mágoa de um não ser dois –
Nada explica nem consola.

29-3-1929

452

Mas o hóspede inconvidado
Que mora no meu destino,
Que não sei como é chegado,
Nem de que honras é di(g)no,

Constrange meu ser de casa
A adaptações de disfarce,[1]

7-4-1929

453

Glosa

Quem me roubou a minha dor antiga,
E só a vida me deixou por dor?
Quem, entre o incêndio da alma em que o ser periga,
Me deixou só no fogo e no torpor?

Quem fez a fantasia minha amiga,
Negando o fruto e emurchecendo a flor?
Ninguém ou o Fado, e a fantasia siga
A seu infiel e irreal sabor...

Quem me dispôs para o que não pudesse?
Quem me fadou para o que não conheço
Na teia do real que ninguém tece?

Quem me arrancou ao sonho que me odiava
E me deu só a vida em que me esqueço,
«Onde a minha saudade a cor se trava».[2]

1-4-1929

---

1   Apesar de incompleto, o poema parece-me suficientemente importante para o manter.
2   O poema glosa o «Último Soneto», de Mário de Sá-Carneiro, de que Pessoa reproduz o último verso.

454

Um muro de nuvens densas
Põe *na base*[1] do ocidente
Negras roxuras pretensas.

Com a noite tudo acaba.
O céu frio é transparente.
Nada de chuva desaba.

E não sei se tenho pena
Ou alegria da ausente
Chuva e da noite serena.

De resto, nunca sei nada.
Minha alma é a sombra presente
De uma presença passada.

Meus sentimentos são rastros.
Só meu pensamento sente...
A noite esfria-se de astros.

1-5-1929

455

Na água a água forma bolhas,
E o regato, rio a brincar,
Leva também coisas e folhas
Como se fosse para o mar.

Obscuras vidas, sois o mesmo
Que as grandes vidas a brincar,
Levais o que levais a esmo,
E o fim é sempre qualquer mar.

Meu coração não tem sossego,
Pensa que tudo é só brincar
De deuses servos de um deus cego
Para quem tudo é *sempre*[2] o mar.

13-5-1929

---

1   Variante, na margem: «no branco».
2   Variante subposta: «ele e».

456

Teu seio é nulo, porque não existes,
Vénus Urania; nem teus braços são
Dos que as carícias cobiçadas dão
E os olhos que te buscam ficam tristes.
Não duram sóis os dias em que insistes
Com tua ausência ideal do coração,
Mas amar-te é um dano e um perdão
E às nossas almas renovada assistes.
Cinge-me em sonhos teu destino raso
Com a malignidade de ter vida,
Sem consequência digna de ter prazo.[1]

11-6-1929

457

Assoupissement

Canta-me, canta, sem parar,
Sem nada querer conseguir,
Uma canção que faça sonhar...
Sem fazer sentir...

Estou como se tivesse pena.
Não conheço ninguém no mundo.
Canto que a noite está serena
E qualquer história é amor profundo...

Tudo serve... O luar, o rio,
A barquinha que está a boiar
Tudo menos este fastio
De desejar e de pensar...

Canta, não penses, bem sei... Nada...
Deixa-me desejar não ser
Com a alma leve e descansada...
Dormis, vestígios do saber?

26-6-1929

---

1   Variante subposta: «Paira na consequência desvalida / O último sol no último ocaso.».

458

Epitáfio desconhecido

Por mais que a alma ande no amplo enorme,
A ti, seu lar anterior, do fundo[1]
Da emoção regressa, ó Cristo, e dorme
Nos braços cujo amor é o fim do mundo.

26-6-1929

459

Tomámos a vila depois de um intenso bombardeamento

A criança loura
Jaz no meio da rua.
Tem as tripas de fora
E por uma corda sua
Um comboio que ignora.

A cara está um feixe
De sangue e de nada.
Luz um pequeno peixe –
Dos que bóiam nas banheiras –
À beira da estrada.

Cai sobre a estrada o escuro.
Longe, ainda uma luz doura
A criação do futuro...

E o da criança loura?

[*Notícias Ilustrado*, II série, 14-7-1929]

---

1   Variante sobreposta aos dois versos: «Quanto mais alma [ande no amplo] informe / Mais pronta a ti, [lar anterior, do fundo]».

460

Aqui na orla da praia, mudo e contente do mar,
Sem nada já que me atraia, nem nada que desejar,
Farei um sonho, terei meu dia, fecharei a vida,
E nunca terei agonia, pois dormirei de seguida.

A vida é como uma sombra que passa por sobre um rio
Ou como um passo na alfombra de um quarto que jaz vazio;
O amor é um sono que chega para o pouco ser que se é;
A glória concede e nega; não tem verdades a fé.

Por isso na orla morena da praia calada e só,
Tenho a alma feita pequena, livre de mágoa e de dó;
Sonho sem quasi já ser, perco sem nunca ter tido,
E comecei a morrer muito antes de ter vivido.

Dêem-me, onde aqui jazo, só uma brisa que passe,
Não quero nada do acaso, senão a brisa na face;
Dêem-me um vago amor de quanto nunca terei
Não quero gozo nem dor, não quero vida nem lei.

Só, no silêncio cercado pelo som brusco do mar
Quero dormir sossegado, sem nada que desejar,
Quero dormir na distância de um ser que nunca foi seu,
Tocado do ar sem fragrância da brisa de qualquer céu.[1]

10-8-1929

---

1   O poema ficou incompleto, não dando continuação a dois versos esboçados: «Que faz o esforço do exforço, que faz a
    □ da □ / Do feito fica o remorso, do nunca feito a □».

461

O vago e vasto luarar das águas

O claro e vago luarar das águas

O vago e vasto luarar das águas

O largo e vago luarar das águas

O largo e vago luarar das águas

O calmo e vago luarar das águas[1]

Como entre os bosques marginais, secretos
Pelo pender cerrado de amplos ramos,
O pensamento perde os seus objectos

E longe já da vida em que ficamos
Ao calmo e vago luarar das águas
Que dormem escamas até onde estamos,

Entre uma nova mágoa esquece mágoas,
Assim no sonho margens novas usa
De onde veja, e abandona as duras fráguas

Onde se a vida talha e a obra é conclusa.
Mas de que serve a riba onde sem barco
Ou a vida ou a ciência é já confusa

Mais vale talvez o paul verde ou o charco
De que ninguém presume mais que nada
Cujo sentido é nulo e o ☐ parco.

19-8-1929

---

1   Respeitei o espaço interestrófico dos versos.

462

Nas grandes horas em que a insónia avulta
Como um novo universo doloroso,
E a mente é clara com um ser que insulta
O uso confuso com que o dia é ocioso,

Cismo, embebido em sombras de repouso
Onde habitam fantasmas e a alma é oculta,
Em quanto errei e quanto ou dor ou gozo
Me foram nada, como frase estulta.

Cismo, cheio de nada, e a noite é tudo.
Meu coração, que fala estando mudo,
Repete seu monótono torpor

Na sombra, no delírio da clareza,
E não há Deus, nem ser, nem Natureza,
E a própria mágoa melhor fora dor.

31-8-1929

463

Tudo quanto sonhei, ou quis, amando,
O abismo o inclui, e forma um vulto brando
Cuja aérea presença faz meus sonhos,
Mas meus sonhos como eu vivem passando.

Nove vezes a Estige a si se envolve,
Mas tudo quanto é vida mais que nove.
Tudo é problemas, se se pensa ou sente,
E nada se consegue ou se resolve.

No fim quente do estio o outono quente
Principia e uma dúvida se sente
Que passa do exterior à alma e à vida,
Mas até a dúvida em si mesma mente.

Sábio é o que deixa que o Destino o faça.
Se tem que ser meu ser glória ou desgraça,

Sê-lo-á sem que o queira ou o consiga,
E o que for é, se o fôr, e, sendo, passa.

Glória ou vergonha nada pesa. Bate
Só no sozinho coração o rebate
Do que nos acontece ou não sucede.

13-9-1929

464

Como um cansaço ao fim do vento
Remoinham folhas a esquecer...
Não há nada em meu pensamento
Senão vontade de o não ter...

Sou triste por pensar de mais
E mais triste por o saber...
A água corre pelos cais
Mas não a posso compreender...

Quem fez meus sonhos interpostos
Entre a razão e o^1 conhecer?
A armada da alma deixa os postos...

17-9-1929

465

Tem um olhar direito e doce,
Um ar de rosto de confiança,
E amará como se o amor fosse
Uma alegria de criança...

Trouxe-me a flor por brincadeira.
Maliciosamente vinda,
Seu mesmo gesto era a maneira
□

---

1   Pessoa escreveu «a» porque era do género feminino a palavra seguinte, que riscou, substituindo-a por «conhecer».

Ou talvez não e tudo mude,
Mas, se for como as sempre iguais,
Que o eterno desencontro escude
Minha alma contra vê-la mais.

2-12-1929

466

Férias de Severo[1]

Aqui estou posto, onde algas e cortiça
À praia sem ninguém a maré traz;
Onde não há verdade nem justiça
Mas só o som sem nada que o mar faz.

E aqui, ao pé do antigo promontório,
Alheio em pedra bruta ao nome seu,
Volto, depois de um grande fado inglório,
À confusa substância que sou eu.

Tantas grandezas me pesaram na alma,
Tanta vicissitude me formou,
Que agora, a sós sem mim, não sei da calma
Que deveria ter, nem sei quem sou.

Fui tão estrangeiro no que fui, tão vago
Andei de mim em quanto consegui,
Que me recolho como o fim de um estrago
Do que me resta, e não é nada em si.

Pensei, fugindo às *torres*[2] e às praças,
Trazer comigo eu mesmo, e aqui me achar,[3]
Liberto de venturas e desgraças,
Tal qual eu sou, sem nada me alterar.

Mas ai!, não é em vão que se caminha
Fora da alma, entregue à vida e à sorte.

---

1   Identificação com Lúcio Septímio Severo, imperador romano de 193 a 211.
2   Variante sobreposta: «legiões».
3   Variante sobreposta: «Dar-me a mim [mesmo], [e aqui me] soletrar.».

A alma que trago já não é a minha.
Sou um sobrevivente *à própria*[1] morte.

Deixei quem fui *nas algas e a*[2] cortiça
De um mar pior que este que se ergue aqui.
Aqui não há verdade nem justiça.
Não as achei também onde vivi.

Pesa-me a simples natureza. Anseio
Por me encontrar, e sinto-me sentir
Que só voltando ao exílio de onde veio
Minha alma poderá se conseguir.

Mas nem posso ficar nem regressar.
Vendi a alma aos dias e às noções.
Não tenho pátria em mim a que voltar,
Nem próprios pensamentos ou emoções.

Metade meu, metade alheio, agora
□

31-1-1930

467

I

O grande espectro, que faz sombra e medo,
Ergueu-se ao pé de mim, e eu temi-o;
Não porém com pavor, que *nasce*[3] cedo,
Mas com um negro medo, oco e tardio.

Trajava o corpo seu vácuo e segredo
E o espaço irreal, onde formava frio,
Era como os desertos do degredo,
Um não-ser mais vazio que o vazio.

---

1   Variante subposta: «àquem da morte».
2   Variante sobreposta: «ser algas e».
3   Variante sobreposta: «aflora».

Não mais o vi, mas sinto a cada hora
Ao pé da alma, que teme e já não chora,
A álgida consequência e o vulto nada,

E cada passo em minha senda incerta
Um eco o acompanha, que deserta
Da atenção fria, inutilmente dada.

II

Na pior consequência de pensar
Invoquei Deus, como um auxílio, e não
Como o *ermo*[1] criador da criação.
Sentia-me órfão. «Pai, *te quero achar...*»[2]

Mas nos ermos do tempo e do lugar,
Na minha iludível solidão,
Nem Deus nem almas encontrei, e em vão
Abri a porta da alma par em par.

Fui ser pedinte à esquina do Destino,
Fiz-me, por conseguir a pena e a esmola,
Tal qual eu era, mísero e menino.

Mas nada me conhece ou me consola.
O mundo existe, a mente é desatino,
E o nada que não somos nos desola.

III

Então, porque pensar conduz ao ermo,
E há crenças boas onde há juntas casas,
Fiz do meu coração prolixo e enfermo
Um campo virtual de sol e asas.

Como quem, tendo um lar, e olhando as brasas
Entra num sonho sem sentido ou termo,
E há paz até nas lágrimas que, rasas

---

1   Variante subposta: «só».
2   Variante sobreposta: «quero-te amar».

Aos olhos □

Abandonei, como um aldeão antigo
Os largos campos de sol alto e trigo
E acolhi-me ao caminho, como a um lar...

Mais vale a estrada que pensar; mais dura
A consciência da minha alma escura
Que o sol na aldeia, como azul do ar.

9-2-1930

468

Relógio, morre –
Momentos vão...
Nada já ocorre
Ao coração
Senão, senão...

Bem que perdi,
Mal que deixei,
Nada aqui
Montes sem lei
Onde estarei...

Ninguém comigo?
Desejo ou tenho?
Sou o inimigo –
De onde é que venho?
O que é que estranho?

1-3-1930

469

Vieram com o ruído e com a espada
Senhores do destino após vencer
E uma após outra foi cada mulher
Os sucessores esconder da estrada.

Eram soldados, com a ordem dada
E vinham sobriamente recolher
O sangue das crianças a morrer
Nos escombros da própria casa achada.

Mas longe, sobre o asno do destino,
Levava a Mãe piedosa aquela dor
Futura que era agora o seu Menino.

Apertava-o ao peito, sob a vaga luz
Que toldava mais as árvores ao sol pôr.
De uma, talvez, seria feita A Cruz.

23-3-1930

470

Amun-ra

(2)

Meu ser vive na noite e no outramento,
Vestígio e esteira de onde o barco foi...

Nada é, tudo se outra. A consciência
É o vácuo entre o que somos e o que Ele é.
E a Natureza é a sombra que se vê
Encher de luz o vácuo e a luz é ciência.
Enche o vácuo de temor
Enche de movimento a inexistência.

Mas onde a Luz que é Ele e a intermitência?
Onde está o universo onde se lê

Com a voz da razão verbo de fé...
Onde é que o Nada encontra a consistência?

Paro em mim mesmo, exausto de pensar-me,
No que sou, Tu, Ser que o ser enche e cobre,
E o silêncio é ouvir-te e renovar-me
Oiço e um horror me os olhos da alma vaza.
E a Sua agonia é um manto sobre
O não haver senão a Sua asa.
Dentro d'Ele seu ser de si extravasa.
(3)
Foi antes do Não-Ser de onde *Deus*[1] veio,
Na antiga Noite antes de a noite ser,
Que no abismo de Ele teve ver
O Espírito que *olha*[2] e está no meio.

E à roda, fluido de *anterior*[3] anseio,
Começo abstracto de poder haver
Em círculos concêntricos de ter
Concebeu-se o universo, a si alheio.

Mas o Fantasma guarda a porta ausente,
E inda haveria mais que *eternos*[4] céus
Que passar, antes que ter ser fosse ente.
Então se abriu a porta e Ele era os *seus*.[5]
Amanhece-se em flor no inexistente.
Sem ser morre. A sua morte é Deus.

28-3-1930

---

1   Variante sobreposta: «Ele».
2   Variante subposta: «pensa».
3   Variante sobreposta: «ulterior».
4   Variantes: sobreposta, «abstractos»; subposta, «um caos sem».
5   Variante sobreposta: «véus».

471

ORAÇÃO A AMUN-RA

[I]

Àquele cuja forma é não ter,
E cuja luz é não haver luz nele,
O Abismo de ser só abismo, aquele
Cujo conteúdo contém não conter,

Eu ergo a voz de quanto em mim repele
A Aparência e o Desejo de viver
E a visão material que é nada ver
Salvo a ilusão que a ilusão impele.

Ergo e peço: meus dias dolorosos,
Esperem-nos vãs dores ou vãos gozos,
Que murchem de sentido em mim! eu seja

Nada mais que a Memória do que fui
E em vida o seja, a sombra aonde flui
□
E a minha é a voz do Universo.

Aquele que é a sua própria sombra
□

Todo o Possível é só uma estrela
No infindo céu do seu Manifestar-se.

Ergo e peço: através de quantas mágoas
A alma análoga a □
□
O abstracto Limiar das sete portas
Por onde, sobre as lajes de almas mortas
A ciência, Número do nome teu.[1]

---

1 Apesar de não datado e lacunar, incluí-o, por aparentemente fazer parte do mesmo conjunto a que pertenceria o poema anterior.

II

Aquele que é a sua própria sombra
E cujo rasto dá a vida à vida,
Cuja Noção, na Altura aparecida,
Transforma em Fé □

Eu viro para onde ele está posto
Com dolorosa e crente solidão
O sentido do firme coração
Que à minha alma, exprimindo-a, é olhar e rosto[.]

ELE é; todo o resto é enganar-se.
Para si-próprio Ele os seus lábios sela.
Todo o Possível é só uma estrela
No infindo céu do seu Manifestar-se.

Como uma luz dos homens que, a apagar-se,
Num repente de morte aumenta e vela
Sua própria agonia, o mundo – a cela
Do espírito – n'Ele é Ele a naufragar-se.

E o meu silêncio diz
Que ELE não concedendo está mais perto
Que o concedido por quem não concede.

As palavras na altura onde ainda assombra
A orla da sombra dele, não têm forma.
Em torno a mim minha alma se transforma.
Aquele que é a sua própria sombra
Na dolorosa rota que □

Por isso a minha voz a Ele erguida
Lhe pede a Morte, a Verdadeira Vida –
Não-ser, verso do verso da medalha
Onde as estrelas □

Meu ser vive na sombra e no desejo.

472

Quem vende a verdade, e a que esquina?
Quem dá a hortelã com que temperá-la?
Quem traz para casa a menina
E arruma as jarras da sala?

Quem interroga os baluartes
E conhece o nome dos navios?
Dividi o meu estudo inteiro em partes
E os títulos dos capítulos são vazios...

Meu pobre conhecimento ligeiro,
Andas buscando o estandarte eloquente
Da filarmónica de um Barreiro
Para que não há barco nem gente.

Consequências naturais do malogro...
Novidades a dar aos mortos...
Tenho o meu coração frio e rouco
□[1]

Tapeçarias de parte nenhuma...
Quadros virados contra a parede...
Ninguém conhece, ninguém arruma
Ninguém dá nem pede.

Ó coração epitélico e macio,
Colcha de crochet do anseio morto,
Grande prolixidade do navio
Que existe só para nunca chegar ao porto.

28-3-1930

---

1   Estrofe incompleta e dubitada.

473

Na noite que me desconhece
O luar vago transparece
Da lua ainda por haver.
Sonho. Não sei o que me esquece,
Nem sei o que prefiro ser.

Hora intermédia entre o que passa,
Que névoa incógnita esvoaça
Entre o que sinto e o que sou?
A brisa alheiamente abraça.
Durmo. Não sei quem é que estou.

Dói-me tudo por não ser nada.
Na grande noite abandonada[1]
Nada conhece a conclusão.[2]
Coração, queres? Tudo enfada.
Antes só sintas, coração.

18-5-1930

474

Deixei cair o livro onde não li
Mais que uma só palavra lembradora...
Magia! E outra paisagem e outra hora
Ante meus olhos irreais revi.

E eu, que choro mais que o que perdi,
E cuja vaga alma, □
O tempo abstracto, não o passado, chora
Mas no passado o chora, que é o que vi,

De novo torno a ser quem nunca fui,
E sob meus olhos imprecisos flui
O rio que não foi da minha infância,

---

1   Variante do verso, ao lado: «Da [grande noite] embainhada».
2   Variante ao lado: «Ninguém teve a *decisão* [variante: conclusão]».

E a minha infância reconhece o rio,
E a saudade de mim e da minha ânsia
Segue solene as ondas e o desvio...

21-5-1930

475

Em tempos quis o mundo inteiro.
Era criança e havia amar.
Hoje sou lúcido e estrangeiro.
(Acabarei por não pensar.)

A quem o mundo não bastava,
(Porque depois não bastaria),
E a alma era um céu, e havia lava
Dos vulcões do que eu não sabia,

Basta hoje o dia não ser feio,
Haver brisa que em sombras flui,
Nem se perder de todo o enleio
De ter sido quem nunca fui.

28-5-1930

476

Mais triste do que o que acontece
        É o que nunca aconteceu.
Meu coração, quem o entristece?
        Quem o faz meu?

Na nuvem vem o que escurece
        O grande campo sob o céu.
Memórias? Tudo é o que esquece.
        A vida é quanto se perdeu.
E há gente que não enlouquece!
        Ai do que em mim me chama eu!

9-6-J 930

477

Ó ervas frescas que cobris
    As sepulturas,
Vosso verde tem cores vis
A meus olhos; já servis
    De conjecturas.

Sabemos bem de que viveis
    Ervas do chão,
Que sossego é esse que fazeis
Verde na forma que trazeis
    Sem compaixão.

Ó verdes ervas, como o azul medo
    Do céu sem ser,
Cobrindo com o íntimo segredo
Da vida nova, e outro degredo
    Do infindo haver.

Tenho um terror com tudo eu
    Do verde chão...
Ó sol, não baixes já no céu,
Queria um momento ainda meu
    Como um perdão.

14-6-1930

478

Há quanto tempo não canto
Na muda voz de sentir.
E tenho sofrido tanto
Que chorar fora sorrir.

Há quanto tempo não sinto
De maneira a o descrever,
Nem em ritmos vivos minto
O que não quero dizer...

Há quanto tempo me fecho
À chave dentro de mim,
E é porque já não me queixo
Que as queixas não têm fim.

Há quanto tempo assim duro
Sem vontade de falar!
Já estou amigo do escuro
Não quero o sol nem o ar.

Foi-me tão *grande*[1] e crescida
A tristeza que ficou
Que ficou toda na vida
Para cantar não sobrou.[2]

14-6-1930

---

1   Variante sobreposta: «pesada».
2   Versos dubitados, com a variante, na margem: «Que ficou no chão da vida / De onde a arte a não levantou.».

479

Quiséssemo-nos na hora vã
Amei-te ou não te amei?...
Esquecer-me-ás amanhã
Como eu te esquecerei...

21-6-1930

480

Ó sorte de olhar mesquinho
E gestos de despedida,
Apanha-me do caminho
Como uma cousa caída...

Resvalei à via velha
Do colo de quem sonhava.
Lava-me como na celha
O sabão de quem lavava...

Quem quer saber de quem fora
Quem eu fora se outro fosse...
Olha-me e deita-me fora
Como quem farta do doce.

24-6-1930

481

Na imensa solidão
De eu ser apenas eu,
Sentindo o coração
Como somente meu,

O vento me acompanha
Com seu ruído na noite
E eis-me só na montanha
Sob o divino açoite.

Não há contudo nada
Em meu torno senão
Solidão calada
E um som de coração.[1]

3-7-1930

482

Brisa *sem ser*[2] da aurora,
Só por[3] *nascer o dia,*[4]
A um coração que chora
Não trazes alegria
Mas a dor vai-se embora.[5]

Dizes que se conhece
Pelo dia que vem
Que tudo passa e esquece
E que a manhã também.

Se um dia nasce a esperança
Nasce dele também.
É como uma criança.
Talvez não traga o bem.
Mas a aurora não cansa.

---

1   Variantes subpostas: «E um sentir de coração; Para o meu coração; E isto – este coração.».
2   Variante sobreposta: «irreal».
3   Variante sobreposta: «de».
4   Variante, na margem direita, para todo o verso: «*Simples* [variante, "Ar de"] nascer do dia».
5   Variante aos três últimos versos, na margem direita: «A um coração que implora / Que lhe dêem alegria / Dizes porque é que chora».

Ah, enquanto há o momento
Em que inda não há nada,
Sossegue o pensamento
E a alma durma acordada
Sob o embalar do vento[1]

Tão fresco sobre a face
E as pálpebras de sono,
Se isto nunca passasse!
Depois há o dia, o dono:
Este dia que nasce.

24-7-1930

483

Dói-me quem sou. E em meio da emoção
Ergue a fronte de torre um pensamento.
É como se na imensa solidão
De uma alma a sós consigo, o coração
Tivesse cérebro e conhecimento.

Numa amargura artificial consisto,
Fiel a qualquer ideia que não sei,
Como um fingido cortesão me visto
Dos trajes majestosos em que existo
Para a presença artificial do rei.

Sim, tudo é sonhar quanto sou e quero.
Tudo das mãos caídas se deixou.
Braços dispersos, desolado espero.
Mendigo pelo fim do desespero,
Que quis pedir esmola e não ousou.

26-7-1930

---

1   Variante subposta: «Nesta névoa de vento».

484

Depois que *todos foram*
E foi também o dia[1]
Ficaram entre as sombras
Das áleas *apertadas*[2]
Eu e a minha agonia.

A festa fora alheia
E depois que acabou
Ficaram entre as sombras
Das áleas apertadas
Quem eu fui e agora sou.

Tudo fora por todos.
Brincaram, mas enfim
Ficaram entre as sombras
Das áleas apertadas
Só eu, e eu sem mim.

Talvez que ao parque antigo
A festa volte a ser.
Ficaram entre as sombras
Das áleas apertadas
Eu e quem sei não ser.

[26-7-1930]

---

1   Variante sobreposta a «todos foram»: «os convidados». Para o caso de se decidir por esta variante numa versão final, o poeta escreveu para o segundo verso, na mesma linha, a variante: «Se foram, e [o dia]».
2   Variante, na mesma linha: «do ermo parque».

485

Ter saudades é viver
Não sei que vida é a minha
Que hoje só tenho saudades
De quando saudades tinha.

Passei longe pelo mundo.
Sou o que o mundo seu fez,
Mas guardo na alma da alma
Minha alma de português.

E o português é saudades.
Porque só as sente bem
Quem tem aquela palavra
Para dizer que as tem.

As thus 27-7-1930

486

Vai leve a sombra
Por sobre a água
Assim meu sonho
Na minha mágoa.

Como quem dorme
Esqueço a viver.
Despertarei
Se a luz vier.[1]

Nuvem ou brisa,
Sonho ou □ dada,
Faz sentir, passa,
E não foi nada.

3-8-1930 – 4 a.m.

---

1   Variantes: «Quando [a luz vier]»; «Se [variante, "Ao"] esclarecer»; «Ao sol volver».

487

Árvore verde,
Meu pensamento
Em ti se perde.
Ver é dormir
Neste momento.

Que bom não ser
estando acordado!
Também em mim
Enverdecer
Em *ramos*[1] dado!

Tremulamente
Sentir no corpo
Brisa na alma!
Não ser quem sente,
Mas *é*,[2] a calma...

[3-8-1930]

488

Vou em mim como entre bosques
Vou-me fazendo *paisagem*[3]
Para me desconhecer.
Nos meus sonhos sinto aragem,
Nos meus desejos descer.

Passeio entre arvoredo
Nos meandros de quem sinto
Quando sinto sem sentir...
Vaga clareira *ou recinto*,[4]
Pinheiral todo a subir...

---

1   Variante subposta interrogada: «folhas».
2   Variante subposta: «tem».
3   Variante sobreposta: «passagem».
4   Variante subposta: «de instinto».

Grande alegria das mágoas
Quando o declive da encosta
Apressa o passo sem querer...
De quem é que a minha alma gosta
Sem que eu tenha de o saber.

Sorriso que no regato
Através dos ramos curvos
O sol, espreitando, achou.
Fluir de água, com tons turvos,
Onde uma pedra a desviou.

Muita curva, muita cousa,
Todas com gentes de fora.
Na alma que sinto assim ...
Que paisagem quem se ignora!
Meu Deus, o que é feito de mim?

4-8-1930

489

Boiam leves, desatentos,
Meus pensamentos de mágoa,
Como, no sono dos ventos,
As algas, cabelos lentos
Do corpo morto das águas.

Boiam como folhas mortas
À tona de águas paradas.
São coisas vestindo nadas,
Pós remoinhando nas portas
Das casas abandonadas.

Sono de ser, sem remédio,
Vestígio do que não foi,
Leve mágoa, breve tédio,
Não sei se pára, se flui;
Não sei se existe ou se dói.

4-8-1930

490

O harmónio *enha*,[1] moribundo e raso,
    No *aonde*[2] desta mole escuridão.
Ah, que mal estas músicas do acaso
    Fazem ao coração!

Maré dos ramos, vir do mar, má calma
    Dos juncos, guitarrar, *dor numa*[3] voz –
Como tudo isto entra *no ser da*[4] alma
    E é sem querer atroz!

Como se sente mais a inconsciência
    Quando estes sons doem sem ter *sabor*[5]
Que complicada é a alma ante a existência!
    Sê sombra, minha dor!

4-8-1930

491

Ronda o vento, ronda o vento,
O vento ronda o meu ser,
E faz o meu pensamento
Um arvoredo a *mexer*.[6]

É a voz do caos que vem
Às almas novas lembrar
O abismo que as coisas tem
Sob o céu, a terra e o mar.

Abstracta, alta, veloz,
Gela-me[7] as sombras que trilho,
Porque esta voz é a voz
Do nada a chamar-me filho.

12-8-1930

---

1   *Sic.*
2   Variante, na margem: «algures».
3   Variantes, na margem: «ária de», «[dor] de uma» e «alheia».
4   Variantes, na margem: «no haver *da* [variante, a]», «no sentir a [artigo opcional]».
5   Variante, a seguir: «valor».
6   Variante sobreposta: «tremer».
7   Variante sobreposta: «Varre-me».

492

Deixa-me ouvir o que não ouço...
Não é a brisa, ou o arvoredo;
É outra coisa intercalada...
     É qualquer coisa que não posso
     Ouvir senão em segredo,
     E que talvez não seja nada...

Deixa-me ouvir... Não fales alto!
Um momento!... Depois o amor,
Se quiseres... Agora cala!
     Ténue, longínquo sobressalto
     Que substitui a dor,
     Que inquieta e embala...

O quê? Só a brisa entre a folhagem?
Talvez... Só um canto pressentido?
Não sei, mas custa amar depois...
     Sim, torna a mim, e a paisagem
     E a verdadeira brisa, ruído...
     Que pena sermos dois![1]

12-8-1930

---

1   Variantes subpostas: «Meu amor somos dois», «Vejo-te, *e* [conjunção opcional] somos dois...»

493

Fito-me frente a frente.
Conheço que estou louco.
Não me sinto doente.
Fito-me frente a frente.

Evoco a minha vida.
Fantasma, quem és tu?
Uma coisa esquecida
Uma força traída.

Neste momento claro,
Abdique a alma bem!
Saber não ser é raro.
Quero ser raro e claro.

12-8-1930

494

Que coisa é que na tarde
Me entristece sem ser?
Sinto como se houvesse
Um mal por acontecer.

Mas sinto o mal que vem
Como se já passasse...
Que coisa é que faz isto
Sentir-se e recordar-se?

Talvez que seja a brisa
Que ronda o fim da estrada
Talvez seja o silêncio,
Talvez *nem*[1] seja nada...

17-8-1930

---

1   Variante subposta: «não».

495

Sei bem que não consigo
O que não quero ter,
Que nem até prossigo
Na estrada até querer.

Sei que não sei da imagem
Que era o saber que foi
Aquela personagem
Do drama que me dói.

Sei tudo. Era presente
Quando abdiquei de mim...
E o que a minha alma sente
Ficou nesse jardim.

18-8-1930

496

Se eu pudesse não ter o ser que tenho
Seria feliz aqui...
Que grande sonho
Ser quem não sabe quem é e sorri!

Mas eu sou estranho
Se em sonho me vi
Tal qual no tamanho
O que nunca vi...

18-8-1930

497

Não quero mais que um som de água
Ao pé de um adormecer.
Trago *sono*,[1] trago mágoa,
Trago *com que não*[2] querer.

Como *não ousei nem quis*[3]
Quero descansar de nada.
Amanhã serei feliz
Se para amanhã há estrada.

Por enquanto, na estalagem
De não ter cura de mim,
Gozarei só pela aragem
As flores do outro jardim.[4]

Por enquanto, por enquanto,
Por enquanto não sei quê...
Pobre alma, choras sem pranto,
E ouves como quem vê.[5]

19-8-1930

498

Como inútil taça cheia
De que ninguém bebeu,[6]
Transborda de dor alheia
O coração que foi meu.[7]

Sonhos de mágoa figura
Só para ter que sentir
E assim não tem a amargura
Que se enternece a fingir.

---

1   Variante sobreposta: «sonho».
2   Variante subposta: «não saber».
3   Variante sobreposta: «nada amei nem fiz».
4   Estrofe dubitada com a indicação, ao lado, que pode ser a abreviatura de satisfatória: «sat».
5   Estrofe dubitada.
6   Variante subposta: «Que ninguém ergue da mesa».
7   Variantes subpostas: «Este [coração que] é meu» e «Meu [coração] de tristeza».

Ficção *de um*[1] palco sem tábuas,
Vestida de papel-seda
Dança[2] uma dança de mágoas
Para que nada suceda.

19-8-1930

499

Deve chamar-se tristeza
Isto que não sei que seja
Que me inquieta sem surpresa,
Que nem chora nem deseja.[3]

Sim, tristeza – mas aquela
Que nasce de conhecer
Que ao longe está uma estrela
E ao perto está não a ter.

Seja o que for, é o que tenho.
Tudo mais é tudo só.
E eu deixo ir o pó que apanho
De entre as mãos *cheias*[4] de pó.

19-8-1930

500

Quem me roubou quem nunca fui e a vida?
Quem, de dentro de mim, é que a roubou?
Quem ao ser que conheço por quem sou
Me trouxe, em estratagemas de descida?

Onde me encontro nada me convida.
Onde me eu trouxe nada me chamou.
Desperto: este lugar em que me estou,
Se é abismo ou cume, onde estão vinda ou ida?

---

1   Variante sobreposta: «num».
2   Variante sobreposta: «Mima».
3   Variante subposta: «Saudade que não deseja».
4   Variante subposta: «ricas».

Quem, guiando por mim meus passos dados,
Entre sombras e errores que me deu
À súbita visão dos mudos fados?

Quem sou, que assim me caminhei sem eu,
Quem são, que assim me deram aos bocados
À reunião em que acordo e não sou meu?

19-8-1930

501

2.[1]
Inconsciência da infância! Ah, mas com quanta
Inconsciência igual meus passos vão
Desde a infância ao lugar onde hoje estão
Os fios dos rastos dos meus passos.

19-8-1930

502

Deveras, Maria?
Deveras?
Quem é que se fia
Em promessas?
E então dessas...
Deveras, Maria?
Sinceras?

Mas olha: acredita!
Acredita a valer.
Tudo pode ser.
Até
O teres a dita
De uma coisa ser o que é.
Às vezes acontece,

---

1 Apesar da indicação «2.» estar entre o final do soneto anterior e o início desta quadra, sem qualquer traço separador, é um poema independente e aparentemente completo.

Ou porque parece
Ou porque a gente tem fé.

Deveras, Maria,
Ele disse...?
Se é verdade,
Desconfia.
Se é tolice,
Faze por crer.
A realidade
É não se saber.
Deixa-te ir!
Bem basta morrer.

20-8-1930

503

Sou alegre ou sou triste?...
Francamente, não o sei.
A tristeza em que consiste?
Da alegria o que farei?

Não sou alegre nem triste.
Verdade, não sei que sou.
Sou qualquer alma que existe
E sinto o que Deus fadou.

Afinal, alegre ou triste?
Pensar nunca tem bom fim...
Minha tristeza consiste
Em não saber bem de mim...
Mas a alegria é assim...

20-8-1930

504

Tirem-me a coleira de *prata*[1]
Com que fui cão do Destino.
Meu coração que se parta
Como um boneco sem menino.

Não saiam das vielas!
Não cantem, que eu acabo!
Quero[2] beber as estrelas
Num dos cornos do Diabo!

20-8-1930

505

Que grande dose de seria!
Deixem-me. Quero (sem ironia)
Limpar a noite com benzina
Só para ver se nasce o dia.[3]

20-8-1930

506

Grande sol a entreter
Meu meditar sem ser
Neste quieto recinto...
Quanto não pude ter
Forma a alma com que sinto...

Se vivo é que perdi...
Se amo é que não amei...
E o grande bom sol ri...
E a sombra está aqui
Onde eu sempre estarei...

21-8-1930

---

1   Variante sobreposta: «lata».
2   Variante sobreposta: «Eu vou».
3   Variante subposta: «Só para ver surgir [variante sobreposta, "sair"] o dia».

507

Maravilha-te, memória!
Lembras o que nunca foi,
E a perda daquela história
Mais que uma perda me dói.

Meus contos de fadas meus,
Rasgaram-lhe a última folha...
Meus cansaços são ateus
Dos deuses da minha escolha...

Mas tu, memória, condizes
Com o que nunca existiu...
Torna-me aos dias felizes
E deixa chorar quem riu.

21-8-1930

508

Não sei quantas almas tenho.
Cada momento mudei.
Continuamente me estranho.
Nunca me vi nem achei.
De tanto ser, só tenho alma.
Quem tem alma não tem calma.[1]
Quem vê é só o que vê.
Quem sente não é quem é.

Atento ao que sou e vejo,
Torno-me eles e não eu.
Cada meu sonho ou desejo,
É do que nasce, e não meu.
Sou minha própria paisagem,
Assisto à minha passagem,
Diverso, móbil e só.
Não sei sentir-me onde estou.

---

1   Variante subposta: «Mudaram-me sempre o preço.». Pessoa sobrepôs «não conheço», final de um verso a criar para rimar com «preço».

Por isso, alheio, vou lendo
Como páginas, meu ser.
O que segue não prevendo,
O que passou a esquecer.
Noto à margem do que li
O que julguei que senti.
Releio e digo, «Fui eu?»[1]
Deus sabe, porque o escreveu.[2]

24-8-1930

509

Meu navio sem viagem,
Meu insulso coração
Que és como o pó para a aragem:
Nem *te*[3] levanta nem não...

Naufrágio antes da partida
Irrisão da costa-mãe...
Vai pedir esmola à vida,
Ó candidato a ninguém!

E quando, com trouxa feita,
Emigrares com estendal,
Faze obra tua e perfeita:
Emigra para o quintal.[4]

24-8-1930

---

1   Variante, na mesma linha: «O que anotei era eu?».
2   Variante subposta: «Sabe-o Deus, *que é quem* (variante subposta: "porque o") [escreveu.]».
3   Variante sobreposta: «o».
4   Variantes sobrepostas: «Vai-te esconder no [quintal]» e «Esconde-te no [quintal]».

510

Ter outro corpo outro ser!
Ter uma alma clara e certa.
Ver o que sou como ver
Por uma janela aberta!

Ah, se eu, se eu, se eu, se eu...
Mas, se eu fosse outro era outro.

Ah, se *o vão*[1] Pégaso meu
Tivesse um passo de potro!...

24-8-1930

511

Entre a noite que cessa
E o começar do dia,
Meu coração tem pressa
Da tua nostalgia.

Não é que te deseje
Ou te quisesse ter,
Ou em sonhos, voando, beije
A *ideia*[2] de te ver.

Quer só tua saudade;
Ama o lembrar-te, e não
A sombra da verdade
Ou o corpo da ilusão.

24-8-1930

---

1   Variante sobreposta: «este».
2   Variante subposta: «O sonho».

512

No vale umbroso, como
Se houvesse de esconder
Do mundo o meu assomo
De não lhe pertencer,

Abrigo-me à folhagem[1]
Que *trémula emusqueja*[2]
O chão da minha viagem
Para *que nada seja*.[3]

E ali, parte da paz,
Sem sorte nem dever,
Onde nada me traz
O que não quero ter.

Ali, sentado à calma,
Ali, talvez, talvez
Encontrarei minha alma
Tal como Deus a fez.

24-8-1930

513

Dói-me o nevoeiro, dói-me o céu
Que não está cá.
Estou cansado de ser tudo menos eu.
Onde é que está
A unidade que Deus, suponho, me deu?

Perdi-a por sentir, ou por pensar?
Não serve saber.
Extraviei-a, como um embrulho, a sonhar?
Perder por perder,
Mais vale deixar perder e não procurar.

24-8-1930

---

1   Variante, na mesma linha: «Abrigar-me-ei à aragem.».
2   Variante, na margem: «folheando suarqueja».
3   Variante sobreposta: «onde [nada] esteja».

514

O sol queima o que toca.
O verde à luz *empalidece*.[1]
Seca-me a sensação da boca,
Nas minhas papilas esquece.

Eu múltiplo, ou isolado,
Povoação em mim,
Não sei que hei-de sentir, e é enfado,
Nestes momentos, ser-se assim.

Gostava,[2] realmente,
De sentir com uma alma só,
Não ser eu só tanta gente
De muitos, meto-me dó.

Não ter lar, vá. Não ter calma,
Está bem, *não*[3] ter pertencer.
Mas eu, de *ter tanta*[4] alma,
Nem minha alma chego a ter.

24-8-1930

515

Vem do fundo do campo, da hora,
     E do modo triste como ouço,
Uma voz que canta, e se demora.
     Escuto alto, mas[5] não posso

Distinguir o que diz; é música só,
     Feita de[6] coração, sem dizer:
Murmúrio de quem embala, com um vago dó
     De o menino ter de crescer.

---

1   Variante sobreposta: «desenverdece».
2   Variante sobreposta: «Gostara».
3   Variante sobreposta: nem.
4   Variante sobreposta: «tantas ter a».
5   Variante subposta: «e»
6   Variante subposta: «Nas cordas do».

Melodia triste sem pranto,
    Grácil,[1] antiga, feliz
Manhã de sentir a alma como um canto
    De D. Dinis.

24-8-1930

516

Entre o luar e o arvoredo,
Entre o desejo e não pensar,
Meu ser secreto vai a medo
Entre o arvoredo e o luar.
Tudo é longínquo, tudo é enredo.
Tudo é não ter nem encontrar.

Entre o que a brisa traz e a hora,
Entre o que foi e o que a alma faz,
Meu ser oculto já não chora
Entre a hora e o que a brisa traz.
Tudo não foi, tudo se ignora.
Tudo em silêncio se desfaz.[2]

24-8-1930

---

1   Variante sobreposta: «Diluída».
2   Ver fac-símile na página 460.

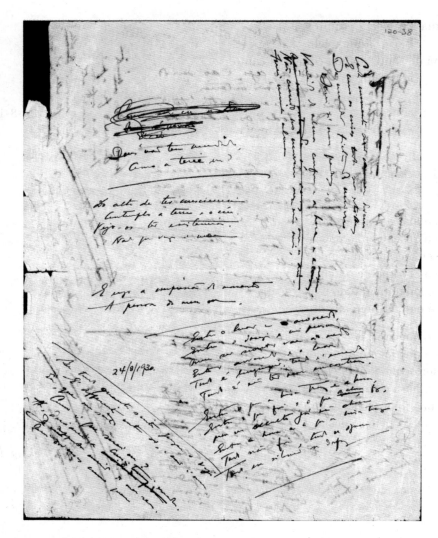

Figura 15: O poeta rascunhou dois poemas – «Entre o luar e o arvoredo» e «Deixo ao cego e ao surdo» – no recto e verso da folha. Nesta página escreveu o primeiro poema e concluiu o segundo

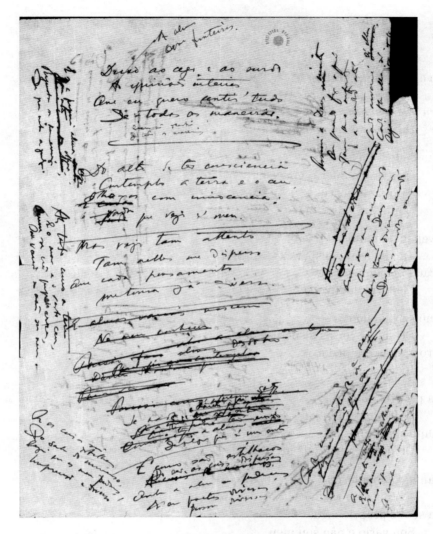

Figura 16: Pessoa rascunhou nesta página o poema «Deixo ao cego e ao surdo» em várias direcções, concluindo-o na outra página

517

Deixo ao cego e ao surdo
    As opiniões inteiras,[1]
Que eu quero sentir tudo
    De todas as maneiras.[2]

Do alto de ter consciência
    Contemplo a terra e o céu,
Olho-os com inocência:
    Nada que vejo é meu.

Mas vejo tão atento
    Tão neles me disperso
Que cada pensamento
    Me torna já diverso.

E como são estilhaços
    Do ser as coisas dispersas,
Quebro a alma em pedaços
    E em *poetas diversos.*[3]

E se a própria alma vejo
    Com outro ☐ olhar
Pergunto se há ensejo
    De por minha a julgar.

Ah, tanto como a terra
    E o mar e o vasto céu,
Quem se crê próprio erra,
    Sou vário e não sou meu.

Se as coisas são estilhaços
    Do saber do universo,
Seja eu os meus pedaços,
    Impreciso e diverso!

Cada um entende *ou*[4] sente,
    Sem ser senão quem sou,
☐

---

1   Variante, ao cimo da página: «A alma sem fronteiras».
2   Variante subposta aos dois últimos versos: «Quero não sentir / De todas as maneiras».
3   Variante subposta: «pessoas diversas».
4   Variante sobreposta: «e».

Se quanto sinto é alheio
     E de mim sou sentimento,
Como é que a alma veio
     A conhecer-se como ente?

Assim eu me acomodo
     Com o que Deus criou,
Deus tem diverso modo,
     Diversos modos sou.

Assim a Deus imito,
     Que quando fez o que é
Tirou-lhe o infinito
     E a unidade até.

Cada árvore é só ela,
     Cada flor ela só
☐[1]

☐
Deus não tem unidade,
     Como a terei eu?

Do alto de ter consciência
     Contemplo a terra e o céu.
Vejo-os ter existência.
     Nada que vejo é meu.

☐
E ergo a impressão do momento
     À pessoa do meu ser.[2]

[24-8-1930]

---

1   Seguia-se um terceiro verso, e provavelmente um quarto no canto rasgado da folha.
2   Ver fac-símiles nas páginas 460 e 461

518

Quero ser livre, insincero,
Sem crença, dever ou posto,
Prisões, nem de amor as quero,
Não me amem, porque não gosto.

Quando canto o que não minto
E choro o que sucedeu,
É que esqueci o que sinto
E julgo que não sou eu.

De mim mesmo viandante
Colho as músicas na aragem,
Que a minha *própria*[1] alma errante
É uma canção de viagem

E[2] cai um grande e calmo efeito
De nada ter razão de ser
Do céu nulo como um direito
Na terra vil como um dever.

A chuva morta ainda ensopa
O chão nocturno do céu limpo,
E faço, sob a aguada roupa,
Figuras sociais a tempo.

26-8-1930

---

1   Variante sobreposta: «mesma».
2   Variante sobreposta: «Pois».

519

O rio que passa dura
Nas ondas que há em passar,
E cada onda figura
O instante de um lugar.

Poder ser que o rio siga,
Mas a onda que passou,
É outra quando prossiga.
Não continua: durou.

Qual é o ser que subsiste
Sob estas formas de estar,
A onda que não existe,
O rio que é só passar?

Não sei, e o meu pensamento
Também não sabe se é,
Como a onda o seu momento
Como o rio □

26-8-1930

520

Meu ruído da alma cala,
E aperto a mão no peito,
Porque sob o efeito
Da arte que faz jeito,
O que Cristo deu fala.[1]

Cega, *coxa*,[2] lixo
Da vida que na alma tem,
Esta criança vem.
Que Deus é que do além
Teve este mau capricho?

E ou seja jazigo
Ou sótão com pó,
Bebé foi-se embora.
A gente está só.[3]

26-8-1930

---

1   Variante sobreposta, no quarto verso, a «que faz jeito»: «e o seu trejeito».
     Variante subposta, ao quinto verso: «O que é de Cristo [fala.]».
     Variante, ao cimo da página, para o terceiro e o quarto versos: «Porque sobre o trejeito / Da arte e o seu defeito».
2   Variante sobreposta: «porca».
3   Variante, no final do poema, da última estrofe: «E ou jazigo limpo / Ou sótão com pó, / Bebé foi-se embora. / Minha alma está só».

521

Gnomos do luar que faz selvas
As florestas sossegadas,
Que sois silêncios nas relvas,
E em áleas abandonadas
Fazeis sombras enganadas,

Que sempre *onde*[1] a gente olha
Acabastes de passar
E só tremor de folha
Que o vento pode explicar
Fala de vós sem falar,

Levai-me no vosso rastro,
Que em minha alma quero ser,
Como vosso corpo, um astro
Que só brilha quando houver
Quem *vos sonhe sem vos ver*.[2]

Assim eu que canto ou choro
Quero velar-me e partir.
Lembrando o que não memoro,
Muitos[3] me saibam sentir,
Ninguém saiba definir.[4]

26-8-1930

---

1   Variante sobreposta: «se».
2   Variante subposta: «[Quem] o suponha sem ver.».
3   Variante sobreposta: «Alguns».
4   Variante subposta: «Mas ninguém me [definir.]».

522

Ah sentir tudo de todos os feitios!
Não ter alma, não ter modos –[1]
      Só desvios...
Alma vista de uma estrada
      Que vira a esmo
Seja eu leitura variada
      Para mim mesmo!

26-8-1930

523

Tenho pena e não respondo.
Mas não tenho culpa enfim
De que em mim não correspondo
Ao outro que amaste em mim.

Cada *qual*[2] é muita gente.
Para mim sou quem me penso,
Para outros – cada um sente
O que julga, e é um erro imenso.

Ah, deixem-me sossegar.
Não me sonhem nem me outrem.
Se eu não me quero encontrar,
Quererei que outros me encontrem?

26-8-1930

---

1   Variante, ao cimo da página: «Não ter substância – só modos,».
2   Variante sobreposta: «um».

524

As formigas do ardor
Mato-as sem regras nem pós,
E não sei o que é pior –
Se ter por alguém amor
Ou alguém tê-lo por nós.[1]

26-8-1930

525

Passam na rua os cortejos
Das pessoas existentes.
Algumas vão ter ensejos,
Outras vão mudar de fato,
E outras são inteligentes.

Não conheço ali ninguém.
Nem a mim eu me conheço.
Olho-os sem nenhum desdém.
Também vou mudar de fato.
Também vivo e também esqueço.

Passam na rua comigo,
E eu e eles somos nós.
Todos temos por abrigo
Todos mudarmos de fato,
Ai, mas somos nus a sós.

26-8-1930

---

1   Este pequeno poema ocorre, a lápis, na mesma página do anterior, como um comentário irónico aos desencontros
    amorosos que nele refere.

526

Às vezes entre a tormenta,
Quando já humedeceu,
Raia uma nesga de céu,
Com que a alma se alimenta.

E às vezes entre o torpor
Que não é tormenta da alma,
Raia uma espécie de calma
Que não conhece o langor.

E, quer num quer noutro caso,
Como o mal feito está feito,
Restam os versos que deito,
Vinho, no copo do acaso.

Porque verdadeiramente
Sentir é tão complicado
Que só andando enganado
É que se crê que se sente.

Sofremos? Os versos pecam.
Mentimos? Os versos falham.
E tudo é chuvas que orvalham
Folhas caídas que secam.

26-8-1930

527

Puseram-no contra a parede
Com os olhos vendados
(O traidor caíra na rede.)
Deixou de ver os soldados.

Houve uma rápida história
Dentro do olhar que acaba...
Velada surge da memória...
E, com a venda apertada,

Aquela súbita pressão
Lembra-lhe o gesto e quando ela leve
Veio de trás e uma e outra mão
Pôs sobre esses mesmos olhos. Breve

E, assim, a venda
Lembra-lhe aquele dia
Em que ela, vindo
□

Quando estava assim. Sem ruído...
Então cansa-se o instante
Em que lhe disse ao ouvido...
Fogo! disse o comandante.

26-8-1930

528

Bem sei. Estou triste, sou calvo,
Tenho bastantes razões
P'ra me sentir algum alvo
De algumas desilusões.

Mas tudo esquece. As estrelas
Tornam fria a noite calma,
E encho da frescura delas
A esponja que é a minha alma.

26-8-1930

529

Desdobrei o meu estandarte
Sobre os sonhos por sonhar.
Tomei sentir pela parte
Que me coube em adiar.

A cota de malha vista
Era melhor que vestida.
Pesar não vale a conquista.
Assim vivi minha vida.

Por isso a minha legenda
Caiu nas *poças*[1] do chão,
E chupo os punhos de renda
Borrados de[2] carrascão.[3]

26-8-1930

---

1   Variante sobreposta: «vinhas».
2   Variante subposta: «Molhados em».
3   Aparentemente, o poeta começou por escrever a última quadra, mas, após as outras duas, decidiu pô-la a encerrar o poema, datando-o.

530

Não tenho esp'rança nem fé.
Bem, goze ao menos, ao pé
Do silêncio vegetal,
Este vago aroma que é
Um fenómeno mental.

Construindo sensações
Com parte da inteligência,
Terei a dupla consciência
De quem perdeu as razões
E não adquiriu a ciência...

Intervalo anterior
Entre o que sinto e o que sou,
Tirarei[1] todo o sabor
Da vida *de*[2] dar valor
Ao valor que lhe não dou.

E incerto, preciso, mago
Que escamoteou a magia,
Farei da alma que trago
Esfinge ao fim da fantasia
A melhor guarda que crê
Num casual que não havia.

26-8-1930

---

1 Variante sobreposta: «Gozarei».
2 Variantes: sobreposta, «por»; subposta, «com».

531

Minha mulher, a solidão,
Consegue que eu não seja triste.
Ah, que bom é ao coração
Ter este lar que não existe!

Recolho a não ouvir ninguém,
Não sofro o insulto de um carinho,
E falo alto sem que haja alguém:
Nascem-me os versos *no*[1] caminho.

Senhor, se há bem que o céu conceda
Submisso à opressão do Fado,
Dá-me eu ser só, – veste de seda –,
E falar só – leque *agitado*.[2]

27-8-1930

532

Na margem verde da estrada
Os malmequeres são meus.
Já trago a alma cansada –
Não é disso: é de Deus.

Se Deus me quisesse dá-la
Havia de achar maneira…
A estrada de cá da vala
Tem malmequeres à beira.

Se os quero, colho-os e tenho
Cuidado com os partir
Cada um que vejo e apanho
Dá um estalinho ao sair.

Se malmequeres aos molhos
Iguaizinhos *para ver*[3]

---

1   Variante sobreposta: «do».
2   Variante subposta: «animado».
3   Na linha corrida, «como eu», que substituí pela variante sobreposta «para ver», atendendo à rima.

E nem põe neles os olhos
Dá a mão p'ra os receber.

Não é esmola que envergonhe,
Nem coisa dada sem mais.
É p'ra que a menina os ponha
Onde o peito *dá*[1] sinais.

Tirei-os do campo ao lado
Para a menina os trazer...
E nem me mostra o agrado
De um olhar para me ver...

É assim a minha sina.
Tirei-os de onde iam bem
Só para os dar à menina, –
E agradeceu-me a ninguém.

31-8-1930

533

A estrada, como uma senhora,
Só dá passagem legalmente.
Escrevo ao sabor quente da hora
Bebadamente.

Não saber bem o que se diz
É um pouco sol e um pouco alma.
Ah, quem me dera ser feliz.
Teria isto, mais a calma.

Bom campo, estrada com cadastro,
Legislação entre erva nata.
Vou atar a alma com um nastro
Só para ver quem *a*[2] desata.

31-8-1930

---

1 Variante subposta: «faz».
2 Variante sobreposta: «ma».

534

Tão vago é o vento que parece
Que as folhas fremem só por vida.
Dorme um calor em que se esquece.
Em que é que o campo nos convida?

Não sei. Anónimo de mim,
Não posso erguer uma intenção
Do saco em que me sinto assim,
Caído *neste*[1] verde chão.

Com a alma feita um animal,
A quem o sol é um lombo quente
Aceito como a brisa real
A sensação de ser quem sente.

E os olhos que me pesam baixo
Olham pela alma o campo e a estrada.
No chão um fósforo é o que acho.
Nas sensações não acho nada.

31-8-1930

535

De aqui a pouco acaba o dia.
Não fiz nada.
Também, que coisa é que faria?
Fosse a que fosse, estava errada.

De aqui a pouco a noite vem.
Chega em vão
Para quem como eu, só tem
Para o contar o coração.

E após a noite e mais dormir
Torna o dia.
Nada farei senão sentir.
Também que coisa é que faria?

31-8-1930

---

1 Variante sobreposta: «nesse».

536

É boa! Se fossem malmequeres!
E é uma papoula
Sozinha, com esse ar de «queres?»
Veludo da natureza tola.

Coitada!
Por ela
Saí *do regime da*[1] estrada.
Não: não a ponho na lapela.

Oscila ao leve vento, muito
Encarnada a arroxear.
Deixei no chão o meu intuito.
Caminharei sem procurar...[2]

31-8-1930

537

Enfia a agulha,
E ergue do colo
A costura enrugada.
Escuta: (volto a folha
Com desconsolo).
Não ouviste nada.

Os meus poemas – este
E outros que tenho –
São só a brincar.
Tu nunca os leste,
E nem mesmo estranho
Que ouças sem pensar.

Mas dá-me um certo agrado
Sentir que tos leio
E que ouves a valer.[3]

---

1 Variante sobreposta: «da marcha pela».
2 Variante subposta a «procurar»: «encontrar». Variante subposta a todo o verso: «Caminharei sem regressar...».
3 Variante sobreposta a «valer»: «sem saber». Variante ao verso, na margem direita: «E que me ouves ler».

Faz certo quadro.
Dá-me um certo enleio...
E eu leio a esquecer.[1]

31-8-1930

538

Parece estar calor, mas nasce
  Subitamente
  Contra a minha face
Uma brisa fresca que se sente.

Assim também – pois comparar
  É que é poesia –
  A alma sente-se a esperar,
Mas não conhece em que confia.[2]

31-8-1930

539

Gradual, desde que o calor
  Teve medo,
A brisa ganhou alma, à flor
  Do arvoredo.

Primeiro, os ramos *animaram*[3]
  As folhas que há,
Depois cinzentos, oscilaram,
  E depois já

Toda a árvore era um movimento
  E o fresco viera.
Medita sem ter pensamento!
  Ignora e espera!

31-8-1930

---

1 Variantes, ao fundo da página: «E ler é esquecer»; «E [opcional] Leio para te ver»; «Leio só para te ver».
2 Variante subposta: «[Mas] sem que saiba em que confia».
3 Variantes sobrepostas: «cintilaram»; «agitaram».

540

Ó Maria dos Prazeres,
Que Prazeres é que tem
Não quereres, não quereres,
Não quereres a ninguém?

Ó Maria dos Prazeres,
Quem esse nome te pôs
Não to pôs para fazeres
Pesares a todos nós.

Ó Maria dos Prazeres,
Finge ao menos quem tu és,
O caso é só tu quereres –
Qu'reres a primeira vez

E ó Maria dos Prazeres,
Depois disso hás-de sentir
Que um nome obriga a deveres,
O deveres repetir.

31-8-1930

541

A tarde vulgar e cheia
De gente que anda na rua,
Escurece, azul e alheia,
E a brisa nova flutua.

Havia verão com o dia,
Mas agora, Deus louvado!,
Primaverou de outonia
Sob o largo céu parado.

Palavras! Nenhuma cor,
Que o céu finge, ou bisa aqui,
Torna real esta dor
Que tive porque a senti.

4-9-1930

542

Ao pé dos salgueirais da margem,
Não tenho o barco nem o sono.
Adio o sonho e a viagem,
E ao pé dos salgueirais da margem
A mim me deixo ao abandono.

O rio passa largamente,
Fazem cortinas verdes bem
Os salgueirais sobre a corrente,
E o rio passa largamente,
E eu fico, pois não sou ninguém.

A curva súbita do rio
Vela a quem é quem pode ser.
Cai na água, coração vazio,
E, ermo boiando, sem saber,
Na curva súbita do rio
Perde-te e deixa-me esquecer!

5-9-1930

543

O papel que me escreveste
Era uma carta a fingir.
Não foi isso que disseste.
Se acredito, é para rir.

Foi isto, não foi aquilo.
Razões tem-nas quem as tem.
Não me ralo. Estou tranquilo.
Se estás contente, está bem.

Palavras, e assim é tudo.
Cá por mim, são as que são.
Quando é preciso, sou mudo,
E falo noutra ocasião.

Leio e releio de chofre
A carta que nada diz.
Sei lá se a minha alma sofre.
Sabe alguém se é infeliz?

5-9-1930

544

Entre o arvoredo, entre o arvoredo
Entre o arvoredo a luarar,
Passa, fantasma ouvido a medo,
Sombra composta de segredo,
Uma presença feita de ar.

Se fosse sol eu não ousara
Sequer pensar em poder ter
O que, por ver, eu não amara,
Porque a ilusão é que me é cara,
E o luar é a ilusão de ver.

Entre o arvoredo, incertamente,
Nas margens negras das clareiras,
Cercam-me, e são, se vê quem sente,
Qualquer coisa que, de repente,
Sombriamente tem maneiras.

6-9-1930

545

Dá a surpresa de ser.
É alta, de um louro escuro.
Faz bem só pensar em ver
Seu corpo meio maduro.

Seus seios altos parecem
(Se ela estivesse deitada)
Dois montinhos que amanhecem
Sem ter que haver madrugada.

E a mão do *seu braço*[1] branco
Assenta em palmo espalhado
Sobre a saliência do flanco
Do seu relevo tapado.

Apetece como um barco.
Tem qualquer coisa de gomo.
Meu Deus,[2] quando é que *eu*[3] embarco?
Ó fome, quando é que eu como?

10-9-1930

---

1   Variante sobreposta: «braço nu».
2   Variante subposta: «Desejo».
3   Palavra dubitada.

546

Hoje estou triste, estou triste
Estou muito triste, e, em parte,
Minha tristeza consiste
Em nem saber se estou triste.

Se toda tristeza tem
Uma causa qual a desta?
Que mal a causa ou mantém?
Pode ser que seja um bem.[1]

A alma humana é estrangeira,
E tem usos e costumes
Fora da nossa maneira.
Estou triste, *ainda que o*[2] queira...

17-9-1930

547

Não sei que mágoa que dói...
Se a hei-de chorar ou esquecer...
Lembro-me a sonhar de ver...
Tudo me parece que foi
Só para deixar de ser.

Ah como às vezes um cheiro
Ou uma música traz
Todo o passado ao terreiro.
Porque é que a vista não faz
Tanta lembrança primeiro?

Que mágoa me dói? Foi esse
Perfume (não sei que flor)
Do jardim que me fez dor.

20-9-1930

---

1   Variante subposta: «Quem sabe até se é um bem?».
2   Variante subposta: «queira o que»

548

Como um vento na floresta,
Minha emoção não tem fim.
Nada sou, nada me resta.
Não sei quem sou para mim.

E como entre os arvoredos
Há grandes sons de folhagem,
Também agito segredos
No fundo da minha imagem.

E o grande ruído do vento
Que as folhas cobrem de som
Despe-me de pensamento:
Sou ninguém, temo ser bom.[1]

30-9-1930

549

Neste dia de tristeza
Em que a chuva começou,
Quero dizer-te a verdade
Porque mentir acabou.

Não foi verdade eu amar-te
Quando disse que te amava,
Mas amo agora deveras,
Sou hoje quem se enganava.

Juras falsas as que fiz.
Mas hoje verdades são.
Eu quero ser infeliz
P'ra saber que há coração.[2]

Setembro, 1930

---

1 Optei pela variante, na margem direita, à última estrofe – «E o grande ruído do vento / Que estes versos não contêm, / Entra no meu pensamento.» –, por esta estar dubitada e incompleta.
2 Variante subposta meu: «P'ra sentir o [coração]».

550

Quanto fui peregrino
Do meu próprio destino!
Quanta vez desprezei
O lar que sempre amei!
Quanta vez, rejeitando
O que quisera ter,
Fiz dos versos um brando
Refúgio de não ser!...

E quanta vez, sabendo
Que *me*[1] estava esquecendo,
E que quanto vivi –
Tanto era o que pedi –
Como o orgulhoso pobre
Ao rejeitado lar
Volvi o olhar, vil nobre
Fidalgo só no chorar...

Mas quanta vez descrente
Do ser insubsistente
Com que no Carnaval
Da minha alma irreal
Vestira o que sentisse
Mas vi como não sou[2]
E tudo o que não disse
Os olhos me turvou...

Então, a sós comigo,
Sem me ter por amigo,
Criança ao pé dos céus,
Pus a mão na de Deus.
E no mistério escuro
Senti a antiga mão
Guiar-me, e fui seguro
Como *quem come*[3] pão.

---

1   Variante sobreposta: «a mim».
2   Variante, na margem direita: «Vi quem era quem [não sou.]».
3   Variante subposta: «a [quem] deram».

Por isso, a cada passo
Que meu ser triste e lasso
Sente sair do bem
Que a alma, se é própria, tem,
Minha mão de criança
Dou na de Deus e vou,
Sem medo nem esperança
Para aquele que sou.

7-10-1930

551

Do meio da rua
(Que é, aliás, o infinito)
Um pregão flutua,
Música num grito...

Como se no braço
Me tocasse alguém
Viro-me num espaço
Que o espaço não tem.

Quando era[1] criança
O mesmo pregão...
Não lembres... Descansa,
Dorme, coração!...

7-10-1930

---

1   Variante sobreposta: «Outrora em».

552

Seja o que for que aconteça
Nunca acontece de todo.
Tira o lenço da cabeça
E põe-o de um outro modo.

A mágoa nunca deu vinha,
Nem deu vinho repisar…
Se tenho vida, ela é minha,
Não a tenho para a dar…

Mas se entesas bem o lenço
Sobre a cabeça a sorrir,
Já não sei bem o que penso,
Começo só a sentir.

Ai pontas do lenço vindas
Até onde eu quero ver…
Já te disse coisas lindas
E vais-te embora a esquecer.

10-10-1930

553

Leve no cimo das ervas
O dedo do vento roça…
Elas dizem-me que sim…
Mas eu já não sei de mim
Nem do que queira ou que possa.

E o alto frio das ervas
Fica no ar a tremer…
Parece que me enganaram
E que os ventos lhes levaram
O com que me convencer.

Mas[1] no relvado das ervas
Nem bole agora uma só.

---

1   Variante sobreposta: «Ou».

Porque pus eu uma esperança
Naquela inútil mudança
De que nada ali ficou?

Não:[1] o sossego das ervas
Não é o de há pouco já.
Que inda a lembrança do vento,
Me as move no pensamento
E eu tenho porque não há.[2]

13/14-10-1930

554

Por quem foi que me trocaram
Se[3] estava a olhar para ti?
Pousa a tua mão na minha
E, sem me olhares, sorri.

Sorri do teu pensamento
Porque eu só quero pensar
Que é de mim que ele está feito
E que o tens para mo dar.

Depois aperta-me a mão
E vira os olhos a mim...
Por quem foi que me trocaram
Se me estás a olhar[4] assim?

13/14-10-1930

---

1   Variante sobreposta: «Mas».
2   Variante, à esquerda, entre parênteses: «Até o que foi Deus dá.».
3   Variante sobreposta: «Quando».
4   Variante sobreposta: «Quando [estás a] olhar-me».

555

Se tudo o que há é mentira
É mentira tudo o que há.
De nada nada se tira,
A nada nada se dá.

Se tanto faz que eu suponha
Uma coisa ou não, com fé,
Suponho-a se ela é risonha,
Se não é, suponho que é.

Que o grande jeito da vida
É pôr a vida com jeito.
Fana a rosa não colhida
Como a rosa posta ao peito.

Mais vale é o mais valer,
Que o resto urtigas o cobrem
E só se cumpre o dever
Para que as palavras sobrem.[1]

14-10-1930

---

1   Os dois últimos versos estão dubitados.

556

Cai chuva do céu cinzento
Que não tem razão de ser.
Até o meu pensamento
Tem chuva nele a escorrer.

Tenho uma grande tristeza
Acrescentada à que sinto.
Quero dizer-ma mas pesa
O quanto comigo minto.

Porque verdadeiramente
Não sei se estou triste ou não,
E a chuva cai levemente
(Porque Verlaine consente)
Dentro do meu coração.

15-10-1930

557

Perdi completamente uma ilusão.
          Nunca se perde mais do que uma.
Nela vai todo o coração;
          O resto é espuma.

Quando primeiro confiamos
          Confiamos de uma só vez.
Morremos se nos enganamos
          □

Ressaca quieta abandonando a areia,
          Vago poente anoitecendo em flor,
A ilusão que perdi é hoje ideia
          E eu vivo dela sem amor.

15-10-1930

558

Passa entre as sombras do arvoredo
Um vago vento que parece
Que não passou, que passa a medo,
Ou que há porque desaparece,

O ouvido escuta o não-ouvir,
A alma, no ouvido debruçada,
Sente uma angústia a não sentir
E quer melhor ou pior que nada.

É como quando a alma não tem
Quem ame, quem espere ou quem sinta,
Quando considerara um bem
O próprio mal, dês que não minta,

E entre onde as sombras do arvoredo
Sequestram sons e brisas prendem,
Este não passar passa a medo
E certas folhas se desprendem.

Então porque há folhas que caem,
Volta a ilusão de haver o vento,
Mas elas, caindo hirtas, traem
Que não há brisa no momento.

Oh, som sozinho dessa queda
Das folhas secas no ermo chão,
Oh, som de nunca usada seda
Apertada na inútil mão,

Com que terrível semelhança
A qualquer voz feita em bruxedo,
Lembrais a morte e a desesperança,
E o que não passa passa a medo.

18-10-1930

559

Elias artista

Soa o chicote do castigo
Por trás das costas do forçado.
Mas se o forçado é inimigo
De receber esse castigo
O açoite dado nunca é dado.

Por mais que a sorte queira dar
Obstáculos a quem quer ir,
Se ele disser que os não vê estar,
Eles por si se hão-de arredar,
E ele por si há-de seguir.

Tudo é, no mundo ou no outro mundo,
O que pensamos na vontade.
Tudo é o nosso ser profundo.
De meu imaginar me inundo,
E o mundo externo não me invade.

Se houver em mim a força e a imagem,
A imagem de outro ser não tem –
Seja ela o mundo ou a paisagem
De um outro espírito – vantagem
Contra o que eu imagino bem.

Por isso, alheio a menos que eu,
Figuro o que desejo, e dou
Ordens ao mundo, porque é meu.
E meto na algibeira o céu
No próprio lugar em que estou.

23-10-1930

560

Dá-me as mãos por brincadeira
Na dança que não dançamos,
Porque isso é uma maneira
De dizer o que pensamos.

Dá-me as mãos e sorri alto,
A vigiar o que rio,
Bem sabes que assim já falto
A pensar coisas a fio.

Não quero largar as mãos
Assim dadas por brinquedo.
Deixa-as ficar: há irmãos
Que brincam assim a medo.

Não largues, ou faz demora
A arrastar, a demorar,
As mãos pelas minhas fora,
E já deixando de olhar.

Que segredos num contacto!
Que coisas diz quem não fala!
Que boa vista a do tacto
Quando a vista desiguala!

Deixa os dedos, deixa os dedos,
Deixa-os ainda dizer
Aqueles dos teus segredos
Que não podes prometer!

Deixa-me os dedos e a vida!
Os outros dançam no chão,
E eu tenho a alma esquecida
Dentro do teu coração.

Todo o teu corpo está dado
Nas tuas mãos que retenho.
Mais vale ter enganado
Do que ter porque não tenho.

28-10-1930

561

Há um grande vento entre os montes,
E os vales têm alegria.
Aqui não há horizontes,
Mas só os cimos e o dia.
Aqui se esquece o passado,
Até o só imaginado.

Aqui, porque toda a gente
Está do outro lado das serras,
E não há rio que intente
Ligar-nos a outras terras –
Aqui calmos aguardamos
O nada que já esperamos.

Sempre a vontade nos falha.
Sempre o desejo nos sobra.
A consciência é uma batalha,
A fantasia é uma obra
Absurda em trezentos tomos,
E a vida é o que não somos.

28-10-1930

562

Tenho dito tantas vezes
Quando sofro sem sofrer
Que me canso dos revezes
Que sonho só p'ra os não ter.

E esta dor que não tem mágoa,
Esta tristeza intangível,
Passa em mim como um som de água
Ouvido num outro nível.

E, de aí, talvez que seja
Uma nova antiga dor
Que outra vida minha esteja
Lembrando no meu torpor,

E é como a mágoa que nasce
De ouvir música a sentir...
Ah, que a emoção em mim passe
Como se a estivesse a ouvir!

Novembro 1930 (1.ª quinzena)

563

Há certa gente que amamos
Porque não é o que é,
Porque nela recordamos
Qualquer coisa, vida ou fé,
Que nos ficou de um passado
Entre esquecê-lo lembrado.

Teus olhos azuis e baços,
Teu frágil corpo inteiro,
Não pedem talvez meus braços,
Mas pedem-me o amor inteiro,
Sinto que ter-te seria
Regressar a um outro dia.

Manobras da sensação?
Que sei de ti ou de mim?
Mas dói-me no coração
Qualquer coisa, a ti afim,
Que conheci e perdi,
Que vivi porque vivi.

11-11-1930

564

Lenta e quieta a sombra vasta
Cobre o que vejo menos já.
Pouco somos, pouco nos basta.
O mundo tira o que nos dá.
Que nos contente o pouco que há.

A noite, vindo como nada,
Lembra-me quem deixei de ser.
A curva anónima da estrada
Faz-me lembrar, faz-me esquecer,
Faz-me ter pena e ter de a ter.

Ó largos campos já cinzentos
Na noite para além de mim
Vou amanhã meus pensamentos
Enterrar onde estais assim.
Ou ter aí sossego e fim.

Poesia! Nada! A hora desce
Sem qualidade ou emoção.
Meu coração o que é que esquece?
Se é o que eu sinto que foi vão,
Porque me dói o coração?

17-11-1930

565

Infância[1]

Num grande espaço, onde é clareira, vão
Bailando as fadas e há luar ali.
Se quem olha é feliz, não vê senão
Uma sombra no chão, que é a de si.

Mas se quem olha não conhece nada
E deixa a vida ser o que ela é,
Seus olhos vêem claro cada fada
E cada fada é que merece fé.

Assim ao bosque solitário, e cheio
De cousas que a quem vive *são não-ser*,[2]
Levei o meu cansaço e o meu enleio,[3]
E, porque não sou nada, pude ver.

Assisti, distraído de ser eu,
Ao bailado das fadas entre si,
E não conheço história de haver céu
Igual à dança anónima que vi.[4]

Com que grande vontade do desejo
Eu dera a alma inteira só por ter
Um momento a floresta e o ensejo
E as fadas todas para conhecer.

Criança contra os Deuses, minha sorte
Acabaria ali, dançando ao luar,
E era melhor do que ter vida e morte,
E uma alma imortal com que contar.

Mas tudo isto é sonho, ainda que não.
Fadas, se existem, são de pouca dura.
Só a maçada de Deus tem duração,
Só *a Realidade*[5] não tem cura.

---

1 Variantes: subposta, «Transgressão»; na margem esquerda: «Regresso ao Lar».
2 Variante sobreposta: «não têm ser».
3 Variante, na margem direita: «[Levei] meu sonho à noite de passeio,».
4 Variante subposta: «[Igual] àquela [dança] que lhes [vi.]».
5 Variante subposta: «Cristo e os outros Verbos».

Quero o luar, quero o luar e as fadas!
Quero não ter nem deuses nem deveres!
Matem-me ao luar, em áleas afastadas!
Corpo e alma enterrem-me entre malmequeres!

19-11-1930

566

Paira nos bosques nocturnos
Um som de água separado.
Meus passos seguem soturnos
Sozinhos com o meu fado.
Paira nos bosques nocturnos
Um som de água sossegado.

A paz não vem por lembrança
Nem se esquece por vontade.
Se hei-de viver sem esperança,
Quero viver sem saudade.
A paz não vem por lembrança
E esquecer não é verdade.

E fica atrás com o enredo
Dos bosques mistos no escuro,
O som de água entre o arvoredo,
E o meu sentimento obscuro,
Ficam atrás com o enredo

E fica atrás com o enredo
Dos bosques mancha ao luar
O som de água entre o arvoredo
E o meu sentimento no ar.
Ficam atrás com o enredo
Dos bosques sem som que dar.

8-12-1930

567

Aqui onde um sol brando
      Faz claro um brando mar,
Quero, nem meditando,
Nem sequer já sonhando,
Como o dia ir durando,
      Como o dia acabar.

Não vale a pena nada,
      O esforço é vil e vão.
Tudo é como uma estrada
Que tem de ser passada,
E que há-de ser deixada
      Como as estradas são.

Vontade ou pensamento
      Ou a emoção que tem?
Que são mais que este vento
Que dura um só momento,
Só ar em movimento,
      Nada que vai e vem?

O que eu sou em mim, di-lo
      O que não pude ser;
Sem razão intranquilo,
Dos sonhos mau pupilo,
Cansado até daquilo
      Que nem desejo ter.

Ao menos, sossegado
      De ter ou de sentir,
No olvido do passado,
Sem futuro almejado
Sem virtude ou pecado,
      Aqui dormir, dormir…

Só o embalar que nasce
      Do mar em teu rumor
E tudo em mim se passe
Como se a ondeada face[1]

---

1   Na linha corrida, o verso incompleto «Como se o mar □», que substituí pela variante na margem.

Fosse a alma que fitasse
  E eu só exterior.

Só, como quem nos remos
  Descansa, hei-de sonhar
Que alguns seres supremos
Darão que um dia havemos
De ter o que não temos;
  Mas não faz mal se errar.

Porque homens, deuses, nada
  São sombras e ilusão.
O ser não tem entrada
Se há qualquer escada
Que possa ser alçada,
  Deixo-a ficar no chão.

10-12-1930

568

Antes que o sono afunde
Minha alma em más visões
E em seu abismo a inunde
De falsas confusões,

Com quanto ainda em mim vive,
Enquanto o sono espero,
Relembro o bem que tive
E sonho o bem que quero.

Então, porque sonhada
Te tive, e sonho ainda,
Como saudade és dada,
E como sonho és linda.

Até que, vindo a aragem
Invito como a vida,
Teu ser se perde e eu sonho
Outra cousa indevida[1]

---

1 Variante, na margem: «Do sonho como a vida / Eu paro na viagem / De te pensar já tida.»

E é um fim □
Natural e sem arte:
Como[1] flor que se fana,
Ou taça que se parte.

15-12-1930

569

Na praia baixa a onda morre
E se desfaz a chiar.
Olho, mas nada me ocorre
Senão que estou vendo o mar.

Dizem que o mar reza cânticos,
Que a onda é renda e veludo,
Mas os poetas românticos
Já venderam isso tudo.

Por isso ante o mar real
E as ondas como ali há,
Acho tudo natural.
Versos? Um outro os fará…

25-12-1930

---

1   Variante sobreposta: «O da».

570

Vendi o meu realejo,
E já não tenho razão.
Maria, dá-me esse beijo
Que me chega ao coração.

O amor é melhor que as árias,
Mesmo que seja a fingir.
As consequências são várias
E tudo se leva a rir.

Percalços da desventura…
Mas, ao menos, □

25-12-1930

571

Por trás daquela janela
Cuja cortina não muda
Coloco a visão daquela
Que a alma em si mesma estuda
Não desejo que a revela.

Não tenho falta de amor.
Quem me queira não me falta.
Mas teria outro sabor
Se isso fosse interior
Àquela janela alta.

Porquê? Se eu soubesse, tinha
Tudo o que desejo ter.
Amei outrora a Rainha,
E há sempre na alma minha
Um trono por preencher.

Sempre que posso sonhar,
Sempre que não vejo, ponho
O trono nesse lugar;
Além da cortina é o lar,
Além da janela o sonho.

Assim, passando, entreteço
O artifício do caminho
E um pouco de mim me esqueço.
Nada mais[1] à vida peço
Do que ser o seu vizinho.

25-12-1930

572

Chove. É dia de Natal.
Lá para o Norte é melhor:
Há a neve que faz mal
E *o*[2] frio que ainda é pior.

E toda a gente é contente
Porque é dia de o ficar.
Chove no Natal presente.
Antes isso que nevar.

Pois apesar de ser esse
O Natal da convenção,
Quando o corpo me arrefece
Tenho frio e Natal não.

Deixo sentir a quem quadra
E o Natal a quem o fez,
Pois se vai mais uma quadra
Sinto mais[3] Natal nos pés.

Não quero ser dos ingratos
Mas, com este obscuro céu,
Puseram-me nos sapatos
Só o que a chuva me deu.[4]

25-12-1930

---

1   Variante, na margem direita: «Pois mais nada».
2   Variante sobreposta: «um».
3   Variante subposta: «Apanho um».
4   Numa releitura, o poeta acrescentou um verso, a lápis, que não teve continuação: «De estar constipado em Cristo.».

573

Maria, (tu és Maria?)
Gosto de ti realmente
Mas não como gostaria
Quem gosta só porque sente.
Meu gostar é diferente.

Se, sendo a mesma que és,
Tu fosses outra, e eu,
Sendo o mesmo que aqui vês,
Fosse outro, nem teu nem meu,
Este amor que Deus nos deu

Talvez desse resultado,
E então, alegres a par,
Que par, que casal, que enfado
Devidamente ajustado
Nós seríamos a amar!

E é isso a felicidade.
Por enquanto, Deus não quer
Mais que eu e tu em verdade.
Queres ser minha mulher,
Eu sei lá[1] que quero ser...

25-12-1930

---

1   Variante subposta: «Sei lá o».

574

Aquela loura a olhar a rir
Que tinha o lenço descaído
E cujo andar faz descobrir
O que há por trás de seu vestido,
Aquela loura faz-me mal
E o meu olhar foi casual.

É isto. A gente vive asceta
E acha bastante só pensar
E em plena rua vem a seta
Que um corpo é arco de atirar.
Sim, o ascetismo continua
Mas fica essa visão da rua.

E entre mim e o que escrevo passa
O meneio que não olvido,
O olhar azul rindo com graça
A boca, o lenço descaído,
E já meu coração não tem
A calma em si que lhe convém.[1]

Mas (não desejo exagerar)
Não pesa muito esta visão
Que vem assim arreliar
A minha firme solidão...
O mal que faz consegue conter
Qualquer[2] prazer.

Bem: vamos à filosofia,
A cada qual, inda se o nada
Acata, há sempre uma alegria
Que dá e passa e dói e agrada...
E solidão todos a têm
O caso é que procurem bem.

25-12-1930

---

1   Variante ao verso, na margem direita: «[A] paz que a ele e a mim [convém.]».
2   Variante sobreposta: «Toda a brandura do».

575

Não tenho ninguém que me ame.
Espera lá, tenho; mas é
Difícil ter-se a certeza
Daquilo em que não se crê.

Não é não crer por descrença,
Porque sei: gostam de mim.
É um não crer por feitio
E teimar em ser assim.

Não tenho ninguém que me ame.
Para este poema existir
Tenho por força que ter
Esta mágoa que sentir.

Que pena não ser amado!
Meu perdido coração!
Etcetera, e está acabado
O meu poema pensado.
Sentir é outra *questão*...[1]

25-12-1930

---

1   Variante na margem: «emoção...».

576

O sino da igreja velha
Tem um som familiar,
E as casas baixas de telha
Têm telhados a brilhar.

Não sei a que o sino toca
Não sei o que o sino evoca
Meu coração não coloca
As coisas no seu lugar.

Era outrora tão contente[1]
Que já não sei se era eu.
Aquele que sou agora
Se existe, é porque morreu.

Não tem missa na igreja,
Nem cousa alguma que seja
O que sente ou deseja.
E o sino cessa no céu.

É à missa a que vão crentes
Ou a que vai quem lá vai
Que o sino com sons frequentes
Toca esse som que lhe sai –

Seja ao que for, vai tocando
E no meu coração brando
Como uma clepsidra soando
Cada som lembrado cai.

25-12-1930

---

1   Variante sobreposta: «[Era] tão feliz outrora».

POEMAS CONTEMPORÂNEOS PUBLICADOS NA REVISTA PRESENÇA

577
Marinha

Ditosos a quem acena
Um lenço de despedida!
São felizes: têm pena...
Eu sofro sem pena a vida.

Doo-me até onde penso,
E a dor é já de pensar,
Órfão de um sonho suspenso
Pela maré a vazar...

E sobe até mim, já farto
De improfícuas agonias,
No cais de onde nunca parto,
A maresia dos dias.

presença, n.º 5, Junho de 1927

578
Qualquer música...

Qualquer música, ah, qualquer,
Logo que me tire da alma
Esta incerteza que quer
Qualquer impossível calma!

Qualquer música – guitarra,
Viola, harmónio, realejo...
Um canto que se desgarra...
Um sonho em que nada vejo...

Qualquer coisa, que não vida!
Jota, fado, a confusão
Da última dança vivida...
    ... Que eu não sinta o coração!

9-10-1927
presença, n.º 10, 15 de Março de 1928.

579

Depois da feira

Vão vagos pela estrada,
Cantando sem razão
A última esp'rança dada
À última ilusão.
Não significam nada.
Mimos e bobos são.

Vão juntos e diversos
Sob um luar de ver,
Em que sonhos imersos
Nem saberão dizer,
E cantam aqueles versos
Que lembram sem querer.

Pajens de um morto mito,
Tão líricos!, tão sós!,
Não têm na voz um grito,
Mal têm a própria voz;
E ignora-os o infinito
Que nos ignora a nós.

22-5-1927
presença, n.º 16, Novembro de 1928.

580

O andaime

O tempo que eu hei sonhado
Quantos anos foi de vida!
Ah, quanto do meu passado
Foi só a vida mentida
De um futuro imaginado!

Aqui à beira do rio
Sossego sem ter razão.
Este seu correr vazio
Figura, anónimo e frio,
A vida vivida em vão.

A esprança que pouco alcança!
Que desejo vale o ensejo?
E uma bola de criança
Sobe mais que a minha esprança
Rola mais que o meu desejo.

Ondas do rio, tão leves
Que não sois ondas sequer,
Horas, dias, anos, breves
Passam – verduras ou neves
Que o mesmo sol faz morrer.

Gastei tudo que não tinha.
Sou mais velho do que sou.
A ilusão, que me mantinha,
Só no palco era rainha:
Despiu-se, e o reino acabou.

Leve som das águas lentas,
Gulosas da margem ida,
Que lembranças sonolentas
De esperanças nevoentas!
Que sonhos o sonho e a vida!

Que fiz de mim? Encontrei-me
Quando estava já perdido.
Impaciente deixei-me
Como a um louco que teime
No que lhe foi desmentido.

Som morto das águas mansas
Que correm por ter que ser,
Leva não só as lembranças
Mas as mortas esperanças –
Mortas, porque hão-de morrer.

Sou já o morto futuro.
Só um sonho me liga a mim –
O sonho atrasado e obscuro
Do que eu devera ser – muro
Do meu deserto jardim.

Ondas passadas, levai-me
Para o olvido do mar!
Ao que não serei legai-me,
Que cerquei com um andaime
A casa por fabricar.

29-08-1924
Presença, n.º 31-32, Março-Junho de 1931

581

Onde pus a esperança, as rosas
Murcharam logo.
Na casa, onde fui habitar,
O jardim, que eu amei por ser
Ali o melhor lugar,
E por quem essa casa amei –
Deserto o achei,
E, quando o tive, sem razão p'ra o ter.

Onde pus a afeição, secou
A fonte logo.
Da floresta, que fui buscar
Por essa fonte ali tecer
Seu canto de rezar –
Quando na sombra penetrei,
Só o lugar achei
Da fonte seca, inútil de se ter.

P'ra quê, pois, afeição, esperança,
Se perco, logo
Que as uso, a causa p'ra as usar,
Se tê-las sabe a não as ter?
Crer ou amar –
Até à raiz, do peito onde alberguei
Tais sonhos e os gozei,
O vento arranque e leve onde quiser
E eu os não possa achar!

16-2-1920
presença, XI série, Coimbra, Fevereiro, 1940

NOTAS FINAIS E ÍNDICES

JUVENÍLIA

1 Teus olhos, contas escuras, ... 21
[56-1ʳ e 2ʳ] Ms. Assinado F. Nogueira Pessôa. «(Lxª Março de 1902)».

2 *Um adeus à despedida* 22
[56-2ʳ] Ms. Assinado F. Nogueira Pessôa. Abril, 1902.

3 *Não posso viver assim!* 23
[56-2ʳ e 3ʳ] Ms. Assinado F. Nogueira Pessôa. 27-4-1902.

4 Avé-Maria
Avé Maria, tão pura, ... 24
Manuscrito autógrafo, oferecido pelo poeta à mãe, no seu aniversário. Ausente do EBN, é o primeiro texto poético conhecido. Existe um outro testemunho [48B-119], passado a limpo, assinado F. Nogueira Pessôa e datado de 7 de Abril de 1902. Ambas as versões estão reproduzidas em PPC, II, pp. 126 a 129.

5 Quando ela passa
Quando eu me sento à janela 25
Editado parcialmente em publicações várias – atribuída erradamente a sua inspiração à morte de uma irmã –, reproduzi este poema em PPC, II, pp. 130-131, retirado do jornalinho manuscrito *A Palavra*, de 15 de Maio de 1902, Atribuído a Dr. Pancrácio, uma das suas primeiras «personalidades literárias». Ausente do EBN.

6 Os ratos
Viviam sempre contentes, ... 27
Copiado do jornalinho manuscrito *O Palrador*, nº 5, em 22 de Março de 1902. Atribuído a outra «personalidade literária» ocasional, «Pip.» Ausente do EBN. Fac-símile em PPC, II, pp. 135-136.

7 Antígona
Como te amo? Não sei de quantos modos vários 28
[56-6ʳ] Ms. Assinado «F. Nogueira Pessôa» e datado de «1902/Junho». Num caderno assinado por David Merrick, primeira «personalidade literária» inglesa, figura um esboço deste poema, com atribuição, depois riscada, a Eduardo Lança. Fac-símile em PPC, II, p. 167.

8 Adeus...
O navio vai partir, sufoco o pranto 29
[56-7ʳ] Ms. Inicialmente atribuído a Eduardo Lança. Datado de 1902/Agosto.

9 O enigma
Eu, que ao descanso humano abri luta renhida, ... 29
No jornal manuscrito *O Palrador*, nº 7, de 5 de Julho de 1902, atribuído a Eduardo Lança e localizado na «Terceira».

10 Estátuas

O bom Deus – em pequeno ouvi dizer, – 30

No jornal manuscrito *O Palrador,* nº 6, de 24 de Maio de 1902, atribuído a Eduardo Lança e localizado na «Terceira».

11 *«Deus, soberbo, infinito» em grão berreiro* 30
[34-9^r] Ms. 15-11-1908.

12 Agnosticismo superior

Foi-se do dogmatismo a dura lei 31
[34-10^r] Ms. 15-11-1908.

CANTARES

13 Cantares – I

1. *Eu tenho um colar de pérolas* 35
2. *Se ontem à tua porta* 35
3. *Entreguei-te o coração,* 35
[17-2^r] Ms. O poema 1 data de 27-8-1907; os poemas 2 e 3 datam de 20-11-1908.

Cantares – II

1. *A terra é sem vida, e nada* 36
2. *Deixa que um momento pense* 36
3. *Morto, hei-de estar ao teu lado* 36
4. *Não sei se a alma no Além vive...* 36
[17-3^r] Ms. Os três primeiros poemas datam de 19-11-1908; o quarto, de 20-11-1908.

Cantares – III

Ó tempo, tu que nos trazes 37
[17A-9^r] Ms. Sem data. No verso da folha, o poeta anotou um plano para «Cantares»: «1. Amores (all kinds); 2. Elegiae; 3. Philosophie and general; 4. In other's moments; 5. Objectivable».

Cantares – IV

Ai, quem me dera no tempo 37
[17A-9^r] Ms. Sem data.

AURÉOLA

14 Abandonada...
Inda fechadas estão. 41
[34-3ʳ] Ms. 14-11-1908.

15 *E além do banal desejo,* 41
[34-4ʳ] Ms. 14-11-1908. Atendendo à copulativa inicial, pode tratar-se do final de um poema.

16 Canção
Ide buscá-la, Desejos, ... 42
[34-6ʳ] Ms. 15-11-1908.

17 Abendlied
O orvalho da tarde beija 42
[34-7ʳ] Ms. Este poema, como a maior parte dos precedentes, foi nitidamente preparado
para publicação com a assinatura final de F. Nogueira Pessôa e datado de 15-11-1908. Consta da
lista 48C-38ʳ, como integrante do livro «Itinerário».

18 Suspiro
Suspiro, quero ir contigo, ... 43
[34-8ʳ] Ms. Preparado para publicação, assinado F. Nogueira Pessôa e datado de 15-11-1908.

19 *A luz que vem das estrelas,* 44
[56-10ʳ] Ms. Preparado para publicação, assinado F. Nogueira Pessôa e datado de 15-11-1908.

20 Dolora
Dantes quão ledo afectava 44
[56-11ʳ] Ms. Preparado para publicação, assinado F. Nogueira Pessôa e datado de 19-11-1908.

21 Treno
Se morreres ficará 45
[56-12ʳ] Ms. Preparado para publicação, assinado Fernando Pessôa e datado de 19-11-1908.

22 LINDA MARIA – I
I. *Maria, linda Maria,* 46
[34-19] Ms. 19-11-1908.
[II] *Como és bela morta e fria* 47
[34-18] Ms. 19-11-1908.

23 EM BUSCA DA BELEZA
I *Soam vãos, dolorido epicurista,* 49
II *Nem defini-la, nem achá-la, a ela –* 50
III *Só quem puder obter a estupidez* 50

IV *Leva-me longe, meu suspiro fundo,* 50

V *Braços cruzados, sem pensar nem crer,* 51

VI *O sono – oh, ilusão! – o sono? Quem* 52

[16-10r, 11r, 12r] Dact. Preparada para publicação e assinada F. Nogueira Pessôa, esta série de seis sonetos comenta o poema «Epígrafe», de Eugénio de Castro (*A Sombra do Quadrante*. F. França Amado, Editor, Coimbra, 1906). 27-2-1909.

24 NOITE

Ó Noite maternal e relembrada 52

[16-12r] Dact. Preparado para publicação e assinado F. Nogueira Pessôa. Data do anterior soneto, dactilografado no mesmo momento de escrita: 27-2-1909.

25 O POVO PORTUGUÊS

Talvez que seu coração 53

[56-22r] Ms. Fevereiro de 1909.

26 *Poeira em ouro pairando* 53

[34-37r] Ms. 27-5-1909.

27 *Os versos da minha pena* 54

[34-49r] Ms. 22-6-1909.

28 RITMO INTERIOR

Eu quero sentir-te, Maria, dormir 54

[35-2r] Ms. 22-6-1909.

29 *Com o coração estranho* 55

[35-5r] Ms. 27-6-1909.

30 *Antes que o Tempo fosse* 55

[35-1r] Ms. Julho de 1909.

31 *Vinte e um anos parca e inutilmente* 56

[35-17r] Ms. 4-11-1909.

32 *Demora o olhar, demora* 56

[39-24r] Ms. A data de 5-11-1909 está no manuscrito 35-18r, onde figura apenas a primeira estrofe do poema.

33 NOVA ILUSÃO

No rarear dos deuses e dos mitos, ... 57

[35-28r] Ms. Preparado para publicação e assinado F. Nogueira Pessôa. 6-11-1909.

34 MAR. MANHÃ.

Suavemente grande avança 57

[16-20r] Ms. Preparado para publicação e assinado Fernando Pessôa. 16-11-1909.

35 *Às vezes, em sonho triste,* 58
[35-31ʳ] Ms. 21-11-1909.

36 ESTADO DE ALMA
Inutilmente vivida 59
[56-44ʳ] Ms. Preparado para publicação, assinado Fernando Pessôa, com a data de 18-11-1910.

37 TÉDIO
Não vivo, mal vegeto, duro apenas, ... 59
[36-30ʳ] Ms. 12-5-1910.

38 SONHO
Ó naus felizes que do mar vago 60
[36-43ʳ e 44ʳ] Ms. 10-6-1910.

39 TRISTEZA
Falo-me em versos tristes, ... 60
[36-46ʳ] Misto. 6-7-1910.

40 FOLHA CAÍDA
Nasceu uma flor, amor, ... 61
[56-58ʳ] Misto. 15-7-1910.

41 IN ARTICULO MORTIS
Que nos importa que a lua morta tenha ou não tenha traços 62
[56-59ʳ] Ms. Preparado para publicação e assinado Fernando Pessôa, com a data de 23-7-1910.

42 *Não sei o quê desgosta* 62
[36-1ʳ] Ms. 26-7-1910.

43 *Que velho, minha ama,* 63
[36-1ʳ] Ms. 26-7-1910.

44 NA NOITE
O sossego da noite desce 63
[56-61ʳ e 62ʳ] Ms. Preparado para publicação, assinado Fernando Pessôa, com a data de 8-8-1910.

45 *O mundo, ó alma cansada,* 64
[37-30ʳ] Ms. 21-8-1910.

46 A UMA ESTÁTUA
Eterno momento, ó gesto imorredouro 65
[37-44ᵛ e 44ʳ] Ms. 3-9-1910.

47 Cinza
No silêncio das cousas tristes 66
[38-3ʳ] Ms. 25-9-1910.

48 *Vela, esverdeada a tez, olhos em apatia,* 67
[57-2aʳ] Ms. 22-1-1911.

49 *Tange o sino, tange* 67
[57-6ʳ] Ms. 19-3-1911.

50 O tédio
Turvo silêncio e oca dor 68
[57-8ʳ] Ms. Anterior a 7 abril 1911, data de uma nota de encontro marcado para este dia, a que se segue o poema correspondente a um mesmo momento de escrita.

51 *Faze o teu verso, professo* 68
[38-20ʳ] Ms. 3-6-1911.

52 Um dia de inverno no verão
Está um dia incolor... 69
[38-22ʳ] Ms. 3-6-1911.

53 Junho de 1911
Vinte e três anos, vãos inutilmente, ... 71
[57-14ᵛ] Ms. Atribuído a Íbis, sendo a assinatura acompanhada de um boneco dançante esquematizado, personificando essa máscara da infância com que se relacionava com os meninos da família e, também, com Ofélia, em poemas e referências vários. 13-6-1911.

54 *Ouvi falar no Mar Morto* 73
[57-14ᵛ] Ms. Data da mesma página e do mesmo momento de escrita do poema cujo título é: «Junho de 1911».

55 *Quisera morar num palácio* 73
[57-14ʳ] Ms. 22-6-1911.

56 *A vida é uma ilusão* 74
[57-15ᵛ] Ms. No canto superior direito, um desenho semelhante ao que consta no poema «Junho de 1911», neste caso atribuído a «António», nome do santo do seu dia, que muito prezava. Data no lado recto da folha: 23-7-1911.

57 Sombra...
Veloz a sombra 74
[38-35ʳ] Ms. 29-9-1911.

58 O bibliófilo
Ó ambições!... Como eu quisera ser 75
[57-16ʳ] Ms. 29-12-1911.

59 *Cansado do universo e seriedade* 75
[57-16ʳ] Ms. 29-12-1911.

60 *Tão abstracta é a ideia do teu ser* 76
[16-19ʳ] Ms. Preparado para publicação, assinado Fernando Pessôa, com a data de Dezembro de 1911.

61 *Um cansaço febril, uma tristeza informe* 76
[38-21ʳ] Ms. A data de 1912 é conjecturada, atendendo à epígrafe do poema de Teixeira de Pascoaes, com quem Pessoa estava então em perfeita sintonia.

62 MEIA-NOITE
As louras e pálidas crianças 77
[38-38] Ms. 15-2-1912.

63 FONTE
Fresca e viva 78
[39-8ʳ] Ms. 10-4-1912.

64 COMPLEXIDADE
São horas, meu amor, de ter tédio de tudo... 78
[40-30aʳ] Ms. 12-5-1913.

65 *A minha alma ajoelha ante o mistério* 79
[39-15ʳ] Ms. 22-6-1912.

66 FIM DO DIA
Amarelecer 80
[39-15ʳ] Ms. 22-6-1912.

67 CANÇÃO DA QUE FICA
I Quantas armadas partiram 81
[39-16aʳ] Ms. 25-6-1912.

68 *Não te esqueças de mim, Mãe Natureza,* 81
[39-17aʳ] Ms. 26-6-1912.

69 MORS
Com teus lábios irreais de Noite e Calma 82
[39-17ʳ] Ms. 27-6-1912.

70 *Ó lábios da Noite calma* 83
[57-25] Ms. 6-11-1912. O texto dactilografado [57-22ᵛeʳ] foi riscado e tem a indicação «copied», aparentemente para a folha manuscrita que transcrevi. Tem a indicação de página (ou folha) «2», sinal de que este texto pertence a um conjunto que foi copiado.

POESIA AUTÓNIMA   NOTAS FINAIS E ÍNDICES   523

71 PARAÍSO
Se houver além da Vida um Paraíso, ... 83
[57-24] Misto. 6-11-1912.

72 FIO DE ÁGUA
Horas serenas, ... 84
[57-28ʳ] Ms. 18-10-1912.

73 UMA MELODIA...
Uma melodia 85
[39-44ʳ] Ms. 25-12-1912. Indicação, no final, «Auréola», título encarado para livro a publicar.

GRANDES ARMAZÉNS DA SENSAÇÃO

74 ASCENSÃO
Quanto mais desço em mim mais subo em Deus... 89
[57-29] Ms. 10-1-1913.

75 O MANIBUS DATE LILIA PLENIS
Cheias de lírios 90
[57-30ʳ] Ms. 10-1-1913. A palavra *Manibus* está abreviada no título. Parece ser uma citação das palavras de Anquises (*Eneida*, VI, 883), retomadas por Dante na *Divina Comédia* (Canto XXX). O autor hesitou quanto à posição da nona estrofe, escrevendo, ao lado, «where?».

76 *Lábios formando* 91
[57-30ʳ] Ms. 10-1-1913.

77 DOBRE
Peguei no meu coração 92
[16-22ʳ] Ms. 20-1-1913.

78 *Sonhador de sonhos,* 92
[40-2ʳ] Ms. 5-2-1913.

79 A VOZ DE DEUS
«Com dia teço a noite, ... 93
[16-23ᵛ] Ms. 8-2-1913. Deste ano de 1913, existe um poema com o mesmo título, parte III de «Além-Deus», que chegou a ser composto para figurar em *Orpheu 3* (1915), provavelmente uma primeira versão, seguida de uma outra [57-33aʳ], de 1-3-1913, mais próxima do texto final.

80 POENTE
A hora é de cinza e de fogo, ... 93
[40-5ʳ] Ms. 27-2-1913.

81 Tédio

Caem-nos tristes e lassos 94
[40-5ᵛ] Ms. 27-2-1913.

82 *Quando o meio-dia brota* 95
[57-33ʳ e 33aʳ] Ms. 1-3-1913.

83 Falou Deus...

Em que barca vou 95
[57-33ᵛ] Ms. 1-3-1913.

84 *Deixa que eu chore...* 96
[40-17ʳ] Ms. 18-3-1913.

85 Hora morta

Lenta e lenta a hora 97
[66D-20ʳ] Ms. 23-3-1913.

86 *Que morta esta hora!* 98
[66D-20ʳ] Ms. 23-3-1913.

87 *... E sem saber porquê, a sereia penteia* 99
[57-34ʳ] Ms. 27-3-1913. Encabeçando o poema, um zero com um ponto. Separada por um traço, segue-se uma lista de sete títulos de um conjunto de poemas, o que leva a crer que o poeta poderia ter encarado incluí-lo nesse conjunto.

88 *Por que bailes e que sequência se enegrece* 99
[57-34ʳ] Ms. 27-3-1913. Data na mesma folha e no mesmo momento de escrita do poema anterior e a seguir ao referido plano. O poema poderia fazer parte do mesmo conjunto.

89 *Três ciprestes, e a lua por detrás do do meio...* 100
[57-35ʳ] Ms. O poema foi escrito no mesmo bloco dos dois anteriores, na mesma página com a data de 27-3-1913 e aparentemente no mesmo, ou muito próximo, momento de escrita.

90 Pauis

Pauis de roçarem ânsias pela minh'alma em ouro... 100
Revista *Renascença*, número único, Fevereiro de 1914, formando com «Ó sino da minha aldeia» (8-4-1914) o díptico «Impressões do Crepúsculo». Existe um testemunho manuscrito [16-21ʳ], datado de 29-3-1913, que apresenta o que seria a parte II de «Pauis», título indicado no manuscrito, não publicada pelo autor.

91 Missa negra

O rasto do sol perdido morreu 101
[40-23ʳ] Ms. 30-4-1913.

92 *Eis-me em mim absorto* 103
[40-31r] Ms. 12-5-1913.

93 *Morde-me com o querer-me que tens nos olhos* 103
[40-38r] Ms. 22-5-1913.

94 *Às vezes sou o deus que trago em mim* 104
[57-39v] Ms. 3-6-1913.

95 *Água fresca por um púcaro que chia,* 104
[40-47r] Ms. 22-6-1913.

96 Hora absurda
O teu silêncio é uma nau com todas as velas pandas... 105
Revista *Exílio*, Abril de 1916, onde o poema está datado de 4-7-1913.

97 *Ó praia de pescadores,* 109
[40-49] Ms. 20-7-1913.

98 *Sou o fantasma de um rei* 110
[57-48r] Ms. 19-10-1913. Ignorei um esboço de uma terceira estrofe, incompleta e lacunar.
Mantive o poema sobretudo pelas suas afinidades com outros de Sá-Carneiro.

99 *Meus gestos não sou eu,* 110
[57-49r] Ms. 24-7-1913.

100 Envoi
Princesa que morreste 111
[41-28r] Ms. 6-11-1913.

101 Canção com eco
Ah, se eu pudesse dizer 112
[41-30r] Ms. 20-11-1913.

102 Janela sobre o cais
O cais, navios, o azul dos céus – 113
[41-30v] Ms. 26-11-1913.

103 *Olho a calma alegria* 114
[41-32] Ms. 30-11-1913.

104 *Romper todos os laços,* 115
[41-18r] Ms. Novembro de 1913, data no verso da folha.

105 *Amei-te e por te amar* 115
[57-50ar, 50r e 51ar] Misto. 2-12-1913.

106 *Partem as naus para o Sul,* 118
[41-33] Ms. 16-12-1913.

107 *Sou uma voz sonâmbula* 120
[41-38ʳ] Ms. 21-12-1913.

108 CHUVA OBLÍQUA
I *Atravessa esta paisagem o meu sonho dum porto infinito* 121
II *Ilumina-se a igreja por dentro da chuva deste dia,* 122
III *A Grande Esfinge do Egipto sonha por este papel dentro...* 122
IV *Que pandeiretas o silêncio deste quarto!...* 123
V *Lá fora vai um redemoinho de sol os cavalos do carroussel...* 123
VI *O maestro sacode a batuta,* 124
Orpheu 2, Lisboa, Junho 1915. Assinado Fernando Pessôa e datado de 8-3-1914, no final
da série.

109 Aurora sobre o mar desconhecido
Mãos brancas (meras mãos sem corpo e sem braços) 125
[41-44ʳ] Ms. 22-3-1914.

110 *Passa um vulto entre as árvores...* 126
[41-44ᵛ] Ms. Data no lado recto da folha, correspondendo ao mesmo momento de escrita:
22-3-1914.

111 *Ritos que as Horas Calmas* 126
[41-45ʳ] Ms. 27-3-1914.

112 *Vivo entre cães... Lambo-me às vezes,* 127
[41-46ʳ] Ms. 16-4-1914.

113 *Do meu velho solar* 128
[41-46ʳ] Ms. 16-4-1914.

114 *Oca de conter-me* 128
[57A-38ʳ] Ms. 4-5-1914.

115 Brisa
Que rios perdidos 129
[41-47ʳ] Ms. 16-5-1914.

116 *Cegaram os meus olhos para eterno* 129
[41-48ʳ] Ms. 3-6-1914. Apesar de Pessoa atribuir o poema à série «Passos da Cruz», publica-
da em 1916, não corresponde a qualquer dos poemas aí incluídos.

117 Muito pouco
À beira de que mar 130
[57A-39ʳ] Ms. 4-6-1914.

118 *As tuas mãos terminam em segredo.* 131
[16-24r] Ms. 24-6-1914, data no verso da folha, correspondente ao mesmo momento de escrita.

119 *O teu olhar naufraga no horizonte* 131
[16-24v] Ms. 24-6-1914.

120 1. *Tu és o outono da paisagem-eu* 132
2. *Contemporâneo de um amigo amante* 132
3. *Pode ser que em castelos encantados* 133
4. *Por que atalhos, Princesa, nos perdemos...* 133
[57A-40, 41v/r] Ms. 6-7-1914.

121 *Não sei porquê, de repente* 134
[41-51r] Ms. 19-7-1914.

122 *Dentro em meu coração faz dor.* 135
[57A-46r] Dact. 7-8-1914.

123 *Cortejo de irrealidades. Último tinir de guizos* 135
[117-11r] Dact. 17-8-1914, data na mesma página e no mesmo momento de escrita do poema «Pierrot Bêbado», publicado na revista *Portugal Futurista*, n.º 1, de Novembro de 1917.

124 *Têm sono em mim...* 136
[57A-57v] Ms. 17-9-1914.

125 *Sem para onde brilhem nem quando* 136
[57A-59v] Ms. 18-9-1914, data na folha anterior, correspondente a um mesmo momento de escrita.

126 *Às vezes nas praias atiro* 136
[57A-59v] Ms. 18-9-1914, data na folha anterior, correspondente a um mesmo momento de escrita.

127 Canção
Silfos ou gnomos tocam?... 137
[16-25r] Ms. Assinado F. P. e datado de 25-9-1914, que assinala algumas variantes não consideradas nos testemunhos dactilografados 16-26r, onde regista o título «Ária», e 27r. Consta de uma carta, de 19-1-1915, enviada a Armando Côrtes-Rodrigues. Publicado em *Folhas de Arte*, nº1, 1924.

128 A MÚMIA
IV *Único sob as luzes* 138
V *Toda orquídea a minha consciência de mim* 138
[57A-62re 63v] Ms. 26-9-1914. Na revista *Portugal Futurista*, número único, de Novembro de 1917, foi publicada uma série de cinco poemas com o mesmo título geral, em que os poemas IV e V em nada se assemelham aos aqui apresentados.

129 *Serena voz imperfeita, eleita* 139
[16-29ʳ] Misto. 6-10-1914.

130 Uns versos quaisquer
Vive o momento com saudade dele 139
[16-30ʳ] Ms. Assinado Fernando Pessôa. Alhandra, 11-10-1914.

131 *Não sei o que é que me falta* 140
[57A-66ʳ] Ms. 20-10-1914.

132 *Como a noite é longa!* 141
[16-32ʳ] Dact. 4-11-1914.

133 *Bate a luz no cimo* 142
[16-32] dact. 4-11-1914, data do poema anterior, na mesma folha e no mesmo momento de escrita.

134 *Saber? Que sei eu?* 143
[16-32ᵛ] Misto. 4-11-1914, data do poema «Como a noite é longa!», na mesma folha e no mesmo momento de escrita.

135 *Vai redonda e alta* 143
[16-32ᵛ e 33ʳ] Dact. 4-11-1914, data do poema «Como a noite é longa!», na mesma folha e na seguinte, correspondendo ao mesmo momento de escrita.

136 *Sopra de mais o vento* 144
[16-33ᵛ] Dact. 4-11-1914, data do poema «Como a noite é longa!», na folha seguinte, correspondendo ao mesmo momento de escrita.

137 *Meu pensamento é um rio subterrâneo.* 145
[16-33] Dact. 5-11-1914. Consta de uma carta, de 19-1-1915, enviada a Armando Côrtes-Rodrigues. As listas 48E-1ʳ e 48C-38ʳ, integram este poema no conjunto «ltinerário».

138 *Ameaçou chuva. E a negra* 146
[16-34ʳ] Ms. 11-11-1914.

139 *Sobre as landes (Quais landes,* 147
[16-34ʳ] Ms. 11-11-1914, data do poema anterior, na mesma página e no mesmo momento de escrita.

140 *Ainda há do teu sangue em minhas veias* 147
[57A-71ʳ] Ms. 13-11-1914.

141 Raio de sol
Ando à busca de outro 148
[7A-71ᵛ] Ms. 17-11-1914.

142 *Como que dum sobrescrito que rasgo e abro* 149
[57A-72ʳ] Ms. 17-11-1914.

143 *Chove?... Nenhuma chuva cai...* 149
[117-42aᵛ] Ms. 1-12-1914.

144 *Não sei se é tédio apenas, se é saudade* 150
[57A-78] Ms. 8-12-1914. Poema incompleto, por aparentemente se ter perdido o seu segui-mento, razão pela qual o mantive nesta publicação.

145 *Vai leve a sombra* 151
[57A-80ᵛ] Ms. 9-12-1914, data de outro poema na mesma página e no mesmo momento de escrita.

146 *Se a guitarra dá seu jeito* 152
[57A-80ᵛ] Ms. 9-12-1914.

147 *Ermo sob o ermo céu* 152
[42-7ʳ] Ms. 17-12-1914.

148 *O meu modo de ser consciente* 153
[42-8ʳ] Ms. 18-12-14, data no verso da folha. Este poema retoma de um outro anterior (que não considerei, por lacunar) o tema e algumas palavras. Os dois seguintes, na mesma folha, corres-pondem a um mesmo momento de escrita.

149 *No caminho de mim p'ra mim* 153
[42-8ᵛ] Ms. 18-12-14, data no poema seguinte, na mesma folha e no mesmo momento de escrita.

150 *Civilizámo-nos... A hora* 154
[42-8ᵛ] Ms. 18-12-1914.

151 *Quem sou és tu* 154
[42-9ʳ] Ms. 31-12-1914.

152 Flor
Como pedra que se afunda 155
[42-9ʳ] Ms. A data de 31-12-1914 está ao lado, no poema precedente.

153 AS SETE SALAS DO PALÁCIO ABANDONADO
Pessoa concebeu o projecto megalómano de escrever um livro com este título, que atingiria «umas 504 páginas», projecto que não levou por diante. Vários planos prevêem este título: 48E-7, 48C-43ʳ, 48C-39. Em 48C-31, 32 e 36, essa série de poemas, aparece como parte do livro «Itinerá-rio». A data de 17-1-1915 figura apenas no testemunho 144-9ᵛ. No entanto, todos os poemas deste grupo pertencem ao mesmo caderno, tendo sido escritos, aparentemente, pela mesma altura.

[I] A sala das piscinas silenciosas
«Fui outrora, a janelas para longe, ... 155
[144C-9ᵛ e 10ʳ] Ms. 17-1-1915.
II A sala dos reposteiros negros
Não sei onde, encontrei por um caminho, ... 156
[144C-11ʳ] Ms.
III A sala do trono carcomido
Lembro-me, mas não parece vê-lo, ... 157
[144C-8ᵛ] Ms.
IV [A sala] dos leões de bronze
*Todos os dias lhe passava à port*a 157
[144C-17ʳ e 15ᵛ] Ms.
[V] A sala sempre fechada
Escuto vozes na noite, desfeitas... 158
[144C-9ʳ] Ms.
VI *Entre ciprestes, sob um luar sem luz,* 158
[144C-16ᵛ] Ms.
VII *Sob pálios de solenes procissões* 159
[144C-15ᵛ] Ms
Fim
Sala após salas, todas as salas percorro, ... 159
[144C-16ʳ] Ms.

154 *Deus sabe melhor do que eu* 160
[22-77ᵛ] Ms. 4-2-1915.

155 *Eu só tenho o que não quero* 160
[42-10ʳ] Ms. 7-12-1915.

156 Aglaia
Cascatas para casas, menos frias 161
[42-12ᵛ] Ms. 15-2-1915.

157 *Não foram as horas que nós perdemos,* 161
[57A-2ʳ] Dact. 21-2-1915.

158 A ilha deserta
Minha janela deita para a Névoa 162
[57A-4ʳ] Ms. 6-3-1915.

159 *Todos nós temos uma ponte que passar...* 162
[57A-5ᵛ] Ms. 14-3-1915.

160 *Não me perguntes por que estou triste...* 163
[57A-6ᵛ] Ms. 12-4-1915.

161 *Estou triste e não sei* 164
[57A-6ʳ] Ms. 12-4-1915, data do poema anterior, correspondendo ao mesmo momento de escrita.

162 *Do alto da cidade* 164
[42-20] Ms. 8-5-1915.

163 *Meu coração é uma ânfora cheia* 165
[42-21ʳ] Ms. 8-5-1915.

164 *Queria andar toda a vida* 166
[42-21ʳ] Ms. 8-5-1915, data no poema anterior, na mesma folha e no mesmo momento de escrita.

165 *Nuvem na eurritmia* 166
[57A-12ʳ] Ms. 24-5-1915.

166 *Anda com a minha alma ao colo,* 167
[57A-15ʳ] Dact. 26-5-1915. Data do poema 57A-14ʳ, aparentemente, do mesmo momento de escrita.

167 *Tine fina ainda* 168
[57A-14ʳ] Dact. 26-5-1915.

168 *Meu coração é uma princesa morta.* 169
[57A-18ʳ] Dact. 11-6-1915.

169 NYRIA
I *Meus olhos foram dar às alcovas dos rios.* 169
[57A-19ʳ] Misto. 15-6-1915.
II *Carícia vinda da Distância...* 170
[57A-25, 26 e 27ʳ] Ms. 11-7-1915.

170 *Fluxo e refluxo eterno...* 173
[57A-22ʳ] Ms. 19-6-1915.

171 *O meu tédio não dorme,* 174
[57A-23ʳ] Ms. 19-6-1915.

172 *Corpo que tens divinas procedências* 174
[57A-23ʳ] Ms. 19-6-1915. Data do poema anterior, na mesma página e no mesmo momento de escrita.

173 *Ah quem me dera a calma* 174
[57A-28ʳ] Ms. 24-7-1915.

174 *No halo que há em torno à hora,* 175
[57A-29r] Dact. 31-7-1915.

175 *Que vinda sombra* 175
[57A-30r] Dact. 31-7-1915

176 *Saque da cidade...* 176
[57A-33r] Dact. «Em tempo de guerra», 23-9-1915.

177 *A Arca de Noé da minha Imperfeição* 176
[92M-24v] Ms. 2-10-1915.

178 *Cada cousa é uma morte vivendo,* 177
[144X-59r] Ms. 2-10-1915 «(night late)».

179 *Quem és tu, planta?* 177
[144X-59r e 58v] Ms. 2-10-1915 «(night late)», na mesma página do poema anterior e no mesmo momento de escrita.

180 *Com tuas mãos piedosas* 179
[144X-60r] Ms. 2-10-1915, data na folha anterior, aparentemente correspondente ao mesmo momento de escrita.

181 *Escuta-me piedosamente.* 180
[144X-60r] Ms. 2-10-1915, data na folha anterior, aparentemente correspondente ao mesmo momento de escrita.

182 *Habito a sombra, e o sol morreu comigo...* 180
[144X-60r] Ms. 2-10-1915, data na folha anterior, aparentemente correspondente ao mesmo momento de escrita. Verso solto, assim acontecido, mas susceptível de vir a integrar um futuro poema.

183 *Acorda. Vem* 181
[144X-60v] Ms. 2-10-1915, data na folha anterior, aparentemente correspondente ao mesmo momento de escrita.

184 *É interior à minha mágoa* 182
[42-24v] Ms. 3-10-1915.

185 A REVOLUÇÃO
Ruge a alegria da revolta 184
[57A-34r] Ms. 4-10-1915.

186 ASAS
Ave, teu voo leve 185
[144X-77v] Ms. 31-10-1915.

187 *Escrevo, e sei que a minha obra é má.* 186
[144X-78ʳ] Ms. 31-10-1915 na página anterior, aparentemente correspondente ao mesmo momento de escrita.

188 *Senhor, meu passo está no Limiar* 186
[144X-92ʳ] Ms. 15/16-11-1915.

189 O BARCO ABANDONADO
O esforço é doloroso... 187
[57A-35ᵛ] Ms. 12-12-1915.

190 BRISE MARINE
Eu quero, ó Vida, que tu acabes 189
[57A-36ʳ] Ms. 21-12-1915.

191 ALÉM-DEUS
I ABISMO
Olho o Tejo, e de tal arte 190
II PASSOU
Passou, fora de Quando, ... 190
III A VOZ DE DEUS
Brilha uma voz na noite... 191
IV A QUEDA
Da minha ideia do mundo 191
V BRAÇO SEM CORPO
BRANDINDO UM GLÁDIO
Entre a árvore e o vê-la 192
Versão fac-similada das provas tipográficas de *Orpheu 3* (2015, Edições A Bela e o Monstro), número preparado por Fernando Pessoa para publicação, em Outubro de 1917, o que não chegou a acontecer.

192 *Hoje estou triste como alguém que quer chorar* 193
[58-1] Ms. 5-3-1916. A seguir à data, entre parêntesis, a indicação «(Carnaval)», aparentemente título previsto para um conjunto de que este poema faria parte.

193 *Movem nossos braços outros braços que os nossos,* 195
[58-4ᵛ] Ms. 27-4-1916.

194 AGUARELA DO BEM-ESTAR
Tudo era campo, menos a minha alma... 196
[58-7ʳ] Ms. 10-5-1916. No verso da folha, há um esboço de uma estrofe, possível continuação do poema, mas deixada incompleta e dubitada: «Há primaveras em eu sentir... / Há lagos sob as terras altas / Morreu a febre dos sobressaltos / Ficaram?».

195 *Insaciedade infantil e dos homens.* 197
[49C¹-3ʳ] Ms. 11-6-1916, data de um poema na mesma página, correspondente ao mesmo momento de escrita.

196 *Num país sem nome* 197
[58-8ʳ] Dact. 14-6-1916.

197 *A noite vai alta.* 198
[58-8ʳ] Dact. 14-6-1916, data do poema anterior, na mesma página e no mesmo momento de escrita.

198 *Tange a tua flauta, pastor. Esta tarde* 198
[58-8ᵛ] Dact. 14-6-1916, data no recto da folha, correspondendo ao mesmo momento de escrita.

199 *O mar* 199
[58-8ᵛ] Dact. 14-6-1916, data no recto da folha, correspondendo ao mesmo momento de escrita.

200 *Nada nos faça dor,* 199
[58-9aᵛ] Ms. 27-6-1916.

201 ALGA
Passa na noite calma 200
[58-11ʳ] Ms. 24-7-1916.

202 ANÁLOGO
Junta as mãos e reza... 200
[58-11] Ms. 24-7-1916.

203 *Há uma vaga mágoa* 201
[58-12ʳ] Ms. 25-7-1916.

204 *Ó mera brancura* 202
[58-12ᵛ] Ms. Atribuído a Wardour + Pessôa. 25-7-1916.
O poema apresenta uma caligrafia diferente da de Pessoa, como acontece com todos os escritos recebidos mediunicamente, e tem uma dupla assinatura, «Wardour+Pessôa», seguida do símbolo mediúnico do «espírito», frequente nos diálogos de escrita automática, que envia uma mensagem: «This poem is yours; I give you my part in it, my boy.» [Este poema é teu; dou-te a minha parte nele, meu rapaz.]. Na mesma página, escrito em várias direcções, encontra-se um poema «O silêncio é dos deuses», que recentemente atribuí a Ricardo Reis e nunca antes inserido no seu *corpus*. Em *Fernando Pessoa, Vida e Obras de Ricardo Reis*, ed. Teresa Rita Lopes. S. Paulo, Global Editora 2018 (p. 122).

205 SCHEHERAZAD
O que eu penso não sei, e é alegria 204
[58-21ʳ] Ms. 26-11-1916.

206 *O rio era por cidades mortas...* 204
[58-21ʳ] Ms. 26-11-1916, data do poema anterior, na mesma página e no mesmo momento de escrita.

207 PASSOS DA CRUZ
Série de 14 poemas, atribuída a Fernando Pessoa e publicada na revista *Centauro*, Lisboa, Nov.-Dez. de 1916.

Abismo
I *Esqueço-me das horas transviadas...* 205
[41-31ʳ] Ms. 28-11-1913. Neste testemunho o título previsto para o conjunto é «Orações da Cruz».

II *Há um poeta em mim que Deus me disse...* 205
[41-31ᵛ] Ms. 28-11-1913.

III *Adagas cujas jóias velhas galas...* 206
[57-52ʳ] Ms. 7-12-1913.

IV *Ó tocadora de harpa, se eu beijasse* 206
[117-5ʳ] Dact. 4-1-1914. Assinado: «Fernando Pessoa sensacionista».

V *Ténue, roçando sedas pelas horas,* 207
O testemunho original não foi encontrado no EBN.

VI *Venho de longe e trago no perfil,* 207
O testemunho original não foi encontrado no EBN.

VII *Fosse eu apenas, não sei onde ou como,* 208
[117-6ʳ] Ms. 14-2-1916.

VIII *Ignorado ficasse o meu destino* 208
[117-6ᵛ] Ms.

IX *Meu coração é um pórtico partido* 209
O testemunho original não foi encontrado no EBN.

X *Aconteceu-me do alto do infinito* 209
O testemunho original não foi encontrado no EBN.

XI *Não sou eu quem descrevo. Eu sou a tela.* 210
O testemunho original não foi encontrado no EBN.

XII *Ela ia, tranquila pastorinha,* 210
O testemunho original não foi encontrado no EBN.

XIII *Emissário de um rei desconhecido,* 211
[117-7ʳ] Ms. 30-11-1914.

XIV *Como uma voz de fonte que cessasse* 211
O testemunho original não foi encontrado no EBN.

EPISÓDIOS

208 *Impossível visão* 215
[144Y-23r e 22v] Ms. 14-1-1917.

209 *Eu irei comigo, na hora batel de flores,* 216
[58-33r] Dact. 10-2-1917.

210 *Na sombra e no frio da noite os meus sonhos jazem.* 217
[58-34r] Dact. 10-2-1917.

211 *O mundo rui a meu redor, escombro a escombro.* 217
[58-35r] Dact. 10-2-1917.

212 *Eram três filhas de rei.* 218
[58-36r] Misto. 12-2-1917.

213 *Um piano na minha rua...* 218
[42-29v] Ms. 25-2-1917.

214 *Vai alta no céu a lua da primavera.* 219
[58-22r] Ms. 25-2-1917.

215 *Lábios que pousam e que entreabertos* 219
[58-25r] Ms. 26-2-1917.

216 *Não é para nós, os fracos, para quem a vida é tudo* 219
[58-26r] Ms. 26-2-1917.

217 *No lugar dos palácios desertos e em ruínas* 220
[69-1r] Dact. 1-3-1917. O poema foi atribuído a Álvaro de Campos na edição da Ática e subsequentes, embora não haja para isso qualquer razão.

218 *Não sei. Falta-me um sentido, um tacto* 221
[69-1r] Dact. 1-3-1917. O poema foi atribuído a Álvaro de Campos na edição da Ática e subsequentes, embora não haja para isso qualquer razão.

219 *É um país remoto...* 221
[58-37r] Ms. 1-3-1917.

220 *Rabequista louco* 222
[58-40r] Misto. 1-3-1917. Pessoa preparou, para publicação, uma série de poemas em inglês com o título «The Mad Fiddler» [O rabequista louco], escritos entre 1911 e 1917, que a editora não aceitou.

POESIA AUTÓNIMA   NOTAS FINAIS E ÍNDICES   537

221 Dança
Um... dois... três... 223
[58-38ᵛ] Dact. 1-3-1917, data de um poema no recto da folha, correspondendo ao mesmo momento de escrita.

222 *Não tenho nada p'ra te dizer* 223
[58-39ʳ] Dact. 1-3-1917.

223 *Onde é a serenata?* 224
[58-41] Misto. 9-3-1917. O poema deve ter sido escrito directamente à máquina, não tendo chegado a ser cuidado, como o provam as incongruências das intervenções manuscritas.

224 *Súbita mão de algum fantasma oculto* 225
[117-16ʳ] Dact. 14-3-1917.

225 *Passam as nuvens, murmura o vento* 226
[58-44ʳ] Ms. 30-4-1917.

226 Nuvem
As nuvens passam pelo céu, ... 227
[58-46] Ms. 28-5-1917.

227 *As horas de que eu tenho pena* 228
[58-47ʳ] Dact. 31-5-1917.

228 *Para onde vai a minha vida, e quem a leva?* 228
[16-35ʳ] Dact. 5-6-1917.

229 *Teus braços dormem no teu colo,* 229
[58-48ʳ] Dact. 5-6-1917.

230 Canção triste
O Sol, que dá nas ruas, não dá 230
[144Y-60ʳ e 59ᵛ] Ms. 22-6-1917.

231 *Levai-me para longe em sonho,* 231
[58-49ʳ] Ms. 7-7-1917.

232 *Traze, a hora pesa, os perfumes dum Oriente* 231
[58-52ʳ] Dact. 16-7-1917.

233 Nomen et praeterea nihil
Mina-me a alma com suavidade, ... 232
[58-63] Ms. 30-7-1917. O título é inspirado na expressão de Plutarco «*Vox et praeterea nihil*» [Uma voz e nada mais], referida a um rouxinol.

234 Penugem

Uma leve (veludo me envolve), vaga, ... 233

[42-39] Dact. 13-8-1917 «(*num carro subindo a Av. Almirante Reis*)». Enunciado numa lista [48C-44] de poemas a incluir num livro com o título «Itinerário».

235 *Meu pensamento, dito, já não é* 234

[42-18r] Misto. Existem no EBN dois rascunhos do poema datados de Agosto de 1917.

236 ABDICAÇÃO

Dactilografado e aparentemente preparado por Pessoa para publicação, este conjunto de sete poemas data de 18-9-1917.

I *Sombra fugaz, vulto da apetecida* 235
[58-62r] Dact.

II *A minha vida é um barco abandonado,* 235
[58-62r] Dact.

III *Entre o abater rasgado dos pendões* 236
[58-62] Dact.

IV *São vãs, como o meu sonho e a minha vida,* 236
[58-62v] Dact.

V *Toma-me, ó noite eterna, nos teus braços* 237
[58-62v] Dact. Publicado em vida do poeta na revista *Ressurreição*, de 9-2-1920.

VI *Forma inútil, que surges vagarosa* 237
[58-63r] Dact.

VII *Com a expressão a dor menos se apaga* 238
[58-63r] Dact. 18-9-1917.

237 *Sossego enfim. Meu coração deserto* 239
[58-65r] Ms. 3-12- 1917.

238 EPISÓDIOS

A múmia

I *Andei léguas de sombra* 239
II *Na sombra Cleópatra jaz morta* 240
III *De quem é o olhar* 241
IV *As minhas ansiedades caem* 242
V *Porque abrem as cousas alas para eu passar?* 242

Série publicada, em vida do autor, no número único da revista *Portugal Futurista*, Nov. 1917. Existem no EBN vários testemunhos, ainda em estado incipiente, datando o 57A-62r de 26-9-1914.

239 FICÇÕES DO INTERLÚDIO

Série publicada, em vida do autor, no número único da revista *Portugal Futurista*, Nov. 1917. Existem vários testemunhos no EBN, em versões iguais ou muito próximas das publicadas na revista.

I Plenilúnio

As horas pela alameda 243

[117-8r] Dact. 19-10-1913, data no manuscrito 41-17a.

II SAUDADE DADA

Em horas inda louras, lindas 244

[117-10r] Dact.

III PIERROT BÊBADO

Nas ruas da feira, ... 244

[117-11r] Dact. 17-8-1914.

IV MINUETE INVISÍVEL

Elas são vaporosas, ... 245

[117-13r] Dact.

V HIEMAL

Baladas de uma outra terra, aliadas 246

Não foi encontrado no EBN o testemunho original.

240 *Alastor, espírito da solidão,* 247

[58-66r] Misto. 11-1-1918. «Alastor; or, the Spirit of Solitude» é um longo poema de Shelley, a que Pessoa faz outras referências.

241 *Ama, canta-me. Eu nada quero* 247

[58-69r] Ms. 10-3-1918.

242 *Eu sou o disfarçado, a máscara insuspeita.* 248

[42-49] Ms. 13-3-1918. Publicado pela primeira vez em PPC, II, p.115, com um espaço inte-restrófico a mais, a seguir ao 22º verso.

243 L'INCONNUE

Não: toda a palavra é a mais. Sossega! 249

[58-71r] Ms. 12-6-1918. Na edição da Ática, figura o título erradamente lido «L'Homme».

244 *Em não sei que país ou que viagem* 250

[43-3] Ms. 15-9-1918.

245 *Por cima das revoltas, das cobiças,* 251

[58-73r] Dact. 21-12-1918.

246 *O sol às casas, como a montes,* 252

[117-17r] Dact. 25-12-1918.

247 11. *No ouro sem fim da tarde morta,* 253

[117-17v] Dact. A data de 25-12-1918 está no lado recto da folha.

248 *O rio, sem que eu queira, continua.* 253

[58-74v] Ms. 30-1-1919.

249 *Ah, viver em cenário e ficção!* 254

[43-17r] Ms. 7-3-1919.

250 *Na estalagem a meio caminho* 255
[43-19ʳ] Ms. 6-4-1919.

251 *Um, dois, três...* 255
[43-19ᵛ] Ms. 6-4-1919, data no recto da folha, no mesmo momento de escrita.

252 *Todo o passado me parece incrível.* 256
[44-4ʳ] Ms. 13-7-1919.

253 À NOITE
O silêncio é teu gémeo no Infinito. 256
[58-82ʳ] Dact. 14-9-1919.

254 *No alto da tua sombra, a prumo sobre* 257
[58-82ʳ] Dact. 14-9-1919.

255 INSCRIÇÕES
1. *Vasta é a terra, inda mais vasto o céu.* 258
2. *De uma villa romana entre ciprestes* 258
3. *A águia do alto desce para erguer-se.* 258
4. *A noite chega com o luar no rasto.* 258
[5] *Meu coração, pudesse a terra sê-lo* 259
[6] *Páginas mortas com perfume vago –* 259
[7] *Navio que te afastas do meu vulto,* 259
[58-84] Ms. 1-10-1919. O título remete para o conjunto «Inscriptions», de 1920, incluído em *English Poems*, I e II (editados por Pessoa, em 1922, na sua editora Olisipo), não sendo, no entanto, uma tradução.

256 SONITUS DESILIENTES AQUAE
No ar frio da noite calma 260
[9-5ᵛ] Ms. 8-10-1919. Existe outro poema, muito diferente deste, com título semelhante, «Sonus Desilientes Aquae», datado de 1927.

257 *Mãe, quero ir ao passado, onde estive* 261
[44-13ʳ] Ms. 8-10-1919.

258 *Qualquer caminho leva a toda a parte.* 262
[44-15] Ms. 11-10-1919. Segundo uma nota à margem, este poema seria a Introdução de um livro intitulado «Itinerário». Dei-lhe esse título na sua primeira publicação (em PPC, II, pp. 121 e 122), não aqui, por ser questionável que devesse ser o título do poema. Ignorei um esboço de poema, à margem, que parece ser alheio a este: «E surjo, distante e a sós, / Que o que a voz vem dizer / Não foi dito com voz: / Foi dito só com Ser.». Rejeitei igualmente outro esboço ainda informe, no verso da folha.

259 *Sobrinhos de Caim ou Abel* 264
[58-85ᵛ] Ms. 11-10-1919.

260 Vendaval

Ó vento do norte, tão fundo e tão frio, ... 264

[58-86ʳ] Misto. Assinado Fernando Pessoa e aparentemente preparado para publicação. 12-10-1919.

261 *A noite é escura, e a cidade alheia* 266

[44-16ʳ] Ms. 24-10-1919.

262 *Cai do firmamento* 266

[58-87ᵛ] Dact. 26-10-1919.

263 Inês

Sentados sós, lado a lado, ... 267

[58-87] Misto. 26-10-1919. No mesmo momento de escrita do poema anterior, o autor começou outro de que, seguidamente, rejeitou os doze versos redigidos, iniciando, no verso da folha, o poema definitivo, que intitulou «Inês», vindo a concluí-lo na metade livre do recto da página e acrescentando-lhe a data.

Eis os primeiros versos que finalmente rejeitou: «Epílogo a febre e rosas! / Branda, a brisa a brincar / Com as ondas branqueando o mar, / E um sol frio a aquecer. // Prelúdio a febre e rosas! / Tudo era à beira do mar / Com ondas a branquejar. // No tempo das rosas a morte. // Outros vieram buscá-la. / Tudo era à beira das águas / Que tinham azul e não mágoas. // No tempo das rosas a morte.». Na margem, três versos esboçados, não se percebe se destinados a este poema ou a outro.

264 *Pousa um momento,* 269

[119-1ʳ] Ms. 12-12-1919.

No verso da folha, esboçou dois poemas de que escreveu, do primeiro, dois versos completos – «Meu ser vive na Noite e no Desejo. / Minha alma é uma lembrança que há em mim.» –, não passando o segundo de um arremedo informe.

MEU CORAÇÃO FEITO PALHAÇO

265 *Onde é que a maldade mora?* 273

[49A5-76ᵛ] Ms. 25-11-1919 é a data de um poema em inglês no verso da folha. Rascunho de um acróstico enviado a Ofélia Queirós.

266 *A antiga canção,* 273

[58A-1] Ms. 1-1-1920. Um poema de 10 de Agosto do mesmo ano, tem um começo semelhante, mas desenvolve-se diferentemente.

267 O[phelia]

I *Não creio ainda no que sinto –* 274

II *Tudo o que sinto se concentra* 275

[44-20ʳ] Ms. 9-2-1920. Na primeira publicação deste poema (PPC, II, p. 57), omiti uma segunda parte (com a indicação II) por ser ainda um rascunho incipiente e incompleto que, contudo, hoje aqui apresento, já que o poema não ultrapassou essa fase.

268 *O amor que eu tenho não me deixa estar* 275
[44-20ᵛ] Ms. 9-2-1920, data do poema no recto da folha, aparentemente no mesmo momento de escrita. Na primeira publicação deste poema (PPC, II, p. 61), omiti uma estrofe por ser incipiente e incompleta que, contudo, hoje aqui apresento, já que o poema não ultrapassou essa fase.

269 *Porque o olhar de quem não merece* 276
[44-20ᵛ] Ms. 15-2-1920. Na primeira publicação deste poema (PPC, II, p. 61), omiti as duas últimas estrofes em estado lacunar de rascunho, que, contudo, hoje aqui apresento, já que o poema, incompleto, não ultrapassou essa fase.

270 *Meu amor já me não quer,* 276
[44-21ʳ] Ms. 24-2-1920.

271 *Meu coração caiu no chão.* 277
[58A-11ʳ] Ms. 25-2-1920.

272 *Mataram à machadada* 277
[44-22ʳ] Ms. 25-2-1920.

273 *Revive ainda um momento* 278
[58A-14ʳ] Dact. 26-2-1920.

274 *Fiquei doido, fiquei tonto...* 278
O único testemunho escrito, reproduzido em PPC, II, p. 60, foi encontrado em poder da irmã do poeta por Teresa Rita Lopes. Segundo declaração de Ofélia, foi o primeiro poema que Pessoa lhe dedicou e cujo original ela citou de cor. Foi registado por Maria da Graça Queirós em CA, p. 22. Em relação ao testemunho citado aqui e em PPC, apresenta bastantes diferenças. Deve ser uma versão posterior que Pessoa terá passado a limpo. Embora não datado, o poema foi escrito em inícios de 1920.

275 *Os meus pombinhos voaram.* 279
[45-36ʳ] Misto. Também em CA, pp. 25-26. Embora não datado, o poema parece escrito no período de enlevo amoroso (inícios de 1920), antes do desencanto, já expresso no poema datado de 1-3-1920.

276 *O meu amor é pequeno,* 280
Quadra dedicada a Ofélia Queirós, por ela citada, de cor, à sobrinha-neta Maria da Graça Queirós, em CA, p.26. Embora não datado, o poema parece escrito no período de enlevo amoroso (inícios de 1920), antes do desencanto, já expresso no poema datado de 1-3-1920.

277 *Quando passo o dia inteiro* 280
[44-52r] Ms. Embora não datado, o poema parece escrito no período de enlevo amoroso (inícios de 1920), antes do desencanto, já expresso no poema datado de 1-3-1920.

278 *Eu tenho um bebé* 280
Poema dedicado a Ofélia Queirós, por ela citado, de cor, à sobrinha-neta Maria da Graça Queirós. Publicado em CA, p. 27. Embora não datado, o poema parece escrito no período de enlevo amoroso (inícios de 1920), antes do desencanto, já expresso no poema datado de 1-3-1920.

279 *Bombom é um doce* 281

Poema dedicado a Ofélia Queirós, por ela citado, de cor, à sobrinha-neta Maria da Graça Queirós. Publicado em CA, p. 29. Embora não datado, o poema parece escrito no período de enlevo amoroso (inícios de 1920), antes do desencanto, já expresso no poema datado de 1-3-1920.

280 *Meu coração, feito palhaço,* 281
[58A-16ʳ] Misto. 1-3-1920.

281 Despedida
Sem beijo 282
[44-23ʳ] Ms. 8-7-1920.

282 *Eu no tempo não choro que me leve* 283
[58A-20ʳ] Dact. 29-9-1920.

MEUS DIAS DIA POR DIA

283 *Longe de mim em mim existo* 287
[58A-1ᵛ] Ms. 1-1-1920, data de um poema, no recto da folha, no mesmo momento de escrita.

284 *Pudesse eu como o luar* 287
[58A-1ᵛ] Ms. 1-1-1920, data de um poema, no recto da folha, no mesmo momento de escrita.

285 *Outros terão* 287
[119-3] Ms. 13-1-1920.

286 MADRUGADAS
III *Com um esplendor de cores e de ruído* 288
[58A-2ʳ] Dact. 15-1-1920. Este poema é o terceiro de um grupo com este título, do qual o I («Em toda a noite o sono não veio») e o II («Manhã dos outros! ...») foram publicados, sem título, pelo poeta, na revista *Athena*, n.º 3, Dezembro de 1924, integrados num conjunto de 14 poemas intitulado De Um Cancioneiro.

287 *Ah, angústia, a raiva vil, o desespero* 289
Não há testemunho deste poema no EBN. A primeira publicação foi feita por João Gaspar Simões (*História da Poesia Portuguesa do Século XX*), que, aparentemente, o não restituiu ao Espólio, então em poder da família do poeta. 15-1-1920.

288 Poema incompleto
A dor, que me tortura sem que eu tenha 289
[58A-3ʳ] Dact. 19-1-1920. Existe um testemunho manuscrito, 44-18ᵛ.

Leio e releio de chofre
A carta que nada diz.
Sei lá se a minha alma sofre.
Sabe alguém se é infeliz?

5-9-1930

544

Entre o arvoredo, entre o arvoredo
Entre o arvoredo a luarar,
Passa, fantasma ouvido a medo,
Sombra composta de segredo,
Uma presença feita de ar.

Se fosse sol eu não ousara
Sequer pensar em poder ter
O que, por ver, eu não amara,
Porque a ilusão é que me é cara,
E o luar é a ilusão de ver.

Entre o arvoredo, incertamente,
Nas margens negras das clareiras,
Cercam-me, e são, se vê quem sente,
Qualquer coisa que, de repente,
Sombriamente tem maneiras.

6-9-1930

545

Dá a surpresa de ser.
É alta, de um louro escuro.
Faz bem só pensar em ver
Seu corpo meio maduro.

Seus seios altos parecem
(Se ela estivesse deitada)
Dois montinhos que amanhecem
Sem ter que haver madrugada.

E a mão do *seu braço*[1] branco
Assenta em palmo espalhado
Sobre a saliência do flanco
Do seu relevo tapado.

Apetece como um barco.
Tem qualquer coisa de gomo.
Meu Deus,[2] quando é que *eu*[3] embarco?
Ó fome, quando é que eu como?

10-9-1930

---

1   Variante sobreposta: «braço nu».
2   Variante subposta: «Desejo».
3   Palavra dubitada.

546

Hoje estou triste, estou triste
Estou muito triste, e, em parte,
Minha tristeza consiste
Em nem saber se estou triste.

Se toda tristeza tem
Uma causa qual a desta?
Que mal a causa ou mantém?
Pode ser que seja um bem.[1]

A alma humana é estrangeira,
E tem usos e costumes
Fora da nossa maneira.
Estou triste, *ainda que o*[2] queira...

17-9-1930

547

Não sei que mágoa que dói...
Se a hei-de chorar ou esquecer...
Lembro-me a sonhar de ver...
Tudo me parece que foi
Só para deixar de ser.

Ah como às vezes um cheiro
Ou uma música traz
Todo o passado ao terreiro.
Porque é que a vista não faz
Tanta lembrança primeiro?

Que mágoa me dói? Foi esse
Perfume (não sei que flor)
Do jardim que me fez dor.

20-9-1930

---

1   Variante subposta: «Quem sabe até se é um bem?».
2   Variante subposta: «queira o que»

548

Como um vento na floresta,
Minha emoção não tem fim.
Nada sou, nada me resta.
Não sei quem sou para mim.

E como entre os arvoredos
Há grandes sons de folhagem,
Também agito segredos
No fundo da minha imagem.

E o grande ruído do vento
Que as folhas cobrem de som
Despe-me de pensamento:
Sou ninguém, temo ser bom.[1]

30-9-1930

549

Neste dia de tristeza
Em que a chuva começou,
Quero dizer-te a verdade
Porque mentir acabou.

Não foi verdade eu amar-te
Quando disse que te amava,
Mas amo agora deveras,
Sou hoje quem se enganava.

Juras falsas as que fiz.
Mas hoje verdades são.
Eu quero ser infeliz
P'ra saber que há coração.[2]

Setembro, 1930

---

1   Optei pela variante, na margem direita, à última estrofe – «E o grande ruído do vento / Que estes versos não contêm, / Entra no meu pensamento.» –, por esta estar dubitada e incompleta.
2   Variante subposta meu: «P'ra sentir o [coração]».

550

Quanto fui peregrino
Do meu próprio destino!
Quanta vez desprezei
O lar que sempre amei!
Quanta vez, rejeitando
O que quisera ter,
Fiz dos versos um brando
Refúgio de não ser!...

E quanta vez, sabendo
Que *me*[1] estava esquecendo,
E que quanto vivi –
Tanto era o que pedi –
Como o orgulhoso pobre
Ao rejeitado lar
Volvi o olhar, vil nobre
Fidalgo só no chorar...

Mas quanta vez descrente
Do ser insubsistente
Com que no Carnaval
Da minha alma irreal
Vestira o que sentisse
Mas vi como não sou[2]
E tudo o que não disse
Os olhos me turvou...

Então, a sós comigo,
Sem me ter por amigo,
Criança ao pé dos céus,
Pus a mão na de Deus.
E no mistério escuro
Senti a antiga mão
Guiar-me, e fui seguro
Como *quem come*[3] pão.

---

1   Variante sobreposta: «a mim».
2   Variante, na margem direita: «Vi quem era quem [não sou.]».
3   Variante subposta: «a [quem] deram».

Por isso, a cada passo
Que meu ser triste e lasso
Sente sair do bem
Que a alma, se é própria, tem,
Minha mão de criança
Dou na de Deus e vou,
Sem medo nem esperança
Para aquele que sou.

7-10-1930

551

Do meio da rua
(Que é, aliás, o infinito)
Um pregão flutua,
Música num grito...

Como se no braço
Me tocasse alguém
Viro-me num espaço
Que o espaço não tem.

Quando era[1] criança
O mesmo pregão...
Não lembres... Descansa,
Dorme, coração!...

7-10-1930

---

1   Variante sobreposta: «Outrora em».

552

Seja o que for que aconteça
Nunca acontece de todo.
Tira o lenço da cabeça
E põe-o de um outro modo.

A mágoa nunca deu vinha,
Nem deu vinho repisar...
Se tenho vida, ela é minha,
Não a tenho para a dar...

Mas se entesas bem o lenço
Sobre a cabeça a sorrir,
Já não sei bem o que penso,
Começo só a sentir.

Ai pontas do lenço vindas
Até onde eu quero ver...
Já te disse coisas lindas
E vais-te embora a esquecer.

10-10-1930

553

Leve no cimo das ervas
O dedo do vento roça...
Elas dizem-me que sim...
Mas eu já não sei de mim
Nem do que queira ou que possa.

E o alto frio das ervas
Fica no ar a tremer...
Parece que me enganaram
E que os ventos lhes levaram
O com que me convencer.

Mas[1] no relvado das ervas
Nem bole agora uma só.

---

1   Variante sobreposta: «Ou».

Porque pus eu uma esperança
Naquela inútil mudança
De que nada ali ficou?

Não:[1] o sossego das ervas
Não é o de há pouco já.
Que inda a lembrança do vento,
Me as move no pensamento
E eu tenho porque não há.[2]

13/14-10-1930

554

Por quem foi que me trocaram
Se[3] estava a olhar para ti?
Pousa a tua mão na minha
E, sem me olhares, sorri.

Sorri do teu pensamento
Porque eu só quero pensar
Que é de mim que ele está feito
E que o tens para mo dar.

Depois aperta-me a mão
E vira os olhos a mim…
Por quem foi que me trocaram
Se me estás a olhar[4] assim?

13/14-10-1930

---

1   Variante sobreposta: «Mas».
2   Variante, à esquerda, entre parênteses: «Até o que foi Deus dá.».
3   Variante sobreposta: «Quando».
4   Variante sobreposta: «Quando [estás a] olhar-me».

555

Se tudo o que há é mentira
É mentira tudo o que há.
De nada nada se tira,
A nada nada se dá.

Se tanto faz que eu suponha
Uma coisa ou não, com fé,
Suponho-a se ela é risonha,
Se não é, suponho que é.

Que o grande jeito da vida
É pôr a vida com jeito.
Fana a rosa não colhida
Como a rosa posta ao peito.

Mais vale é o mais valer,
Que o resto urtigas o cobrem
E só se cumpre o dever
Para que as palavras sobrem.[1]

14-10-1930

---

1   Os dois últimos versos estão dubitados.

556

Cai chuva do céu cinzento
Que não tem razão de ser.
Até o meu pensamento
Tem chuva nele a escorrer.

Tenho uma grande tristeza
Acrescentada à que sinto.
Quero dizer-ma mas pesa
O quanto comigo minto.

Porque verdadeiramente
Não sei se estou triste ou não,
E a chuva cai levemente
(Porque Verlaine consente)
Dentro do meu coração.

15-10-1930

557

Perdi completamente uma ilusão.
        Nunca se perde mais do que uma.
Nela vai todo o coração;
        O resto é espuma.

Quando primeiro confiamos
        Confiamos de uma só vez.
Morremos se nos enganamos
        □

Ressaca quieta abandonando a areia,
        Vago poente anoitecendo em flor,
A ilusão que perdi é hoje ideia
        E eu vivo dela sem amor.

15-10-1930

558

Passa entre as sombras do arvoredo
Um vago vento que parece
Que não passou, que passa a medo,
Ou que há porque desaparece,

O ouvido escuta o não-ouvir,
A alma, no ouvido debruçada,
Sente uma angústia a não sentir
E quer melhor ou pior que nada.

É como quando a alma não tem
Quem ame, quem espere ou quem sinta,
Quando considerara um bem
O próprio mal, dês que não minta,

E entre onde as sombras do arvoredo
Sequestram sons e brisas prendem,
Este não passar passa a medo
E certas folhas se desprendem.

Então porque há folhas que caem,
Volta a ilusão de haver o vento,
Mas elas, caindo hirtas, traem
Que não há brisa no momento.

Oh, som sozinho dessa queda
Das folhas secas no ermo chão,
Oh, som de nunca usada seda
Apertada na inútil mão,

Com que terrível semelhança
A qualquer voz feita em bruxedo,
Lembrais a morte e a desesperança,
E o que não passa passa a medo.

18-10-1930

559

Elias artista

Soa o chicote do castigo
Por trás das costas do forçado.
Mas se o forçado é inimigo
De receber esse castigo
O açoite dado nunca é dado.

Por mais que a sorte queira dar
Obstáculos a quem quer ir,
Se ele disser que os não vê estar,
Eles por si se hão-de arredar,
E ele por si há-de seguir.

Tudo é, no mundo ou no outro mundo,
O que pensamos na vontade.
Tudo é o nosso ser profundo.
De meu imaginar me inundo,
E o mundo externo não me invade.

Se houver em mim a força e a imagem,
A imagem de outro ser não tem –
Seja ela o mundo ou a paisagem
De um outro espírito – vantagem
Contra o que eu imagino bem.

Por isso, alheio a menos que eu,
Figuro o que desejo, e dou
Ordens ao mundo, porque é meu.
E meto na algibeira o céu
No próprio lugar em que estou.

23-10-1930

560

Dá-me as mãos por brincadeira
Na dança que não dançamos,
Porque isso é uma maneira
De dizer o que pensamos.

Dá-me as mãos e sorri alto,
A vigiar o que rio,
Bem sabes que assim já falto
A pensar coisas a fio.

Não quero largar as mãos
Assim dadas por brinquedo.
Deixa-as ficar: há irmãos
Que brincam assim a medo.

Não largues, ou faz demora
A arrastar, a demorar,
As mãos pelas minhas fora,
E já deixando de olhar.

Que segredos num contacto!
Que coisas diz quem não fala!
Que boa vista a do tacto
Quando a vista desiguala!

Deixa os dedos, deixa os dedos,
Deixa-os ainda dizer
Aqueles dos teus segredos
Que não podes prometer!

Deixa-me os dedos e a vida!
Os outros dançam no chão,
E eu tenho a alma esquecida
Dentro do teu coração.

Todo o teu corpo está dado
Nas tuas mãos que retenho.
Mais vale ter enganado
Do que ter porque não tenho.

28-10-1930

561

Há um grande vento entre os montes,
E os vales têm alegria.
Aqui não há horizontes,
Mas só os cimos e o dia.
Aqui se esquece o passado,
Até o só imaginado.

Aqui, porque toda a gente
Está do outro lado das serras,
E não há rio que intente
Ligar-nos a outras terras –
Aqui calmos aguardamos
O nada que já esperamos.

Sempre a vontade nos falha.
Sempre o desejo nos sobra.
A consciência é uma batalha,
A fantasia é uma obra
Absurda em trezentos tomos,
E a vida é o que não somos.

28-10-1930

562

Tenho dito tantas vezes
Quando sofro sem sofrer
Que me canso dos revezes
Que sonho só p'ra os não ter.

E esta dor que não tem mágoa,
Esta tristeza intangível,
Passa em mim como um som de água
Ouvido num outro nível.

E, de aí, talvez que seja
Uma nova antiga dor
Que outra vida minha esteja
Lembrando no meu torpor,

E é como a mágoa que nasce
De ouvir música a sentir...
Ah, que a emoção em mim passe
Como se a estivesse a ouvir!

Novembro 1930 (1.ª quinzena)

563

Há certa gente que amamos
Porque não é o que é,
Porque nela recordamos
Qualquer coisa, vida ou fé,
Que nos ficou de um passado
Entre esquecê-lo lembrado.

Teus olhos azuis e baços,
Teu frágil corpo inteiro,
Não pedem talvez meus braços,
Mas pedem-me o amor inteiro,
Sinto que ter-te seria
Regressar a um outro dia.

Manobras da sensação?
Que sei de ti ou de mim?
Mas dói-me no coração
Qualquer coisa, a ti afim,
Que conheci e perdi,
Que vivi porque vivi.

11-11-1930

564

Lenta e quieta a sombra vasta
Cobre o que vejo menos já.
Pouco somos, pouco nos basta.
O mundo tira o que nos dá.
Que nos contente o pouco que há.

A noite, vindo como nada,
Lembra-me quem deixei de ser.
A curva anónima da estrada
Faz-me lembrar, faz-me esquecer,
Faz-me ter pena e ter de a ter.

Ó largos campos já cinzentos
Na noite para além de mim
Vou amanhã meus pensamentos
Enterrar onde estais assim.
Ou ter aí sossego e fim.

Poesia! Nada! A hora desce
Sem qualidade ou emoção.
Meu coração o que é que esquece?
Se é o que eu sinto que foi vão,
Porque me dói o coração?

17-11-1930

565

Infância[1]

Num grande espaço, onde é clareira, vão
Bailando as fadas e há luar ali.
Se quem olha é feliz, não vê senão
Uma sombra no chão, que é a de si.

Mas se quem olha não conhece nada
E deixa a vida ser o que ela é,
Seus olhos vêem claro cada fada
E cada fada é que merece fé.

Assim ao bosque solitário, e cheio
De cousas que a quem vive *são não-ser*,[2]
Levei o meu cansaço e o meu enleio,[3]
E, porque não sou nada, pude ver.

Assisti, distraído de ser eu,
Ao bailado das fadas entre si,
E não conheço história de haver céu
Igual à dança anónima que vi.[4]

Com que grande vontade do desejo
Eu dera a alma inteira só por ter
Um momento a floresta e o ensejo
E as fadas todas para conhecer.

Criança contra os Deuses, minha sorte
Acabaria ali, dançando ao luar,
E era melhor do que ter vida e morte,
E uma alma imortal com que contar.

Mas tudo isto é sonho, ainda que não.
Fadas, se existem, são de pouca dura.
Só a maçada de Deus tem duração,
Só *a Realidade*[5] não tem cura.

---

1   Variantes: subposta, «Transgressão»; na margem esquerda: «Regresso ao Lar».
2   Variante sobreposta: «não têm ser».
3   Variante, na margem direita: «[Levei] meu sonho à noite de passeio,».
4   Variante subposta: «[Igual] àquela [dança] que lhes [vi.]».
5   Variante subposta: «Cristo e os outros Verbos».

Quero o luar, quero o luar e as fadas!
Quero não ter nem deuses nem deveres!
Matem-me ao luar, em áleas afastadas!
Corpo e alma enterrem-me entre malmequeres!

19-11-1930

566

Paira nos bosques nocturnos
Um som de água separado.
Meus passos seguem soturnos
Sozinhos com o meu fado.
Paira nos bosques nocturnos
Um som de água sossegado.

A paz não vem por lembrança
Nem se esquece por vontade.
Se hei-de viver sem esperança,
Quero viver sem saudade.
A paz não vem por lembrança
E esquecer não é verdade.

E fica atrás com o enredo
Dos bosques mistos no escuro,
O som de água entre o arvoredo,
E o meu sentimento obscuro,
Ficam atrás com o enredo

E fica atrás com o enredo
Dos bosques mancha ao luar
O som de água entre o arvoredo
E o meu sentimento no ar.
Ficam atrás com o enredo
Dos bosques sem som que dar.

8-12-1930

567

Aqui onde um sol brando
     Faz claro um brando mar,
Quero, nem meditando,
Nem sequer já sonhando,
Como o dia ir durando,
     Como o dia acabar.

Não vale a pena nada,
     O esforço é vil e vão.
Tudo é como uma estrada
Que tem de ser passada,
E que há-de ser deixada
     Como as estradas são.

Vontade ou pensamento
     Ou a emoção que tem?
Que são mais que este vento
Que dura um só momento,
Só ar em movimento,
     Nada que vai e vem?

O que eu sou em mim, di-lo
     O que não pude ser;
Sem razão intranquilo,
Dos sonhos mau pupilo,
Cansado até daquilo
     Que nem desejo ter.

Ao menos, sossegado
     De ter ou de sentir,
No olvido do passado,
Sem futuro almejado
Sem virtude ou pecado,
     Aqui dormir, dormir…

Só o embalar que nasce
     Do mar em teu rumor
E tudo em mim se passe
Como se a ondeada face[1]

---

1   Na linha corrida, o verso incompleto «Como se o mar ▢», que substituí pela variante na margem.

Fosse a alma que fitasse
        E eu só exterior.

Só, como quem nos remos
        Descansa, hei-de sonhar
Que alguns seres supremos
Darão que um dia havemos
De ter o que não temos;
        Mas não faz mal se errar.

Porque homens, deuses, nada
        São sombras e ilusão.
O ser não tem entrada
Se há qualquer escada
Que possa ser alçada,
        Deixo-a ficar no chão.

10-12-1930

568

Antes que o sono afunde
Minha alma em más visões
E em seu abismo a inunde
De falsas confusões,

Com quanto ainda em mim vive,
Enquanto o sono espero,
Relembro o bem que tive
E sonho o bem que quero.

Então, porque sonhada
Te tive, e sonho ainda,
Como saudade és dada,
E como sonho és linda.

Até que, vindo a aragem
Invito como a vida,
Teu ser se perde e eu sonho
Outra cousa indevida[1]

---

1   Variante, na margem: «Do sonho como a vida / Eu paro na viagem / De te pensar já tida.»

E é um fim □
Natural e sem arte:
Como[1] flor que se fana,
Ou taça que se parte.

15-12-1930

569

Na praia baixa a onda morre
E se desfaz a chiar.
Olho, mas nada me ocorre
Senão que estou vendo o mar.

Dizem que o mar reza cânticos,
Que a onda é renda e veludo,
Mas os poetas românticos
Já venderam isso tudo.

Por isso ante o mar real
E as ondas como ali há,
Acho tudo natural.
Versos? Um outro os fará...

25-12-1930

---

1   Variante sobreposta: «O da».

570

Vendi o meu realejo,
E já não tenho razão.
Maria, dá-me esse beijo
Que me chega ao coração.

O amor é melhor que as árias,
Mesmo que seja a fingir.
As consequências são várias
E tudo se leva a rir.

Percalços da desventura...
Mas, ao menos, □

25-12-1930

571

Por trás daquela janela
Cuja cortina não muda
Coloco a visão daquela
Que a alma em si mesma estuda
Não desejo que a revela.

Não tenho falta de amor.
Quem me queira não me falta.
Mas teria outro sabor
Se isso fosse interior
Àquela janela alta.

Porquê? Se eu soubesse, tinha
Tudo o que desejo ter.
Amei outrora a Rainha,
E há sempre na alma minha
Um trono por preencher.

Sempre que posso sonhar,
Sempre que não vejo, ponho
O trono nesse lugar;
Além da cortina é o lar,
Além da janela o sonho.

Assim, passando, entreteço
O artifício do caminho
E um pouco de mim me esqueço.
Nada mais[1] à vida peço
Do que ser o seu vizinho.

25-12-1930

572

Chove. É dia de Natal.
Lá para o Norte é melhor:
Há a neve que faz mal
E *o*[2] frio que ainda é pior.

E toda a gente é contente
Porque é dia de o ficar.
Chove no Natal presente.
Antes isso que nevar.

Pois apesar de ser esse
O Natal da convenção,
Quando o corpo me arrefece
Tenho frio e Natal não.

Deixo sentir a quem quadra
E o Natal a quem o fez,
Pois se vai mais uma quadra
Sinto mais[3] Natal nos pés.

Não quero ser dos ingratos
Mas, com este obscuro céu,
Puseram-me nos sapatos
Só o que a chuva me deu.[4]

25-12-1930

---

1   Variante, na margem direita: «Pois mais nada».
2   Variante sobreposta: «um».
3   Variante subposta: «Apanho um».
4   Numa releitura, o poeta acrescentou um verso, a lápis, que não teve continuação: «De estar constipado em Cristo.».

573

Maria, (tu és Maria?)
Gosto de ti realmente
Mas não como gostaria
Quem gosta só porque sente.
Meu gostar é diferente.

Se, sendo a mesma que és,
Tu fosses outra, e eu,
Sendo o mesmo que aqui vês,
Fosse outro, nem teu nem meu,
Este amor que Deus nos deu

Talvez desse resultado,
E então, alegres a par,
Que par, que casal, que enfado
Devidamente ajustado
Nós seríamos a amar!

E é isso a felicidade.
Por enquanto, Deus não quer
Mais que eu e tu em verdade.
Queres ser minha mulher,
Eu sei lá[1] que quero ser...

25-12-1930

---

1   Variante subposta: «Sei lá o».

574

Aquela loura a olhar a rir
Que tinha o lenço descaído
E cujo andar faz descobrir
O que há por trás de seu vestido,
Aquela loura faz-me mal
E o meu olhar foi casual.

É isto. A gente vive asceta
E acha bastante só pensar
E em plena rua vem a seta
Que um corpo é arco de atirar.
Sim, o ascetismo continua
Mas fica essa visão da rua.

E entre mim e o que escrevo passa
O meneio que não olvido,
O olhar azul rindo com graça
A boca, o lenço descaído,
E já meu coração não tem
A calma em si que lhe convém.[1]

Mas (não desejo exagerar)
Não pesa muito esta visão
Que vem assim arreliar
A minha firme solidão...
O mal que faz consegue conter
Qualquer[2] prazer.

Bem: vamos à filosofia,
A cada qual, inda se o nada
Acata, há sempre uma alegria
Que dá e passa e dói e agrada...
E solidão todos a têm
O caso é que procurem bem.

25-12-1930

---

1   Variante ao verso, na margem direita: «[A] paz que a ele e a mim [convém.]».
2   Variante sobreposta: «Toda a brandura do».

575

Não tenho ninguém que me ame.
Espera lá, tenho; mas é
Difícil ter-se a certeza
Daquilo em que não se crê.

Não é não crer por descrença,
Porque sei: gostam de mim.
É um não crer por feitio
E teimar em ser assim.

Não tenho ninguém que me ame.
Para este poema existir
Tenho por força que ter
Esta mágoa que sentir.

Que pena não ser amado!
Meu perdido coração!
Etcetera, e está acabado
O meu poema pensado.
Sentir é outra *questão*...[1]

25-12-1930

---

1   Variante na margem: «emoção...».

576

O sino da igreja velha
Tem um som familiar,
E as casas baixas de telha
Têm telhados a brilhar.

Não sei a que o sino toca
Não sei o que o sino evoca
Meu coração não coloca
As coisas no seu lugar.

Era outrora tão contente[1]
Que já não sei se era eu.
Aquele que sou agora
Se existe, é porque morreu.

Não tem missa na igreja,
Nem cousa alguma que seja
O que sente ou deseja.
E o sino cessa no céu.

É à missa a que vão crentes
Ou a que vai quem lá vai
Que o sino com sons frequentes
Toca esse som que lhe sai –

Seja ao que for, vai tocando
E no meu coração brando
Como uma clepsidra soando
Cada som lembrado cai.

25-12-1930

---

1   Variante sobreposta: «[Era] tão feliz outrora».

POEMAS CONTEMPORÂNEOS PUBLICADOS NA REVISTA PRESENÇA

577

Marinha

Ditosos a quem acena
Um lenço de despedida!
São felizes: têm pena...
Eu sofro sem pena a vida.

Doo-me até onde penso,
E a dor é já de pensar,
Órfão de um sonho suspenso
Pela maré a vazar...

E sobe até mim, já farto
De improfícuas agonias,
No cais de onde nunca parto,
A maresia dos dias.

presença, n.º 5, Junho de 1927

578

Qualquer música...

Qualquer música, ah, qualquer,
Logo que me tire da alma
Esta incerteza que quer
Qualquer impossível calma!

Qualquer música – guitarra,
Viola, harmónio, realejo...
Um canto que se desgarra...
Um sonho em que nada vejo...

Qualquer coisa, que não vida!
Jota, fado, a confusão
Da última dança vivida...
    ... Que eu não sinta o coração!

9-10-1927
presença, n.º 10, 15 de Março de 1928.

579

Depois da feira

Vão vagos pela estrada,
Cantando sem razão
A última esp'rança dada
À última ilusão.
Não significam nada.
Mimos e bobos são.

Vão juntos e diversos
Sob um luar de ver,
Em que sonhos imersos
Nem saberão dizer,
E cantam aqueles versos
Que lembram sem querer.

Pajens de um morto mito,
Tão líricos!, tão sós!,
Não têm na voz um grito,
Mal têm a própria voz;
E ignora-os o infinito
Que nos ignora a nós.

22-5-1927
presença, n.º 16, Novembro de 1928.

580

O andaime

O tempo que eu hei sonhado
Quantos anos foi de vida!
Ah, quanto do meu passado
Foi só a vida mentida
De um futuro imaginado!

Aqui à beira do rio
Sossego sem ter razão.
Este seu correr vazio
Figura, anónimo e frio,
A vida vivida em vão.

A esprança que pouco alcança!
Que desejo vale o ensejo?
E uma bola de criança
Sobe mais que a minha esprança
Rola mais que o meu desejo.

Ondas do rio, tão leves
Que não sois ondas sequer,
Horas, dias, anos, breves
Passam – verduras ou neves
Que o mesmo sol faz morrer.

Gastei tudo que não tinha.
Sou mais velho do que sou.
A ilusão, que me mantinha,
Só no palco era rainha:
Despiu-se, e o reino acabou.

Leve som das águas lentas,
Gulosas da margem ida,
Que lembranças sonolentas
De esperanças nevoentas!
Que sonhos o sonho e a vida!

Que fiz de mim? Encontrei-me
Quando estava já perdido.
Impaciente deixei-me
Como a um louco que teime
No que lhe foi desmentido.

Som morto das águas mansas
Que correm por ter que ser,
Leva não só as lembranças
Mas as mortas esperanças –
Mortas, porque hão-de morrer.

Sou já o morto futuro.
Só um sonho me liga a mim –
O sonho atrasado e obscuro
Do que eu devera ser – muro
Do meu deserto jardim.

Ondas passadas, levai-me
Para o olvido do mar!
Ao que não serei legai-me,
Que cerquei com um andaime
A casa por fabricar.

29-08-1924
Presença, n.º 31-32, Março-Junho de 1931

581

Onde pus a esperança, as rosas
Murcharam logo.
Na casa, onde fui habitar,
O jardim, que eu amei por ser
Ali o melhor lugar,
E por quem essa casa amei –
Deserto o achei,
E, quando o tive, sem razão p'ra o ter.

Onde pus a afeição, secou
A fonte logo.
Da floresta, que fui buscar
Por essa fonte ali tecer
Seu canto de rezar –
Quando na sombra penetrei,
Só o lugar achei
Da fonte seca, inútil de se ter.

Teus braços dormem no teu colo, ... 229

CANÇÃO TRISTE 230

O Sol, que dá nas ruas, não dá 230

Levai-me para longe em sonho, ... 231

Traze, a hora pesa, os perfumes d'um Oriente 231

NOMEN ET PRAETEREA NIHIL 232

Mina-me a alma com suavidade, ... 232

PENUGEM 233

Uma leve (veludo me envolve), vaga, ... 233

Meu pensamento, dito, já não é 234

ABDICAÇÃO 235

Sombra fugaz, vulto da apetecida 235

A minha vida é um barco abandonado, ... 235

Entre o abater rasgado dos pendões 236

São vãs, como o meu sonho e a minha vida, ... 236

Toma-me, ó noite eterna, nos teus braços 237

Forma inútil, que surges vagarosa 237

Com a expressão a dor menos se apaga 238

Sossego enfim. Meu coração deserto 239

EPISÓDIOS 239

A MÚMIA 239

Andei léguas de sombra 239

Na sombra Cleópatra jaz morta 240

De quem é o olhar 241

As minhas ansiedades caem 242

Porque abrem as cousas alas para eu passar? 242

FICÇÕES DO INTERLÚDIO 243

PLENILÚNIO 243

As horas pela alameda 243

SAUDADE DADA 244

Em horas inda louras, lindas 244

PIERROT BÊBADO 244

Nas ruas da feira, ... 244

MINUETE INVISÍVEL 245

Elas são vaporosas, ... 245

HIEMAL 246

Baladas de uma outra terra, aliadas 246

Alastor, espírito da solidão, ... 247

Ama, canta-me. Eu nada quero 247

Eu sou o disfarçado, a máscara insuspeita. 248

L'INCONNUE 249

Não: toda a palavra é a mais. Sossega! 249

Em não sei que país ou que viagem 250

Por cima das revoltas, das cobiças, ...251

O sol às casas, como a montes, ...252

No ouro sem fim da tarde morta, ...253

O rio, sem que eu queira, continua. 253

Ah, viver em cenário e ficção! 254

Na estalagem a meio caminho 255

Um, dois, três... 255

Todo o passado me parece incrível. 256

À NOITE 256

O silêncio é teu gémeo no Infinito. 256

No alto da tua sombra, a prumo sobre 257

INSCRIÇÕES 258

Vasta é a terra inda mais vasto o céu. 258

De uma villa romana entre ciprestes 258

A águia do alto desce para erguer-se. 258

A noite chega com o luar no rasto. 258

Meu coração, pudesse a terra sê-lo 259

Páginas mortas com perfume vago – 259

Navio que te afastas do meu vulto, ...259

SONITUS DESILIENTES AQUAE 260

No ar frio da noite calma 260

Mãe, quero ir ao passado, onde estive buscar 261

Qualquer caminho leva a toda a parte. 262

Sobrinhos de Caim ou Abel 264

VENDAVAL 264

Ó vento do norte, tão fundo e tão frio, ...264

A noite é escura, e a cidade alheia 266

Cai do firmamento 266

INÊS 267

Sentados sós lado a lado, ...267

Pousa um momento, ...269

Onde é que a maldade mora? 273

A antiga canção, ...273

O [PHELIA] 274

Não creio ainda no que sinto – 274

Tudo o que sinto se concentra 275

O amor que eu tenho não me deixa estar 275

Porque o olhar de quem não merece 276

Meu amor já me não quer, ...276

Meu coração caiu no chão. 277

Mataram à machadada 277

Revive ainda um momento 278
Fiquei doido, fiquei tonto... 278
Os meus pombinhos voaram. 279
O meu amor é pequeno, ... 280
Quando passo o dia inteiro 280
Eu tenho um bebé 280
Bombom é um doce 281
Meu coração, feito palhaço, ... 281
DESPEDIDA 282
Sem beijo 282
Eu no tempo não choro que me leve 283
Longe de mim em mim existo 287
Pudesse eu como o luar 287
Outros terão 287
MADRUGADAS 288
Com um esplendor de cores e de ruído 288
Ah, a angústia, a raiva vil, o desespero 289
POEMA INCOMPLETO 289
A dor, que me tortura sem que eu tenha 289
LUAR 290
Toda a entrada de estrada copada ao luar 290
Passo depressa 290
Um riso na noite, ... 291
Deixa-os falar... 291
No parque para além do muro 292
Dói-me a alma como um dedo. Nem 292
No limiar que não é meu 293
Os deuses dão a quem sofre 294
Redemoinho, redemoinho 295
Nas cidades incertas 295
Cansado até dos deuses que não são... 296
Os deuses são felizes. 296
Água corrente, ... 297
Se o teu castelo chega até ao céu, ... 297
Ah, a antiga canção, ... 298
Cai chuva. É noite. Uma pequena brisa 299
Geração vil, intermitência 300
Quem rouba a minha bolsa, rouba lixo. 302
Ah, sempre no curso leve do tempo pesado 302
Cansa ser, sentir dói, pensar destrui. 303
Não sei que dor quebranta 303
Que é feito do luar de outrora 304

Ó curva do horizonte, quem te passa 304

Às vezes quando a vida como tarda 305

Sobre este plinto gravo o inútil verso 306

Um calor morto e mole move 306

Antes que a hora fane 307

Aquela tristeza antiga 307

No fundo do pensamento 308

A noite é calma, o ar é grave, ...309

Não mais no fundo morto da hora, ...310

Cresce a planta, floresce. 310

Ah, quanta vez, na hora suave 311

Feliz dia para quem é 312

INSÓNIA 312

Insónia. Ouço o gemido 312

TRANSEUNTE 314

Ouço tocar um piano, e ao fundo 314

Vento que passas 314

Nos meus desejos existe 315

A parte do indolente é a abstracta vida. 316

Ó curva do horizonte, quem te passa, ...316

Só duas cousas vale a pena ter – 318

O louco sente-se imperador ou deus 318

É uma brisa leve 319

Não tragas flores, que eu sofro – 319

Os deuses, não os reis, são os tiranos. 320

ANTEROS 320

Adeus, adeus, a esperança sempre tarda 320

Lá fora a vida estua e tem dinheiro. 320

Ah, já está tudo lido, ...321

NADA 332

Ah, toca suavemente 322

NATAL 322

Nasce um deus. Outros morrem. A Verdade 322

COMEÇA HOJE O ANO 323

Nada começa: tudo continua. 323

ANO NOVO 323

Ficção de que começa alguma cousa! 323

Sonho. Não sei quem sou neste momento. 324

Nada sou, nada posso, nada sigo. 324

Hoje, neste ócio incerto 325

Depois de me ver ao espelho, ...325

Aqui, neste sossego e apartamento, ...326

Ah, como o sono é a verdade, e a única 326

Sem dor que seja dolorosa, ou medo 327

POEMAS DOS DOIS EXÍLIOS 328

Paira no ambíguo destinar-se 328

Dói viver, nada sou que valha ser. 328

Análogo começo, ...329

Doura o dia. Silente, o vento dura. 329

Oiço passar o vento na noite. 330

É noite e os pensamentos que eu não quero 330

«Divide e reina»: a antiga monarquia 331

GOMES LEAL 331

Sagra, sinistro, a alguns o astro baço. 331

Dorme, sonhando! Esparsa luz te alumbre, ...332

Eu olho com saudade esse futuro 333

Dormir! Não ter desejos nem esperanças. 333

Súbita ária leve 334

Ah quanta melancolia! 335

AUDITA CAECANT 335

Dormimos o universo; a extensa mole 335

Maravilhosa paz 336

Converso às vezes comigo 338

Marinheiro-monge 338

No extremo céu azul verde 339

Aquele breve sorriso 340

A terra, que a noite fecha, ...341

Inúteis correm os meus dias lentos. 342

Sonhos, sistemas, mitos, ideais... 342

DE UM CANCIONEIRO 343

No entardecer da terra 343

Ó sino da minha aldeia, ...343

Leve, breve, suave, ...344

Pobre velha música! 344

Dorme enquanto eu velo... 345

Sol nulo dos dias vãos, ...345

Trila na noite uma flauta. É de algum 346

Põe-me as mãos nos ombros... 346

Manhã dos outros! Ó sol que dás confiança 347

Treme em luz a água. 347

Dorme sobre o meu seio, ...348

Ao longe, ao luar, ...348

Em toda a noite o sono não veio. Agora 349

Ela canta, pobre ceifeira, ...349

E o rei disse, «Memora estes dois lemas: 350

A luz do sol afaga o imenso dia. 351

Sinto-me forte contra a vida inteira 351

Ao pé de mim os mortos esquecidos 352

Quantos nos deram seu fiel amor 352

Múrmura voz das árvores mexidas 353

Emirjo, vago, dum dormir profundo 353

Canção da partida 354

Pousa de leve, ... 354

Estio. Uma brisa ardida 355

O dia longo tem fim 355

Como a névoa que o realço 356

Que triste, à noite, no passar do vento, ... 356

Estou só. A atra distância, que infinita 357

Evoco em vão lembranças comovidas – 357

GLOSAS 358

Toda a obra é vã, e vã a obra toda. 358

Nem o bem nem o mal define o mundo. 358

Doze signos do céu o Sol percorre, ... 359

Amiel 359

Não, nem no sonho a perfeição sonhada 359

O contra-símbolo 360

Uma só luz sombreia o cais. 360

O carro de pau 361

O carro de pau 361

Em torno a mim, em maré cheia, ... 362

Não é ainda a noite 363

O menino da sua mãe 363

No plaino abandonado 363

Não há verdade inteiramente falsa 364

Pouco importa de onde a brisa 365

Esta espécie de loucura 365

O catavento 366

Veio toda a noite dos lados da barra 366

Tudo dorme. Pela erva 368

Sei que nunca terei o que procuro, ... 368

Clareira 369

Presságio 369

Vinham, loucas, de preto 370

Já não vivi em vão 371

Pelo plaino sem caminho 371

Horas 372

Deram horas na torre 372

Já me não lembra o sonho que não tive... 372

Quem com meu nome é obsceno nas paredes?	374
Não venhas sentar-te à minha frente, nem a meu lado;	374
A levíssima brisa	375
Mexe a cortina com o vento.	376
Correm-me menos tristonhos	376
Morreu. Coitado ou coitada!	377
Post-scriptum	377
Gostaria de saber	377
Durmo. Regresso ou espero?	378
Sonus desilientes acquae	379
Som breve da água,	379
Ah, nunca, por meu bem ou por meu mal,	381
Não: não pedi amor nem amizade	382
À beira do precipício	384
Música, sim, popular...	385
Xadrez	385
Peões, saem na noite sossegada,	385
No lar que nunca terei	386
Sopra lá fora o vento	387
Há luz no tojo e no brejo	387
Não tenho razão	388
É um canto amargo e moço...	388
Brincava a criança	389
Não vivo em vão	390
Nem sequer era bizantina	391
Cai verde o ocaso. A noite é ausente.	391
Quando, cheio do próprio dó,	393
Estrada de Damasco	395
Só quem não encontrou a dor profunda,	395
O que eu fui o que é?	396
Era um morto encontrado na rua.	396
Já sonho	397
É triste a noite, é triste o luar, e a gente	398
Nas ruas por onde vão	398
Há quanto tempo eu não passava aqui	399
Paira à tona de água	399
A água da chuva desce a ladeira.	400
Queria dizer a alguém	400
Há música. Tenho sono.	401
Hoje estou triste, estou triste.	402
Passava eu na estrada pensando impreciso,	402
O sonho que se opôs a que eu vivesse	403

Meu coração esteve sempre 403

É inda quente o fim do dia... 404

Mexe em árvores o vento, ...404

Em torno ao candeeiro desolado 405

O meu coração quebrou-se 405

O louco 405

E grita aos constelados céus 405

Caminho a teu lado mudo. 406

Aguarela 407

Quando o barco passa na água 407

Há uma música do povo, ...407

Tenho dó das estrelas, ...408

A pálida luz da manhã de inverno, ...409

Natal 409

Natal. Na província neva. 409

Sim, tudo é certo, logo que o não seja. 410

A tua voz fala de amor... 410

Qual é a tarde por achar 411

Aquela graça incomparável...412

Vou com um passo como de ir parar 412

Abat-jour 413

A lâmpada acesa 413

Há como um círculo de névoa 414

Parece que estou sossegando 414

Silêncio. Deixa-me pensar. 415

Aqui está-se sossegado, ...415

Mas o hóspede inconvidado 417

Glosa 417

Quem me roubou a minha dor antiga, ...417

Um muro de nuvens densas 418

Na água a água forma bolhas, ...418

Teu seio é nulo, porque não existes, ...419

Assoupissement 419

Canta-me, canta, sem parar, ...419

Epitáfio desconhecido 420

Por mais que a alma ande no amplo enorme, ...420

Tomámos a vila depois de um intenso bombardeamento 420

A criança loura 420

Aqui na orla da praia, mudo e contente do mar, ...421

O vago e vasto luarar das águas..422

Nas grandes horas em que a insónia avulta 423

Tudo quanto sonhei, ou quis, amando, ...423

Como um cansaço ao fim do vento 424

Tem um olhar direito e doce, ... 424

Férias de Severo 425

Aqui estou posto, onde algas e cortiça 425

O grande espectro, que faz sombra e medo, ... 426

Na pior consequência de pensar 427

Então, porque pensar conduz ao ermo, ... 427

Relógio, morre – 428

Vieram com o ruído e com a espada 429

Amun-ra 429

Meu ser vive na noite e no outramento, ... 429

Oração a Amun-ra 431

Àquele cuja forma é não ter, ... 431

Aquele que é a sua própria sombra 432

Quem vende a verdade, e a que esquina? 433

Na noite que me desconhece 434

Deixei cair o livro onde não li 434

Em tempos quis o mundo inteiro. 435

Mais triste do que o que acontece 435

Ó ervas frescas que cobris 436

Há quanto tempo não canto 437

Quiséssemo-nos na hora vã 438

Ó sorte de olhar mesquinho 438

Na imensa solidão 439

Brisa sem ser da aurora, ... 439

Dói-me quem sou. E em meio da emoção 440

Depois que todos foram 441

Ter saudades é viver 442

Vai leve a sombra 442

Árvore verde, ... 443

Vou em mim como entre bosques 443

Boiam leves, desatentos, ... 444

O harmónio enha, moribundo e raso, ... 445

Ronda o vento, ronda o vento, ... 445

Deixa-me ouvir o que não ouço... 446

Fito-me frente a frente. 447

Que coisa é que na tarde 447

Sei bem que não consigo 448

Se eu pudesse não ter o ser que tenho 448

Não quero mais que um som de água 449

Como inútil taça cheia 449

Deve chamar-se tristeza 450

Quem me roubou quem nunca fui e a vida? 450

Inconsciência da infância! Ah, mas com quanta 451

Deveras, Maria? 451

Sou alegre ou sou triste?... 452

Tirem-me a coleira de prata..453

Que grande dose de seria! 453

Grande sol a entreter 453

Maravilha-te, memória! 454

Não sei quantas almas tenho. 454

Meu navio sem viagem, ...455

Ter outro corpo outro ser! 456

Entre a noite que cessa 456

No vale umbroso, como 457

Dói-me o nevoeiro, dói-me o céu 457

O sol queima o que toca. 458

Vem do fundo do campo, da hora, ...458

Entre o luar e o arvoredo, ...459

Deixo ao cego e ao surdo 462

Quero ser livre, insincero, ...464

O rio que passa dura..465

Meu ruído da alma cala, ...466

Gnomos do luar que faz selvas..467

Ah sentir tudo de todos os feitios!..468

Tenho pena e não respondo...468

As formigas do ardor 469

Passam na rua os cortejos..469

Às vezes entre a tormenta, ...470

Puseram-no contra a parede..471

Bem sei. Estou triste, sou calvo,..472

Desdobrei o meu estandarte 472

Não tenho esp'rança nem fé. 473

Minha mulher, a solidão,..474

Na margem verde da estrada..474

A estrada, como uma senhora, ...475

Tão vago é o vento que parece..476

De aqui a pouco acaba o dia. 476

É boa! Se fossem malmequeres!..477

Enfia a agulha,..477

Parece estar calor, mas nasce 478

Gradual, desde que o calor..478

Ó Maria dos Prazeres, ...479

A tarde vulgar e cheia..479

Ao pé dos salgueirais da margem, ...480

O papel que me escreveste..480

Entre o arvoredo, entre o arvoredo.................481
Dá a surpresa de ser.................482
Hoje estou triste, estou triste.................483
Não sei que mágoa que dói….................483
Como um vento na floresta,.................484
Neste dia de tristeza.................484
Quanto fui peregrino.................485
Do meio da rua.................486
Seja o que for que aconteça.................487
Leve no cimo das ervas.................487
Por quem foi que me trocaram.................488
Se tudo o que há é mentira.................489
Cai chuva do céu cinzento.................490
Perdi completamente uma ilusão..................490
Passa entre as sombras do arvoredo.................491
ELIAS ARTISTA.................492
Soa o chicote do castigo.................492
Dá-me as mãos por brincadeira.................493
Há um grande vento entre os montes,.................494
Tenho dito tantas vezes.................495
Há certa gente que amamos.................496
Lenta e quieta a sombra vasta.................497
INFÂNCIA.................498
Num grande espaço, onde é clareira, vão.................498
Paira nos bosques nocturnos.................499
Aqui onde um sol brando.................500
Antes que o sono afunde.................501
Na praia baixa a onda morre.................502
Vendi o meu realejo,.................503
Por trás daquela janela.................503
Chove. É dia de Natal.................504
Maria, (tu és Maria?).................505
Aquela loura a olhar a rir.................506
Não tenho ninguém que me ame..................507
O sino da igreja velha.................508
MARINHA.................509
Ditosos a quem acena.................509
QUALQUER MÚSICA….................509
Qualquer música, ah, qualquer,.................509
DEPOIS DA FEIRA.................510
Vão vagos pela estrada,.................510
O ANDAIME.................511
O tempo que eu hei sonhado.................511
Onde pus a esperança, as rosas.................513

ÍNDICE ALFABÉTICO DE TÍTULOS E INCIPIT DOS TEXTOS

A água da chuva desce a ladeira. 400

A águia do alto desce para erguer-se. 258

A antiga canção, ...273

A arca de noé da minha imperfeição 176

À beira de que mar 130

À beira do precipício 384

A criança loura 420

A dor, que me tortura sem que eu tenha 289

A estrada, como uma senhora, ...475

A grande esfinge do egipto sonha por este papel dentro... 122

A hora é de cinza e de fogo, ...93

A ILHA DESERTA 162

A lâmpada acesa 413

A levíssima brisa 375

A luz do sol afaga o imenso dia. 351

A luz que vem das estrelas, ...44

A minha alma ajoelha ante o mistério 79

A minha vida é um barco abandonado, ...235

A MÚMIA 138

A MÚMIA 239

À NOITE 256

A noite chega com o luar no rasto. 258

A noite é calma, o ar é grave, ...309

A noite é escura, e a cidade alheia 266

A noite vai alta. 198

A pálida luz da manhã de inverno, ...409

A parte do indolente é a abstracta vida. 316

A QUEDA 191

A REVOLUÇÃO 184

A SALA DAS PISCINAS SILENCIOSAS..155

A SALA DO TRONO CARCOMIDO 157

[A SALA] DOS LEÕES DE BRONZE 157

[A SALA DOS REPOSTEIROS NEGROS]...156

A SALA SEMPRE FECHADA 158

A tarde vulgar e cheia..479

A terra é sem vida, e nada 36

A terra, que a noite fecha, ...341

A tua voz fala de amor... 410

A UMA ESTÁTUA 65

A vida é uma ilusão..74

A voz de Deus	93
Abandonada...	41
Abat-jour	413
ABDICAÇÃO	235
Abendlied	42
Abismo	206
Aconteceu-me do alto do infinito	209
Acorda. Vem	181
Adagas cujas jóias velhas galas...	206
Adeus, adeus, a esperança sempre tarda	320
Adeus...	29
Aglaia	160
Agnosticismo superior	31
Água corrente,	297
Água fresca por um púcaro que chia,	104
Aguarela	407
Aguarela do bem-estar	196
Ah quanta melancolia!	335
Ah quem me dera a calma	174
Ah sentir tudo de todos os feitios!	468
Ah, a angústia, a raiva vil, o desespero	289
Ah, a antiga canção,	298
Ah, como o sono é a verdade, e a única	326
Ah, já está tudo lido,	321
Ah, nunca, por meu bem ou por meu mal,	381
Ah, quanta vez, na hora suave	311
Ah, se eu pudesse dizer	112
Ah, sempre no curso leve do tempo pesado	302
Ah, toca suavemente	322
Ah, viver em cenário e ficção!	254
Ai, quem me dera no tempo	37
Ainda há do teu sangue em minhas veias	147
Alastor, espírito da solidão,	247
ALÉM-DEUS	190
Alga	200
Ama, canta-me. Eu nada quero	247
Amarelecer	80
Ameaçou chuva. E a negra	146
Amei-te e por te amar	115
Amiel	359
Amun-ra	429
Análogo	200

Análogo começo, ... 329

Anda com a minha alma ao colo, ... 167

Andei léguas de sombra 239

Ando à busca de outro 148

Ano novo 323

Anteros 320

Antes que a hora fane 307

Antes que o sono afunde 501

Antes que o Tempo fosse 55

Antígona 28

Ao longe, ao luar, ... 348

Ao pé de mim os mortos esquecidos 352

Ao pé dos salgueirais da margem, ... 480

Aquela graça incomparável 412

Aquela loura a olhar a rir 506

Aquela tristeza antiga 307

Aquele breve sorriso 340

Àquele cuja forma é não ter, ... 431

Aquele que é a sua própria sombra 432

Aqui está-se sossegado, ... 415

Aqui estou posto, onde algas e cortiça 425

Aqui na orla da praia, mudo e contente do mar, ... 421

Aqui onde um sol brando 500

Aqui, neste sossego e apartamento, ... 326

Árvore verde, ... 443

As formigas do ardor 469

As horas de que eu tenho pena 228

As horas pela alameda 243

As louras e pálidas crianças 77

As minhas ansiedades caem 242

As nuvens passam pelo céu, ... 227

AS SETE SALAS DO PALÁCIO ABANDONADO 155

As tuas mãos terminam em segredo. 131

Às vezes entre a tormenta, ... 470

Às vezes nas praias atiro 136

Às vezes quando a vida como tarda 305

Às vezes sou o deus que trago em mim 103

Às vezes, em sonho triste, ... 58

Asas 185

Ascensão 89

Assoupissement 419

Atravessa esta paisagem o meu sonho dum porto infinito ... 121

AUDITA CAECANT 335
AURORA SOBRE O MAR DESCONHECIDO 125
AVÉ MARIA 24
Avé Maria, tão pura, ... 24
Ave, teu voo leve 185
Baladas de uma outra terra, aliadas 246
Bate a luz no cimo 142
Bem sei. Estou triste, sou calvo, ... 472
Boiam leves, desatentos, ... 444
Bombom é um doce 281
BRAÇO SEM CORPO BRANDINDO UM GLÁDIO 192
Braços cruzados, sem pensar nem crer, ... 51
Brilha uma voz na noite... 191
Brincava a criança 389
BRISA 129
Brisa sem ser da aurora, ... 439
BRISE MARINE 189
Cada cousa é uma morte vivendo, ... 177
Caem-nos tristes e lassos 94
Cai chuva do céu cinzento 490
Cai chuva. É noite. Uma pequena brisa 299
Cai do firmamento 266
Cai verde o ocaso. A noite é ausente. 391
Caminho a teu lado mudo. 406
CANÇÃO 137
CANÇÃO 42
CANÇÃO COM ECO 112
CANÇÃO DA PARTIDA 354
CANÇÃO DA QUE FICA 81
CANÇÃO TRISTE 230
Cansa ser, sentir dói, pensar destrui. 303
Cansado até dos deuses que não são... 296
Cansado do universo e seriedade 75
Canta-me, canta, sem parar, ... 419
CANTARES 35
CANTARES 36
CANTARES 37
CANTARES 37
Carícia vinda da Distância... 170
Cascatas para casas, menos frias 161
Cegaram os meus olhos para eterno 129
Cheias de lírios 90

Chove?... Nenhuma chuva cai... 149

Chove. É dia de Natal. 504

CHUVA OBLÍQUA 121

CINZA 66

Civilizámo-nos... A hora 154

Clareira 369

Com a expressão a dor menos se apaga 238

«Com dia teço a noite, ...93

Com o coração estranho..55

Com teus lábios irreais de Noite e Calma 82

Com tuas mãos piedosas 179

Com um esplendor de cores e de ruído 288

COMEÇA HOJE O ANO 323

Como a névoa que o realço 356

Como a noite é longa! 141

Como és bela morta e fria 47

Como inútil taça cheia 449

Como pedra que se afunda 155

Como que dum sobrescrito que rasgo e abro 149

Como te amo? Não sei de quantos modos vários 28

Como um cansaço ao fim do vento 424

Como um vento na floresta, ...484

Como uma voz de fonte que cessasse 211

COMPLEXIDADE 78

Contemporâneo de um amigo amante 132

Converso às vezes comigo 338

Corpo que tens divinas procedências 174

Correm-me menos tristonhos 376

Cortejo de irrealidades. Último tinir de guizos 135

Cresce a planta, floresce. 310

Dá a surpresa de ser. 482

Da minha ideia do mundo 191

Dá-me as mãos por brincadeira..493

DANÇA 223

Dantes quão ledo afectava 44

De aqui a pouco acaba o dia. 476

De quem é o olhar 241

DE UM CANCIONEIRO 343

De uma villa romana entre ciprestes 258

Deixa que eu chore... 96

Deixa que um momento pense...36

Deixa-me ouvir o que não ouço... 446

Deixa-os falar... 291

Deixei cair o livro onde não li 434

Deixo ao cego e ao surdo 462

Demora o olhar, demora 56

Dentro em meu coração faz dor. 135

DEPOIS DA FEIRA 510

Depois de me ver ao espelho, ...325

Depois que todos foram 441

Deram horas na torre 372

Desdobrei o meu estandarte 472

DESPEDIDA 282

Deus sabe melhor do que eu 160

«Deus, soberbo, injusto» em grão berreiro 30

Deve chamar-se tristeza 450

Deveras, Maria? 451

Ditosos a quem acena 509

«Divide e reina»: a antiga monarquia 331

Do alto da cidade 164

Do meio da rua 486

Do meu velho solar 128

DOBRE 92

Dói-me a alma como um dedo. Nem 292

Dói-me o nevoeiro, dói-me o céu 457

Dói-me quem sou. E em meio da emoção 440

DOLORA 44

Dorme enquanto eu velo... 345

Dorme sobre o meu seio, ...348

Dorme, sonhando! Esparsa luz te alumbre, ...332

Dormimos o universo; a extensa mole 335

Dormir! Não ter desejos nem esperanças. 333

Doura o dia. Silente, o vento dura. 329

Doze signos do céu o Sol percorre, ...359

Durmo. Regresso ou espero? 378

E além do banal desejo, ...41

É boa! Se fossem malmequeres!..477

E grita aos constelados céus 405

É inda quente o fim do dia... 404

É interior à minha mágoa 182

É noite e os pensamentos que eu não quero 330

E o rei disse, «Memora estes dois lemas: 350

... E, sem saber porquê, a sereia penteia 99

É triste a noite, é triste o luar, e a gente 398

É um canto amargo e moço... 388
É uma brisa leve 319
Eis-me em mim absorto 102
Ela canta, pobre ceifeira, ... 349
Ela ia, tranquila pastorinha, ... 210
Elas são vaporosas, ... 245
ELIAS ARTISTA 492
EM BUSCA DA BELEZA 49
Em horas inda louras, lindas 244
Em não sei que país ou que viagem 250
Em que barca vou 95
Em tempos quis o mundo inteiro. 435
Em toda a noite o sono não veio. Agora 349
Em torno a mim, em maré cheia, ... 362
Em torno ao candeeiro desolado 405
Emirjo, vago, dum dormir profundo 353
Emissário de um rei desconhecido, ... 211
Enfia a agulha, ... 477
ENIGMA 29
Então, porque pensar conduz ao ermo, ... 427
Entre a árvore e o vê-la 192
Entre a noite que cessa 456
Entre ciprestes, sob um luar sem luz, ... 158
Entre o abater rasgado dos pendões 236
Entre o arvoredo, entre o arvoredo. 481
Entre o luar e o arvoredo, ... 459
Entreguei-te o coração, ... 35
ENVOI 111
EPISÓDIOS 239
EPITÁFIO DESCONHECIDO 420
Era um morto encontrado na rua. 396
Eram três filhas de rei. 218
Ermo sob o ermo céu 152
Escrevo, e sei que a minha obra é má. 186
Escuta-me piedosamente. 180
Escuto vozes na noite, desfeitas... 158
Esqueço-me das horas transviadas... 205
Esta espécie de loucura 365
Está um dia incolor... 69
ESTADO DE ALMA 59
ESTÁTUAS 30
Estio. Uma brisa ardida 355

Estou só. A atra distância, que infinita 357
Estou triste e não sei 164
Estrada de damasco 395
Eterno momento, ó gesto imorredouro 65
Eu irei contigo, na hora batel de flores, ... 216
Eu no tempo não choro que me leve 283
Eu olho com saudade esse futuro 333
Eu quero sentir-te, Maria, dormir 54
Eu quero, ó Vida, que tu acabes 189
Eu só tenho o que não quero 160
Eu sou o disfarçado, a máscara insuspeita. 248
Eu tenho um bebé 280
Eu tenho um colar de pérolas 35
Eu, que ao descanso humano abri luta renhida, ... 29
Evoco em vão lembranças comovidas – 357
Falo-me em versos tristes, ... 60
Falou Deus... 95
Faze o teu verso, professo 68
Feliz dia para quem é 312
Férias de severo 425
Ficção de que começa alguma cousa! 323
FICÇÕES DO INTERLÚDIO 243
Fim 159
Fim do dia 80
Fio de água 84
Fiquei doido, fiquei tonto... 278
Fito-me frente a frente. 447
Flor 155
Fluxo e refluxo eterno... 173
Foi-se do dogmatismo a dura lei 31
Folha caída 61
Fonte 78
Forma inútil, que surges vagarosa 237
Fosse eu apenas, não sei onde ou como, ... 208
Fresca e viva 78
«Fui outrora, a janelas para longe, ... 155
Geração vil, intermitência 300
Glosa 417
GLOSAS 358
Gnomos do luar que faz selvas 467
Gomes Leal 331
Gostaria de saber 377

Gradual, desde que o calor...478

Grande sol a entreter 453

Há certa gente que amamos..496

Há como um círculo de névoa 414

Há música. Tenho sono. 401

Há quanto tempo eu não passava aqui 399

Há quanto tempo não canto 437

Há um grande vento entre os montes, ...494

Há um poeta em mim que Deus me disse... 205

Há uma música do povo, ...407

Há uma vaga mágoa 201

Habito a sombra, e o sol morreu comigo... 180

Hiemal 246

Hoje estou triste como alguém que quer chorar...193

Hoje estou triste, estou triste...483

Hoje estou triste, estou triste. 402

Hoje, neste ócio incerto 325

Hora absurda 105

Hora morta 97

Horas serenas, ...84

Ide buscá-la, Desejos, ...42

Ignorado ficasse o meu destino 208

Ilumina-se a igreja por dentro da chuva deste dia, ...122

Impossível visão 215

In articulo mortis 62

Inconsciência da infância! Ah, mas com quanta 451

Inda fechadas estão 41

Inês 267

Infância 498

Insaciedade infantil e dos homens. 197

INSCRIÇÕES 258

Insónia 312

Insónia. Ouço o gemido 312

Inúteis correm os meus dias lentos. 342

Inutilmente vivida 59

Já me não lembra o sonho que não tive... 372

Já não vivi em vão 371

Já sonho 397

Janela sobre o cais 113

Junho de 1911 71

Junta as mãos e reza... 200

L'inconnue 249

Lá fora a vida estua e tem dinheiro. 320

Lá fora vai um redemoinho de sol os cavalos do *carroussel*... 123

Lábios formando 91

Lábios que pousam e que entreabertos 219

Lembro-me, mas não parece vê-lo, ... 157

Lenta e lenta a hora 97

Lenta e quieta a sombra vasta 497

Leva-me longe, meu suspiro fundo, ... 51

Levai-me para longe em sonho, ... 231

Leve no cimo das ervas 487

Leve, breve, suave, ... 344

LINDA MARIA 46

Longe de mim em mim existo 287

LUAR 290

MADRUGADAS 288

Mãe, quero ir ao passado, onde estive buscar 261

Mais triste do que o que acontece 435

Manhã dos outros! Ó sol que dás confiança 347

Mãos brancas (meras mãos sem corpo e sem braços) 125

MAR. MANHÃ. 57

Maravilha-te, memória! 454

Maravilhosa paz 336

Maria, (tu és Maria?) 505

Maria, linda Maria, ... 46

MARINHA 509

Marinheiro-monge 338

Mas o hóspede inconvidado 417

Mataram à machadada 277

MEIA-NOITE 77

Meu amor já me não quer, ... 276

Meu coração caiu no chão. 277

Meu coração é um pórtico partido 209

Meu coração é uma ânfora cheia 165

Meu coração é uma princesa morta. 169

Meu coração esteve sempre 403

Meu coração, feito palhaço, ... 281

Meu coração, pudesse a terra sê-lo 259

Meu navio sem viagem, ... 455

Meu pensamento é um rio subterrâneo. 145

Meu pensamento, dito, já não é 234

Meu ruído da alma cala, ... 466

Meu ser vive na noite e no outramento, ... 429

Meus gestos não sou eu, ...110

Meus olhos foram dar às alcovas dos rios. 169

Mexe a cortina com o vento. 376

Mexe em árvores o vento, ...404

Mina-me a alma com suavidade, ...232

Minha janela deita para a Névoa 162

Minha mulher, a solidão, ...474

Minuete invisível 245

Missa negra 101

Morde-me com o querer-me que tens nos olhos...................................103

Morreu. Coitado ou coitada! 377

Mors 82

Morto, hei-de estar ao teu lado 36

Movem nossos braços outros braços que os nossos, ...195

Muito pouco 130

Múrmura voz das árvores mexidas 353

Música, sim, popular... 385

Na água a água forma bolhas, ...418

Na estalagem a meio caminho 255

Na imensa solidão 439

Na margem verde da estrada...474

Na noite 63

Na noite que me desconhece 434

Na pior consequência de pensar 427

Na praia baixa a onda morre...502

Na sombra Cleópatra jaz morta 240

Na sombra e no frio da noite os meus sonhos jazem. 217

Nada 332

Nada começa: tudo continua. 323

Nada nos faça dor, ...199

Nada sou, nada posso, nada sigo. 324

Não creio ainda no que sinto –..274

Não é ainda a noite 363

Não é para nós, os fracos, para quem a vida é tudo 219

Não foram as horas que nós perdemos, ...161

Não há verdade inteiramente falsa 364

Não mais no fundo morto da hora, ...310

Não me perguntes por que estou triste... 163

Não posso viver assim!...23

Não sei o quê desgosta 62

Não sei o que é que me falta 140

Não sei onde, encontrei por um caminho, ...156

Não sei porquê, de repente 134
Não sei quantas almas tenho. 454
Não sei que dor quebranta 303
Não sei que mágoa que dói... 483
Não sei se a alma no Além vive... 36
Não sei se é tédio apenas, se é saudade 150
Não sei. Falta-me um sentido, um tacto 221
Não sou eu quem descrevo. Eu sou a tela 210
Não te esqueças de mim, Mãe Natureza, ... 81
Não tenho esp'rança nem fé. 473
Não tenho nada p'ra te dizer 223
Não tenho ninguém que me ame. 507
Não tenho razão 388
Não tragas flores, que eu sofro – 319
Não venhas sentar-te à minha frente, nem a meu lado; 374
Não vivo em vão 390
Não vivo, mal vegeto, duro apenas, ... 59
Não, nem no sonho a perfeição sonhada 359
Não: não pedi amor nem amizade 382
Não: toda a palavra é a mais. Sossega! 249
Nas cidades incertas 295
Nas grandes horas em que a insónia avulta 423
Nas ruas da feira, ... 244
Nas ruas por onde vão 398
Nasce um deus. Outros morrem. A Verdade 322
Nasceu uma flor, amor, ... 61
Natal 322
Natal 409
Natal. Na província neva. 409
Navio que te afastas do meu vulto, ... 259
Nem defini-la, nem achá-la, a ela – 50
Nem o bem nem o mal define o mundo. 358
Nem sequer era bizantina 391
Neste dia de tristeza 484
No alto da tua sombra, a prumo sobre 257
No ar frio da noite calma 260
No caminho de mim p'ra mim 153
No entardecer da terra 343
No extremo céu azul verde 339
No fundo do pensamento 308
No halo que há em torno à hora, ... 175
No lar que nunca terei 386

No limiar que não é meu 293

No lugar dos palácios desertos e em ruínas 220

No ouro sem fim da tarde morta, ...253

No parque para além do muro 292

No plaino abandonado 363

No rarear dos deuses e dos mitos, ...57

No silêncio das cousas tristes...66

No vale umbroso, como 457

Noite..52

Nomen et praeterea nihil 232

Nos meus desejos existe 315

Nova ilusão 57

Num grande espaço, onde é clareira, vão 498

Num país sem nome 197

Nuvem 227

Nuvem na eurritmia 166

NYRIA 169

Ó ambições!... Como eu quisera ser 75

O amor que eu tenho não me deixa estar 275

O andaime 511

O barco abandonado 187

O bibliófilo 75

O bom Deus – em pequeno ouvi dizer, – 30

O cais, navios, o azul dos céus –...113

O carro de pau 361

O carro de pau 361

O catavento 366

O contra-símbolo 360

Ó curva do horizonte, quem te passa 304

Ó curva do horizonte, quem te passa, ...316

O dia longo tem fim 355

Ó ervas frescas que cobris 436

O esforço é doloroso... 187

O grande espectro, que faz sombra e medo, ...426

O harmónio enha, moribundo e raso, ...445

Ó lábios da Noite calma 83

O louco 405

O louco sente-se imperador ou deus 318

O maestro sacode a batuta, ...124

O manibus date Lilia Plenis 90

O mar. 199

Ó Maria dos Prazeres,...479

O MENINO DA SUA MÃE 363
Ó mera brancura............... 202
O meu amor é pequeno, ... 280
O meu coração quebrou-se 405
O meu modo de ser consciente............... 153
O meu tédio não dorme, ... 174
O mundo rui a meu redor, escombro a escombro. 217
O mundo, ó alma cansada,............... 64
Ó naus felizes que do mar vago 60
O navio vai partir, sufoco o pranto 29
Ó Noite maternal e relembrada 52
O orvalho da tarde beija............... 42
O papel que me escreveste............... 480
O POVO PORTUGUÊS 53
Ó praia de pescadores, ... 109
O que eu fui o que é? 396
O que eu penso não sei, e é alegria 204
O rasto do sol perdido morreu 101
O rio era por cidades mortas... 204
O rio que passa dura............... 465
O rio, sem que eu queira, continua. 253
O silêncio é teu gémeo no Infinito. 256
O sino da igreja velha............... 508
Ó sino da minha aldeia, ... 343
O sol às casas, como a montes, ... 252
O sol queima o que toca. 458
O Sol, que dá nas ruas, não dá 230
O sono – oh, ilusão! – o sono? Quem 52
Ó sorte de olhar mesquinho 438
O sossego da noite desce 63
O TÉDIO 68
O tempo que eu hei sonhado 511
Ó tempo, tu que nos trazes............... 37
O teu olhar naufraga no horizonte 131
O teu silêncio é uma nau com todas as velas pandas... 105
Ó tocadora de harpa, se eu beijasse 206
O vago e vasto luarar das águas............... 422
Ó vento do norte, tão fundo e tão frio, ... 264
Oca de conter-me 128
Oiço passar o vento na noite. 330
Olho a calma alegria 114
Olho o Tejo, e de tal arte 190

Onde é a serenata? 224

Onde é que a maldade mora? 273

Onde pus a esperança, as rosas 513

O[PHELIA] 274

ORAÇÃO A AMUN-RA 431

Os deuses dão a quem sofre 294

Os deuses são felizes. 296

Os deuses, não os reis, são os tiranos. 320

Os meus pombinhos voaram. 279

OS RATOS 27

Os versos da minha pena 54

Ouço tocar um piano, e ao fundo 314

Outros terão 287

Ouvi falar no Mar Morto 73

Páginas mortas com perfume vago – 259

Paira à tona de água 399

Paira no ambíguo destinar-se 328

Paira nos bosques nocturnos 499

Para onde vai a minha vida, e quem a leva? 228

PARAÍSO 83

Parece estar calor, mas nasce 478

Parece que estou sossegando 414

Partem as naus para o Sul, ...118

Passa entre as sombras do arvoredo 491

Passa na noite calma 200

Passa um vulto entre as árvores... 126

Passam as nuvens, murmura o vento 226

Passam na rua os cortejos..469

Passava eu na estrada pensando impreciso, ...402

Passo depressa 290

PASSOS DA CRUZ 205

PASSOU 190

Passou, fora de Quando, ...190

PAUIS 100

Pauis de roçarem ânsias pela minh'alma em ouro... ...100

Peguei no meu coração 92

Pelo plaino sem caminho 371

PENUGEM 233

Peões, saem na noite sossegada, ...385

Perdi completamente uma ilusão. 490

PIERROT BÊBADO 244

PLENILÚNIO 243

Pobre velha música! 344

Pode ser que em castelos encantados 133

Põe-me as mãos nos ombros... 346

Poeira em ouro pairando 53

Poema incompleto 289

Poemas dos dois exílios 328

Poente 93

Por cima das revoltas, das cobiças, ...251

Por mais que a alma ande no amplo enorme, ...420

Por que atalhos, Princesa, nos perdemos... 133

Por que bailes e que sequência se enegrece 99

Por quem foi que me trocaram..488

Por trás daquela janela 503

Porque abrem as cousas alas para eu passar? 242

Porque o olhar de quem não merece 276

Post-scriptum 377

Pouco importa de onde a brisa 365

Pousa de leve, ...354

Pousa um momento, ...269

Preambulando 11

Presságio 369

Princesa que morreste 111

Pudesse eu como o luar 287

Puseram-no contra a parede..471

Qual é a tarde por achar 411

Qualquer caminho leva a toda a parte. 262

Qualquer música... 509

Qualquer música, ah, qualquer, ...509

Quando ela passa 25

Quando eu me sento à janela 25

Quando o barco passa na água 407

Quando o meio-dia brota 95

Quando passo o dia inteiro 280

Quando, cheio do próprio dó, ...393

Quantas armadas partiram 81

Quanto fui peregrino..485

Quanto mais desço em mim mais subo em Deus... 89

Quantos nos deram seu fiel amor 352

Que coisa é que na tarde 447

Que é feito do luar de outrora 304

Que grande dose de seria! 453

Que morta esta hora! 98

POESIA AUTÓNIMA   NOTAS FINAIS E ÍNDICES

Que nos importa que a lua morta tenha ou não tenha traços 62

Que pandeiretas o silêncio d'este quarto!... 123

Que rios perdidos 129

Que triste, à noite, no passar do vento, ... 356

Que velho, minha ama, ... 63

Que vinda sombra 175

Quem com meu nome é obsceno nas paredes? 374

Quem és tu, planta? 177

Quem me roubou a minha dor antiga, ... 417

Quem me roubou quem nunca fui e a vida? 450

Quem rouba a minha bolsa, rouba lixo. 302

Quem sou és tu 154

Quem vende a verdade, e a que esquina? 433

Queria andar toda a vida 166

Queria dizer a alguém 400

Quero ser livre, insincero, ... 464

Quisera morar num palácio 73

Quiséssemo-nos na hora vã 438

Rabequista louco 222

Raio de sol 148

Redemoinho, redemoinho 295

Relógio, morre – 428

Revive ainda um momento 278

Ritmo interior 54

Ritos que as Horas Calmas 126

Romper todos os laços, ... 115

Ronda o vento, ronda o vento, ... 445

Ruge a alegria da revolta 184

Saber? Que sei eu? 143

Sagra, sinistro, a alguns o astro baço. 331

Sala após salas, todas as salas percorro, ... 159

São horas, meu amor, de ter tédio de tudo… 78

São vãs, como o meu sonho e a minha vida, ... 236

Saque da cidade... 176

Saudade dada 244

Scheherazad 204

Se a guitarra dá seu jeito 152

Se eu pudesse não ter o ser que tenho 448

Se houver além da Vida um Paraíso, ... 83

Se morreres, ficará 45

Se o teu castelo chega até ao céu, ... 297

Se ontem à tua porta... 35

Se tudo o que há é mentira 489
Sei bem que não consigo 448
Sei que nunca terei o que procuro, ... 368
Seja o que for que aconteça.. 487
Sem beijo 282
Sem dor que seja dolorosa, ou medo 327
Sem para onde brilhem nem quando 136
Senhor, meu passo está no Limiar 186
Sentados sós lado a lado, ... 267
Serena voz imperfeita, eleita 139
Silêncio. Deixa-me pensar. 415
Silfos ou gnomos tocam?... 137
Sim, tudo é certo, logo que o não seja. 410
Sinto-me forte contra a vida inteira 351
Só duas cousas vale a pena ter – 318
Só quem não encontrou a dor profunda, ... 395
Só quem puder obter a estupidez 50
Soa o chicote do castigo 492
Soam vãos, dolorido epicurista, ... 49
Sob pálios de solenes procissões 159
Sobre as landes (Quais landes, ... 147
Sobre este plinto gravo o inútil verso 306
Sobrinhos de Caim ou Abel 264
Sol nulo dos dias vãos, ... 345
Som breve da água, ... 379
Sombra fugaz, vulto da apetecida 235
Sombra... 74
Sonhador de sonhos, ... 92
Sonho 60
Sonho. Não sei quem sou neste momento. 324
Sonhos, sistemas, mitos, ideais... 342
Sonitus desilientes aquae 260
Sonus desilientes acquae 379
Sopra de mais o vento 144
Sopra lá fora o vento 387
Sossego enfim. Meu coração deserto 239
Sou alegre ou sou triste?... 452
Sou o fantasma de um rei 110
Sou uma voz sonâmbula 120
Suavemente grande avança 57
Súbita ária leve 334
Súbita mão de algum fantasma oculto 225

SUSPIRO 43

Suspiro, quero ir contigo, ... 43

Talvez que seu coração 53

Tange a tua flauta, pastor. Esta tarde 198

Tange o sino, tange 67

Tão abstracta é a ideia do teu ser 76

Tão vago é o vento que parece 476

TÉDIO 59

TÉDIO 94

Têm sono em mim... 136

Tem um olhar direito e doce, ...424

Tenho dito tantas vezes...495

Tenho dó das estrelas, ...408

Tenho pena e não respondo. 468

Ténue, roçando sedas pelas horas, ...207

Ter outro corpo outro ser! 456

Ter saudades é viver 442

Teu seio é nulo, porque não existes, ...419

Teus braços dormem no teu colo, ...229

Teus olhos, contas escuras, ...21

Tine fina ainda 168

Tirem-me a coleira de prata..453

Toda a entrada de estrada copada ao luar 290

Toda a obra é vã, e vã a obra toda. 358

Toda orquídea a minha consciência de mim 138

Todo o passado me parece incrível. 256

Todos nós temos uma ponte que passar... 162

Todos os dias lhe passava à porta 157

Toma-me, ó noite eterna, nos teus braços 237

TOMÁMOS A VILA DEPOIS DE UM INTENSO BOMBARDEAMENTO 420

TRANSEUNTE 314

Traze, a hora pesa, os perfumes d'um Oriente 231

Treme em luz a água. 347

TRENO 45

Três ciprestes, e a lua por detrás do do meio... 100

Trila na noite uma flauta. É de algum 346

TRISTEZA 60

Tu és o outono da paisagem-eu 132

Tudo dorme. Pela erva 368

Tudo era campo, menos a minha alma... 196

Tudo o que sinto se concentra 275

Tudo quanto sonhei, ou quis, amando, ...423

Turvo silêncio e oca dor 68

Um adeus à despedida 22

Um calor morto e mole move 306

Um cansaço febril, uma tristeza informe 76

Um Dia De Inverno No Verão 69

Um muro de nuvens densas 418

Um país remoto... 221

Um piano na minha rua... 218

Um riso na noite, ...291

Um, dois, três..255

Um... dois... três... 223

Uma leve (veludo me envolve), vaga, ...233

Uma Melodia... 85

Uma melodia 85

Uma só luz sombreia o cais. 360

Único sob as luzes 138

Uns Versos Quaisquer 139

Vai alta no céu a lua da primavera..219

Vai leve a sombra...151

Vai leve a sombra 442

Vai redonda e alta 143

Vão vagos pela estrada, ...510

Vasta é a terra inda mais vasto o céu. 258

Veio toda a noite dos lados da barra 366

Vela, esverdeada a tez, olhos em apatia, ...67

Veloz a sombra 74

Vem do fundo do campo, da hora, ...458

Vendaval 264

Vendi o meu realejo, ...503

Venho de longe e trago no perfil, ...207

Vento que passas 314

Vieram com o ruído e com a espada 429

Vinham, loucas, de preto 370

Vinte e três anos, vãos inutilmente, ...71

Vinte e um anos parca e inutilmente 56

Vive o momento com saudade dele 139

Viviam sempre contentes, ...27

Vivo entre cães... Lambo-me às vezes, ...127

Vou com um passo como de ir parar 412

Vou em mim como entre bosques 443

Xadrez 385

Copyright de organização e edição de texto © Teresa Rita Lopes, 2015.
1ª edição. São Paulo: Global Editora, 2021.

Jefferson L. Alves – diretor editorial
Gustavo Henrique Tuna – gerente editorial
Flávio Samuel – gerente de produção
Luiz Maria Veiga e Maria Clara Seabra – revisão
Fabio Augusto Ramos – execução da capa
Ana Claudia Limoli – diagramação
Homem de Melo & Troia Design – projeto de miolo e capa
(sobre manuscrito de Fernando Pessoa)

Dados Internacionais de Catalogação na Publicação (CIP)
(Câmara Brasileira do Livro, SP, Brasil)

Pessoa, Fernando
  Poesia autónima : volume 1 / Fernando Pessoa. – 1. ed. – São Paulo : Global Editora, 2021.

  ISBN 978-65-5612-064-5

  1. Poesia 2. Poesia portuguesa I. Título.

20-52660   CDD-869.1

Índices para catálogo sistemático:

1. Poesia : Literatura portuguesa 869.1
Aline Graziele Benitez - Bibliotecária - CRB-1/3129

Direitos Reservados

global editora e distribuidora ltda.
Rua Pirapitingui, 111 — Liberdade
CEP 01508-020 — São Paulo — SP
Tel.: (11) 3277-7999
e-mail: global@globaleditora.com.br

Colabore com a produção científica e cultural.
Proibida a reprodução total ou parcial desta obra sem a autorização do editor.
Nº de Catálogo: **4388**